Wanderungen für Langschläfer

Ruhrgebiet

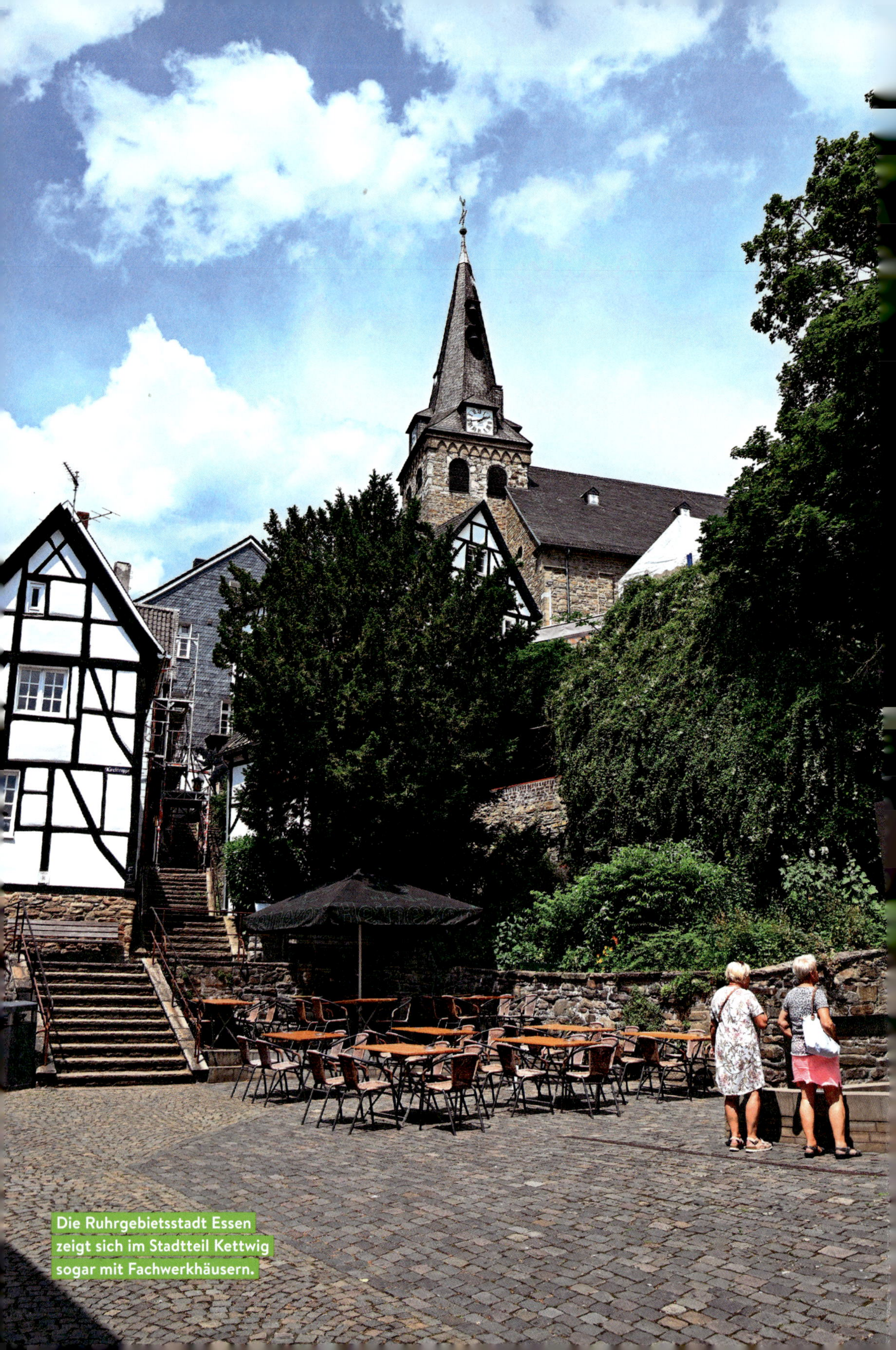

Die Ruhrgebietsstadt Essen zeigt sich im Stadtteil Kettwig sogar mit Fachwerkhäusern.

Michael Moll

Wanderungen für Langschläfer RUHRGEBIET

27 erlebnisreiche Halbtagestouren

BRUCKMANN

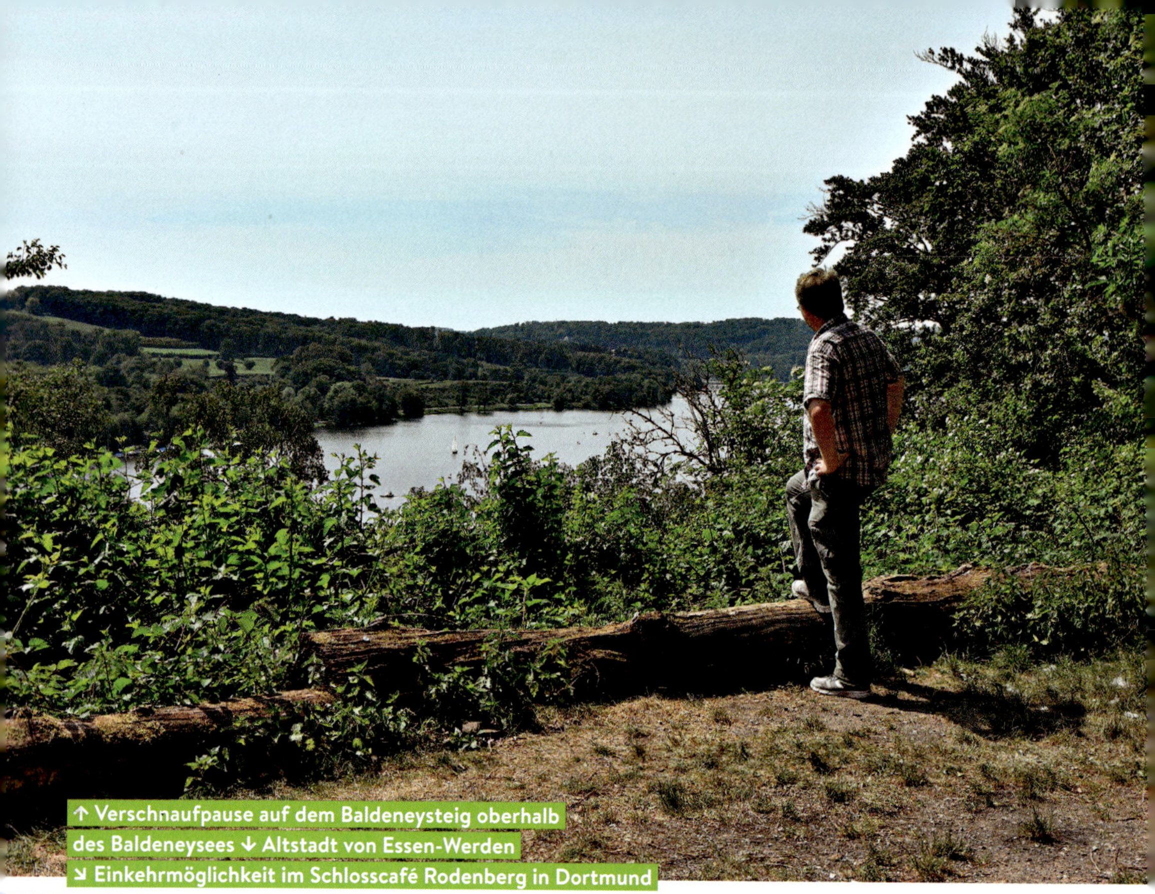

↑ Verschnaufpause auf dem Baldeneysteig oberhalb des Baldeneysees ↓ Altstadt von Essen-Werden ↘ Einkehrmöglichkeit im Schlosscafé Rodenberg in Dortmund

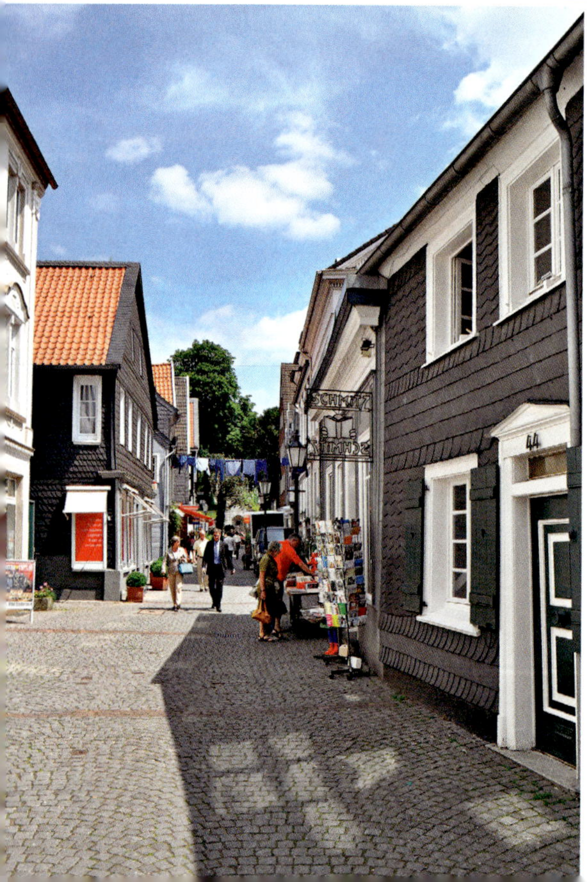

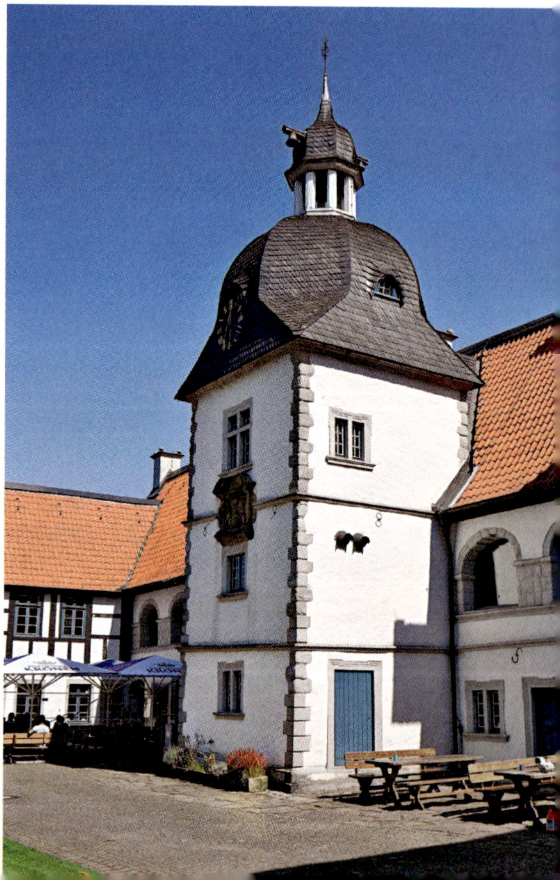

INHALT

DIE TOUREN

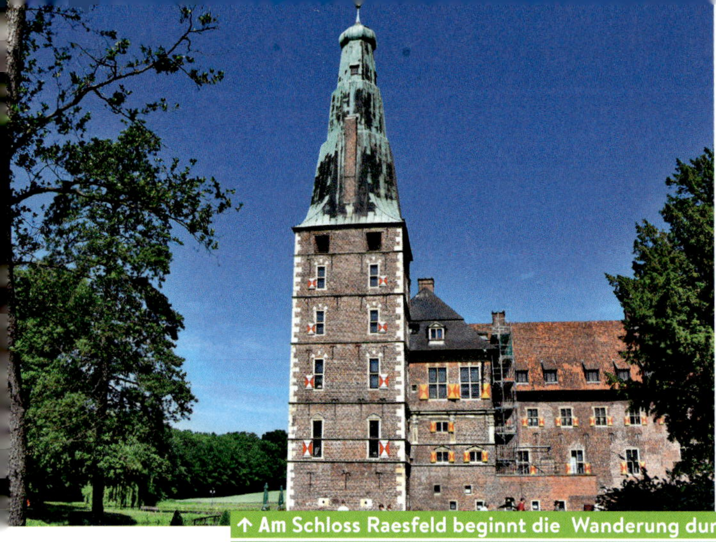

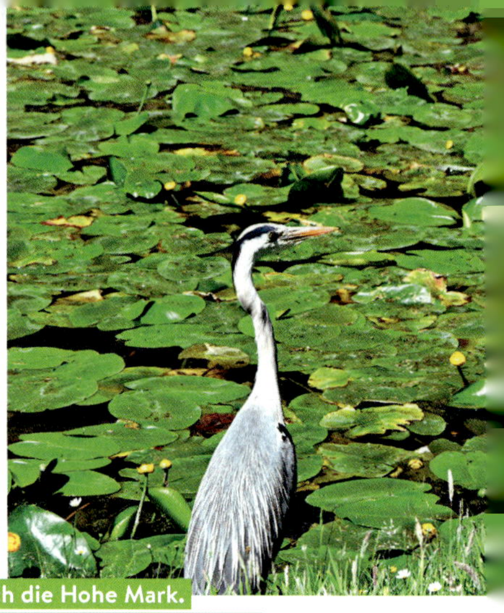

↑ Am Schloss Raesfeld beginnt die Wanderung durch die Hohe Mark.
↗ Auch im Ruhrgebiet trifft man in manchem Naturschutzgebiet auf Reiher.

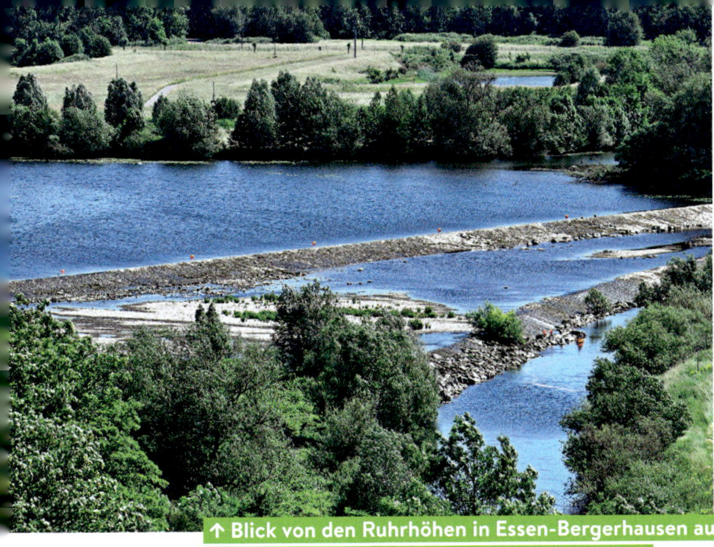
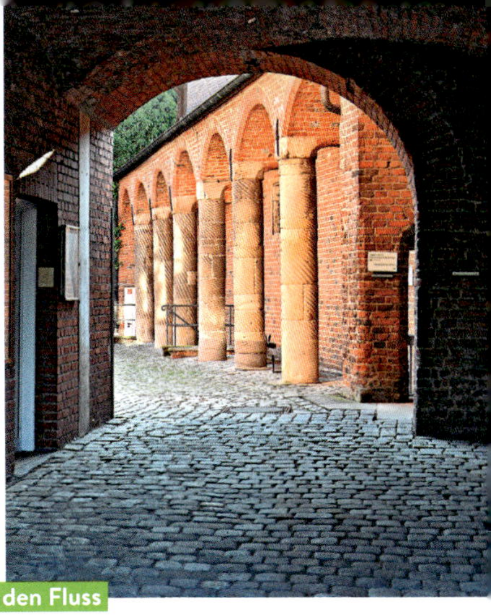

↑ Blick von den Ruhrhöhen in Essen-Bergerhausen auf den Fluss
↗ Einblick in den Innenhof von Schloss Herten

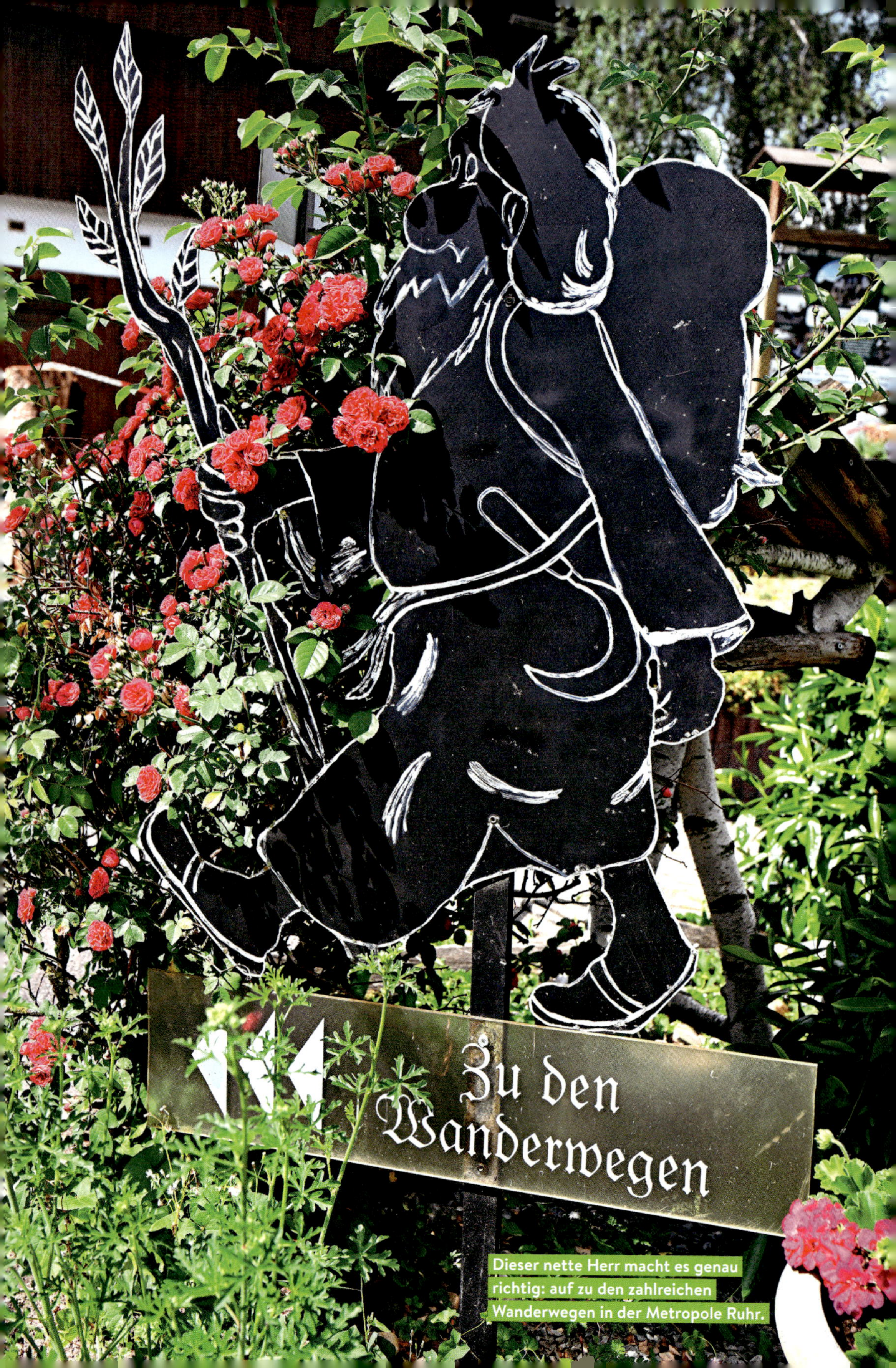

Dieser nette Herr macht es genau richtig: auf zu den zahlreichen Wanderwegen in der Metropole Ruhr.

Vorwort

JA, DAS RUHRGEBIET, DER KOHLENPOTT, DIE INDUSTRIEKULTUR – dort könne man doch gar nicht wandern. Wie oft hat man das als Ruhrgebietler von Außenstehenden schon gehört. Und wenn dann der Besuch von auswärts in die Region kommt, fällt immer – wirklich immer – der entscheidende Satz: »Ist ja ganz schön grün hier, hätte ich gar nicht gedacht.« Jeder Ruhrgebietler, der Verwandte oder Freunde zum ersten Mal durch die Region führt, kennt diesen Satz.

Natürlich, wir reden hier von einer Metropole, die aus mehr als 50 Städten besteht, und in der mehr als fünf Millionen Menschen leben. Eine Region, größer als die Bundeshauptstadt Berlin und mit so vielen Einwohnern wie Berlin und München zusammen. Doch auch die Einwohner des Ruhrgebiets wissen, was Freizeitvergnügen, Natur und Wandern ist – sie haben es nämlich direkt vor der Tür. Die sanften Hügel der Ruhrhöhen, die zum Bergischen Land übergehen, faszinieren genauso wie die künstliche Haldenlandschaft im Norden des Ruhrgebiets. Letztere bietet vor allen Dingen mit ihren zum Teil spektakulären Landmarken fantastische Ausblicke über eine Landschaft, in der man vor lauter Bäumen kaum die Städte sieht.

Und noch mal ja, im Ruhrgebiet lässt es sich für Kurzentschlossene und Langschläfer hervorragend wandern. Manche Touren mögen ein wenig urbaner sein, doch sie führen alle hinaus ins Grüne, zu beliebten Ausflugszielen, zu den Gewässern der Region und zu Aussichtspunkten.

Als geborener Ruhrgebietler, der oft in der Welt unterwegs ist, nehme ich Sie gerne mit auf eine Reise durch meine Heimat, in der ich Ihnen meine Lieblingsstrecken verrate.

Ihr Michael Moll

Willkommen im Ruhrgebiet

Das Ruhrgebiet - eine interessante und vor allen Dingen abwechslungsreiche Region, die von Auswärtigen oft unterschätzt wird. Standardsatz aller Besucher: Das ist aber grün hier.

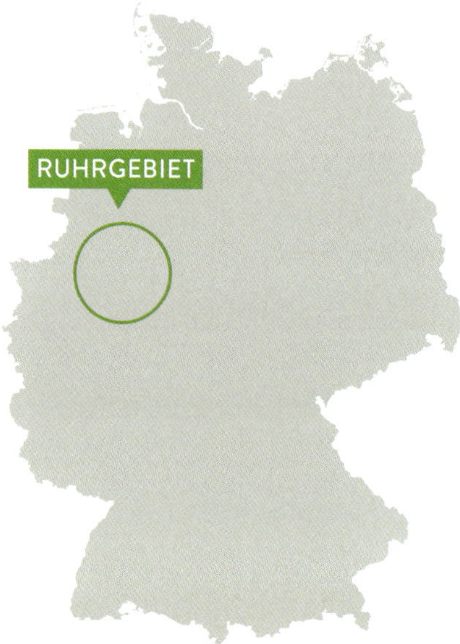

Bergtour über die Halden

Die Tradition des Bergbaus in der Region zeigt sich nicht nur in Industriedenkmälern und ehemaligen Fördergerüsten längst eingestellter Bergwerke, sondern auch mit kleinen Gebirgslandschaften. Von alpinen Touren ist man hier zwar weit entfernt, doch gerade im nördlichen Ruhrgebiet erheben sich zahlreiche Halden, die einst dazu dienten, den geförderten Abraum zu lagern. Heute sind viele dieser Halden bewachsen, bepflanzt und mit Wanderwegen und Aussichtspunkten versehen. Fast jede einzelne Halde bietet darüber hinaus eine markante und weithin sichtbare Landmarke.

Umwelthauptstadt Europas

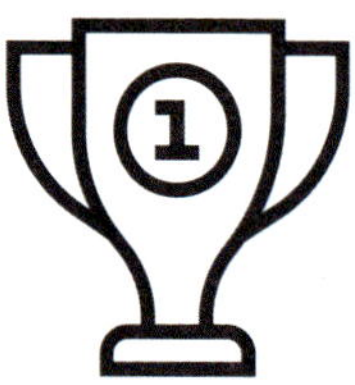

Im Jahr 2017 wurde Essen der Titel Umwelthauptstadt Europas verliehen, was die Stadt dem Strukturwandel zu verdanken hat.

53

Städte bilden eine Region

Eigentlich sind es nur elf Städte, was ja schon enorm ist. Aber zählt man die Städte in den vier Kreisen dazu, die ebenfalls zum Ruhrgebiet gehören, sind es insgesamt 53 Städte, die das Ruhrgebiet zur sogenannten Metropole Ruhr machen.

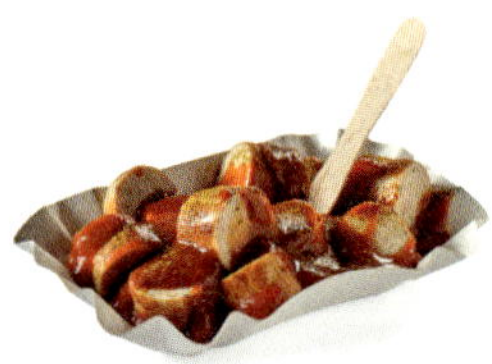

Currywurst rot-weiß

Auch wenn immer wieder darüber gestritten wird, ob die Currywurst aus Berlin oder dem Ruhrgebiet stammt: einfach mal probieren und genießen.

6,5 %
der Einwohner Deutschlands

Oder anders ausgedrückt: Fast jeder 15. Deutsche lebt und arbeitet in einer der Städte des Ruhrgebiets. Damit ist es das größte Ballungsgebiet des Landes.

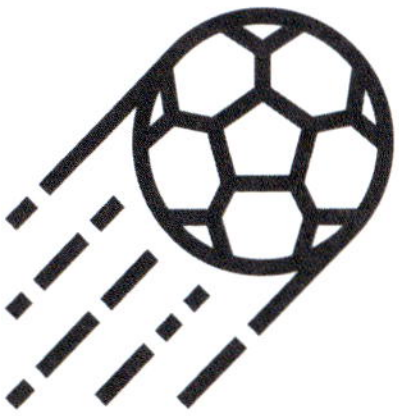

Fußball im Pott

Ein schwieriges Thema, wenn man über den falschen Fußballverein spricht. Aber ob blau-weiß, schwarz-gelb oder rotweiß – in der Sache vereint ist man, wenn es gegen gewisse Rekordmeister geht.

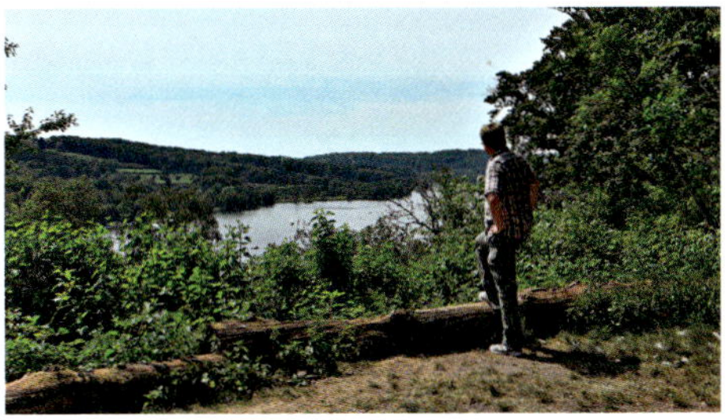

Baldeneysteig in Essen

Der Baldeneysee lässt sich herrlich einfach umrunden. Entweder mit dem Fahrrad, auf Inlinern oder auch zu Fuß. Doch anstatt den asphaltierten Uferweg zu nutzen, kann man nun seit wenigen Jahren endlich über steile Pfade in die Ruhrhöhen gelangen und den See mit Tiefenblick umrunden.

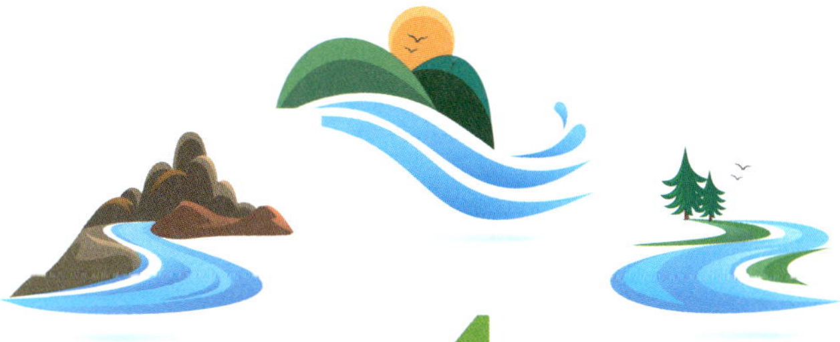

4

Vier bedeutende Flüsse zählt die Region zwischen Moers und Hamm. Abgesehen vom Rhein, verlaufen Lippe, Emscher und Ruhr beinahe parallel von Ost nach West. Hinzu kommen noch Gewässer wie der Rhein-Herne-Kanal und der Dortmund-Ems-Kanal mit interessanten Uferwegen.

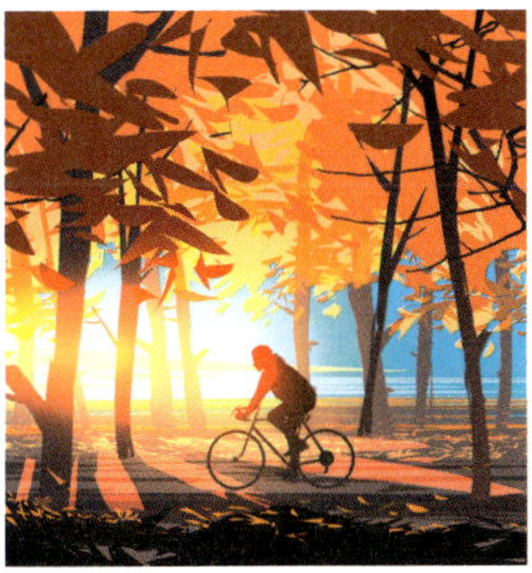

Bahntrassen des Ruhrgebiets

Kaum eine Region bietet so viele ehemalige Bahntrassen. Wo einst schwere Güterzüge die Kohle transportierten, sind die Gleise längst abgebaut und fast kreuzungsfreie Radwege ziehen sich durch die vielen Städte. Meist, aber nicht immer, sind sie asphaltiert. Das macht sie zwar nicht zu den Lieblingswegen von Wanderenthusiasten. Doch kann man auf ihnen ebenfalls jede Menge Kilometer abseits des Straßenverkehrs zurücklegen und dabei Natur und Kulturhistorie erleben.

Bruckmann-Tourenfinder

Für jeden Tag die richtige Tour

1	Baldeneysteig-Süd	⚫	Std. 4:00	km 11	201/197	✓	✓	✓	✓	✓		✓
2	Baldeneysteig-Nord	⚫	4:30	14	314/317	✓	✓	✓	✓		✓	✓
3	K-Weg (Kupferdreh)	⚫	6:00	19	426	✓	✓	✓	✓	✓		✓
4	Kettwiger Panoramasteig Nord	⚫	6:00	19	377/386	✓	✓	✓	✓	✓		✓
5	Kettwiger Panoramasteig Süd	🔴	4:00	14	301/290		✓		✓		✓	✓
6	3 TürmeWEG	🔴	3:30	13	402	✓	✓	✓	✓		✓	✓
7	Kokerei Hansa	🔵	4:00	12	61	✓	✓	✓	✓	✓		✓
8	Bislicher Insel	🔵	4:00	13	9/13	✓	✓	✓		✓		✓
9	Phoenix-See	🔵	3:30	10	24	✓	✓	✓	✓	✓		✓
10	Schurenbachhalde	🔵	3:30	12	96	✓	✓	✓	✓	✓		✓
11	Schloss Raesfeld	🔵	6:00	20	32	✓	✓	✓	✓		✓	✓
12	Duisburger Seenplatte	🔴	3:00	8	17	✓	✓	✓	✓		✓	✓

13	**Halde Hoheward**	🔵	4:30	18	221	✓	✓	✓	✓	✓		✓
14	**Revierpark**	🔴	3:30	11	50		✓	✓	✓	✓		✓
15	**Hohensyburg**	🔵	4:00	14	269	✓	✓	✓	✓	✓		✓
16	**Emschermündung**	🔴	4:30	17	9	✓	✓		✓	✓		✓
17	**Diersfordter Wald**	🔵	5:00	19	18	✓	✓	✓			✓	✓
18	**Duisburger Stadtwald**	🔵	2:00	6	54		✓		✓		✓	✓
19	**Dortmunder Flughafen-runde**	🔴	2:30	8,5	26		✓		✓	✓		✓
20	**Schellenberger Wald**	🔴	4:00	13,5	142	✓	✓		✓		✓	✓
21	**Elfringhauser Schweiz 1**	🔴	3:30	12	336	✓	✓		✓		✓	
22	**Elfringhauser Schweiz 2**	🔴	3:00	9	265	✓	✓		✓		✓	
23	**Neanderlandsteig 1**	🔴	4:30	13,5	439/312	✓	✓		✓	✓		✓
24	**Neanderlandsteig 2**	🔵	4:00	14.5	160/319	✓	✓	✓	✓	✓		✓
25	**Neanderlandsteig 3**	🔵	3:00	9	122/109	✓	✓		✓	✓		✓
26	**Halde Rheinpreußen**	🔴	3:30	10,5	74	✓	✓	✓	✓	✓		✓
27	**Halde Norddeutschland**	🔴	4:00	15	138	✓	✓	✓	✓			

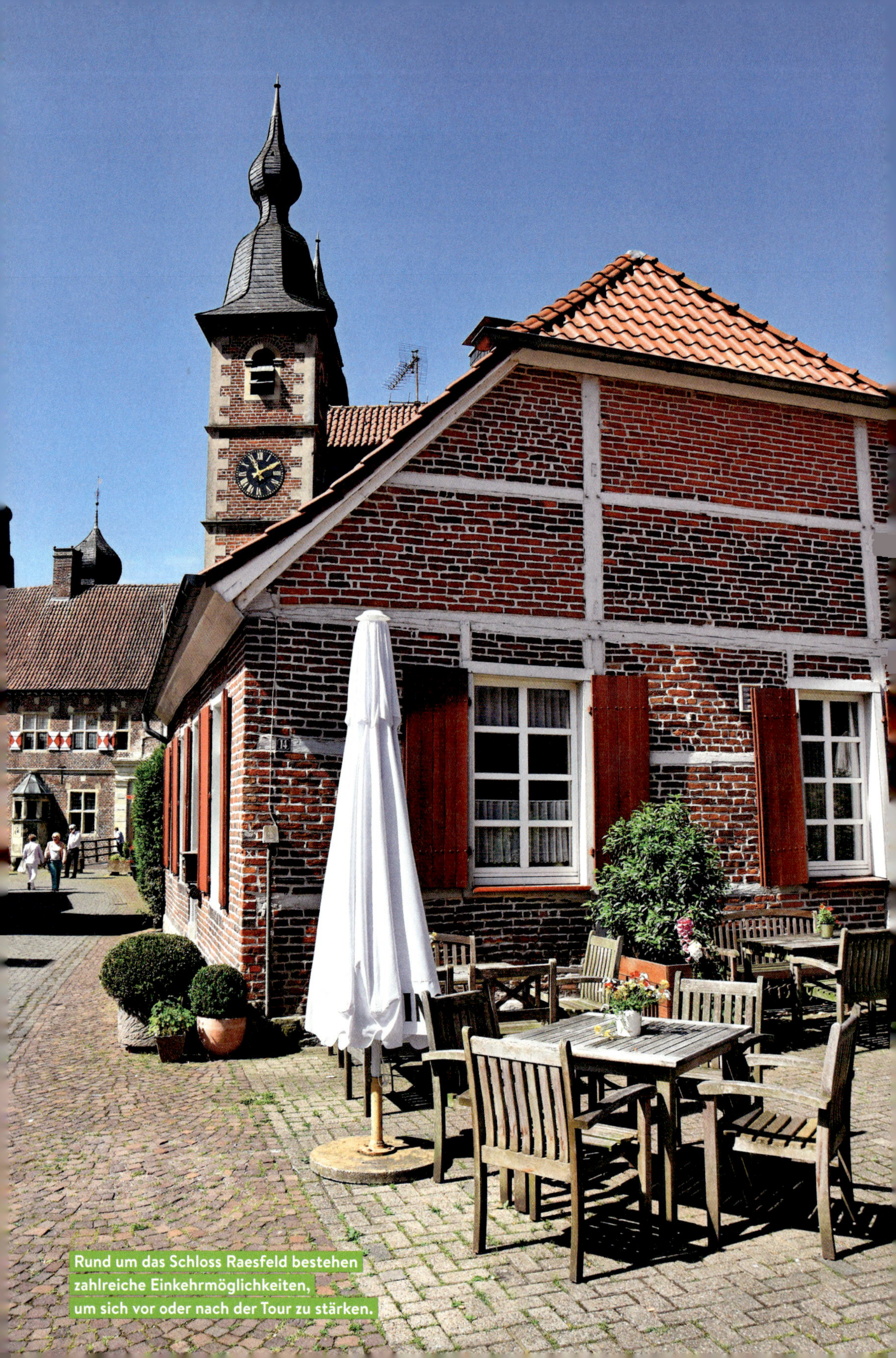

Rund um das Schloss Raesfeld bestehen zahlreiche Einkehrmöglichkeiten, um sich vor oder nach der Tour zu stärken.

INFO

PIKTOGRAMME ERLEICHTERN DEN ÜBERBLICK

Gehzeit

Länge

Höhenunterschied

Einkehr

wintergeeignet

ÖPNV

kindergeeignet

viel Sonne

Sehenswürdigkeit

schattiger Weg

ANFORDERUNGEN

Die schwierigste Passage ist maßgebend für die Einstufung der jeweiligen Tour, auch wenn nur einzelne Komponenten aus den Angaben der Einstufungen zutreffen.

● LEICHT

Technisch einfache Wanderung auf guten Wegen und Pfaden ohne starke Steigungen, die aber ggf. auch einmal ohne Markierung sein können. Ausgesetzte oder schwierige Stellen sind hier nicht vorzufinden.

● MITTEL

Mittelschwere Wanderung auf Pfaden und Wegen, die aufgrund von Länge und Höhenunterschieden eine gewisse Kondition, Ausdauer und einen guten Orientierungssinn erfordert. Diese Wege können teilweise unmarkiert sein.

● SCHWER

Anspruchsvolle Wanderung auf teilweise steilen oder sehr langen Wegen mit hohen Anforderungen an die Kondition. Ein gutes Orientierungsvermögen ist unbedingt geboten.

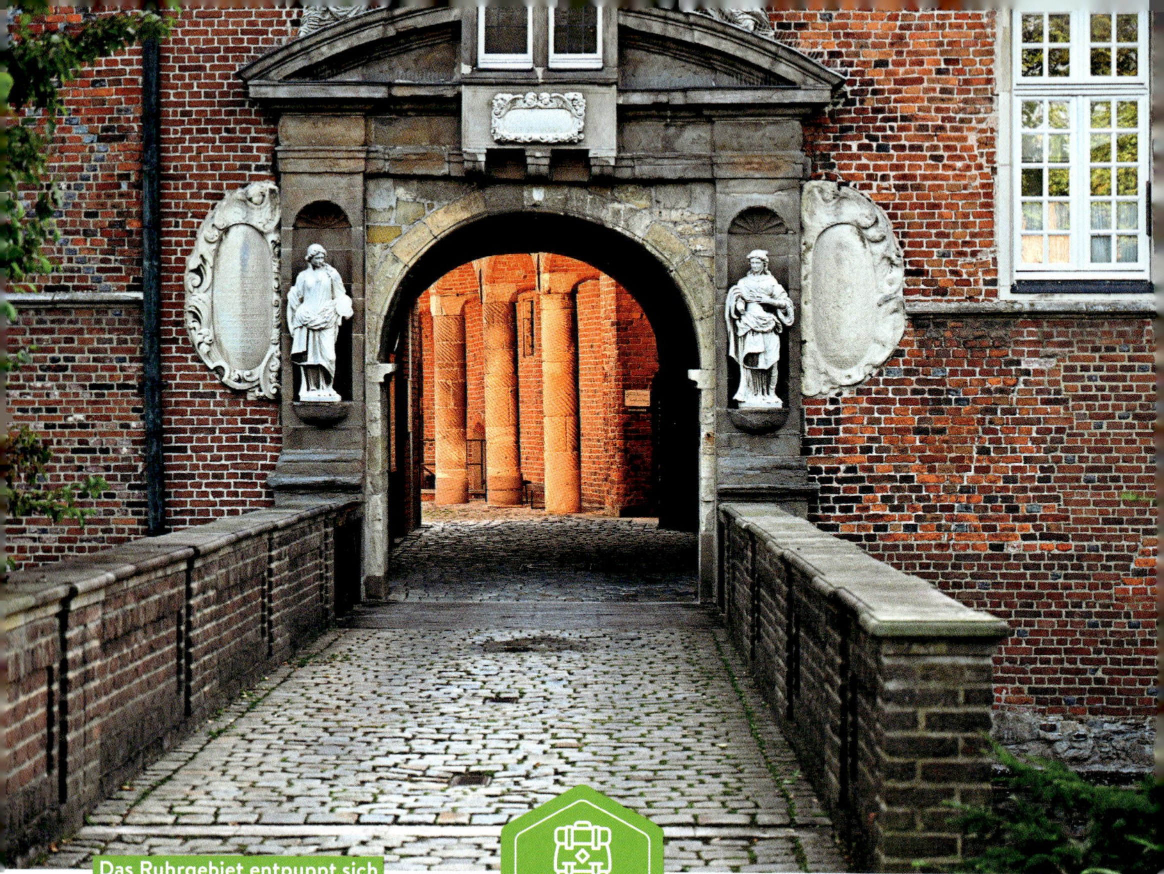

Das Ruhrgebiet entpuppt sich als Schloss- und Burgenlandschaft.

Das Ruhrgebiet – unbekanntes Wanderland

Wer ans Wandern denkt, hat meist Alpen, Mittelgebirge oder Flusstäler im Auge. Das Ruhrgebiet mit seinen vielen Städten steht bei den wenigsten auf dem Zettel – unverdient. Denn auch hier gibt es jede Menge anspruchsvolle Touren.

Das Ruhrgebiet ist eine urbane Landschaft, in der sich die Städte wie Perlen an einer Schnur aufreihen. Mancherorts weiß man gar nicht so recht, in welcher Stadt man sich gerade befindet, so fließend sind die Übergänge. Es existieren sogar Straßenzüge, bei denen die eine Straßenseite zu einer anderen Stadt gehört als die andere. Das betrifft uns beim Wandern eher weniger, doch so vielfältig die Region ist, so vielfältig sind auch die Wandermöglichkeiten. Von Ost nach West wird das Ruhrgebiet von mehreren Wasserläufen durchzogen. Von Nord nach Süd sind das die Lippe, der Rhein-Herne-Kanal, die Emscher und die Ruhr. Sie alle treffen im Westen auf den Rhein. Wandern lässt es sich an all diesen Gewässern. Doch nur die Ruhr bietet gleichzeitig auch einiges an Höhenmetern. Denn der für diese Region namensgebende Fluss liegt malerisch zwischen den Ruhrhöhen eingebettet, wo er in seinem Tal mehrfach zu Seen gestaut wird. Anders als in anderen Städten, man denke an Köln, Düsseldorf oder Dresden, fließt die Ruhr selten durch eine Innenstadt, sondern außerhalb der eigentlichen Zentren. Es existieren daher kaum zubetonierte Flanierpromenaden, sondern vielmehr malerische Naturlandschaft mit Flussauen, die zahlreiche Naturschutzgebiete bilden. In jüngster Vergangenheit hat man festgestellt, dass dieses Potenzial auch für Wanderer enorm wichtig ist, und man legte sowohl den Baldeneysteig als auch den Kettwiger Panoramasteig an. Bei aller Liebe zum Ruhrgebiet muss man sich allerdings auch eingestehen, dass solche Steige nicht immer über schmale Pfade und Wurzelwege verlaufen können. Das urbane Leben lässt sich nicht wegreden, und so wird man immer wieder auch mal auf Asphalt unterwegs sein. Gleiches gilt für die einmaligen Halden im Norden und Westen des Ruhrgebiets. Sie entstanden im Lauf des letzten Jahrhunderts durch den Abraum, der bei der Kohleförderung entstanden ist. Die meisten Halden wurden begrünt und der Öffentlichkeit übergeben. Außerdem wurden sie mit einer kunstvollen Landmarke versehen, in manchen Fällen sogar ein Aussichtsturm. Hier wandert man zwar auf Schotterpisten durch das Grün, doch rund um die Halden ist man auch schon mal für ein kurzes Stück durch ein ruhiges Wohnviertel unterwegs, um den nächsten Gipfel anvisieren zu können.

ANREISE

Sehr zum Vorteil ist das wohl dichteste Autobahnnetz Europas. Wenn man nicht gerade im Feierabendverkehr unterwegs ist, kommt man gut und einfach von einer Stadt zur anderen. Alle vorgestellten Wandertouren bieten in der Regel ausreichend Parkmöglichkeiten. Schwieriger kann es mit dem öffentlichen Personennahverkehr sein. Die Metropole Ruhr besteht aus mehreren Städten und ist daher leider immer noch durch mehrere Verkehrsgesellschaften vernetzt. So kann die Fahrt von einer in die übernächste Stadt schon zu einem kleinen Abenteuer werden. Besonders deutlich zu spüren ist das im ländlichen Raum– den gibt es ja auch. So manch ein Ziel außerhalb der größten Städte, wie die Elfringhauser Schweiz oder die Ausgangspunkte in Randlage, sind unter Umständen gar nicht mit dem ÖPNV erreichbar oder man sollte für den Weg zwischen Haltestelle bzw. Bahnhof und dem eigentlichen

Relikte aus dem Zweiten Weltkrieg sind leider keine Seltenheit.

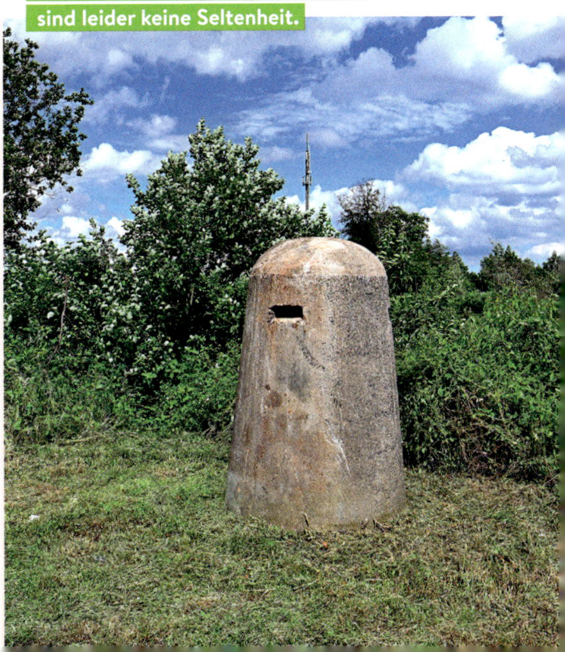

Startpunkt der Wanderung noch einen kleinen Spaziergang einplanen.

ÜBERNACHTUNGEN

Das Übernachten im Ruhrgebiet ist gesichert. Man sollte natürlich keine Almhütte erwarten, aber zahlreiche Hotels stehen in allen Städten in ausreichender Anzahl zur Verfügung. Klassische Geschäftshotels liegen außerdem sehr zentral an den jeweiligen Hauptbahnhöfen. Wer mit dem eigenen Bett anrollt, wird vor allem im Bereich der Ruhr mehrere Campingplätze vorfinden.

GEHZEITEN

Die Gehzeiten in diesem Buch sind nur als ungefähre Annäherungswerte ohne Pausen zu verstehen. Diese hängen natürlich von der eigenen Kondition und Geschwindigkeit ab, sind aber auf Langschläfer ausgerichtet. Je nach Anfahrt und Tour kann man lange oder sogar ganz lange ausschlafen. Außerdem sind auch Kombinationstouren möglich und – im Gegensatz dazu: Manche Tour lässt sich auch teilen, sodass man nur einen kleineren Abschnitt des Weges kennenlernt. So kann man sein müdes Haupt auch noch etwas länger auf dem Kissen ruhen lassen.

WETTER UND JAHRESZEIT

Schnee im Ruhrgebiet? Kommt vor, ist aber eher selten der Fall. Daher muss man auf Schneeschuhwanderungen verzichten. Ansonsten ist die Region aber das ganze Jahr hindurch erwanderbar. Natürlich mag es im feuchten Winter mit wenig Blättern an den Bäumen weniger attraktiv sein, doch dann hat man zumindest die Wege meist auch für sich allein.

ALLGEMEINES ZUM WANDERN IM RUHRGEBIET

Trittsicherheit, Schwindelfreiheit und Steigeisen sind beim Wandern in dieser NRW-Region eher unüblich und nicht notwendig. Was gebraucht wird, sind das übliche feste Schuhwerk und ein wenig Kondition. Letzteres weniger wegen der möglichen Höhenmeter, sondern vielmehr wegen der Entfernungen. Für Wanderungen im zweistelligen

↓ Die Region bietet mit Nutrias und ↘ Hirschkäfern eine tolle Vielfalt an wild lebenden Tieren entlang der Wanderwege.

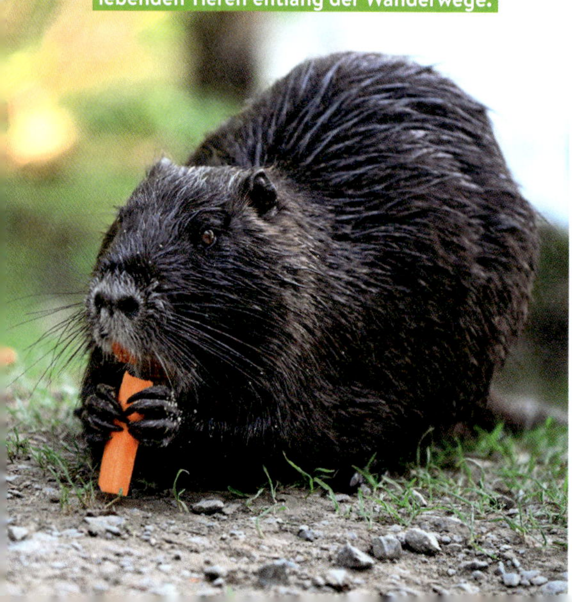

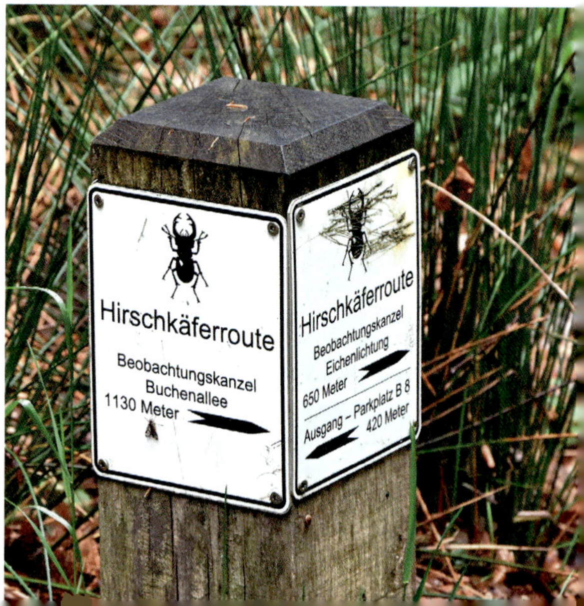

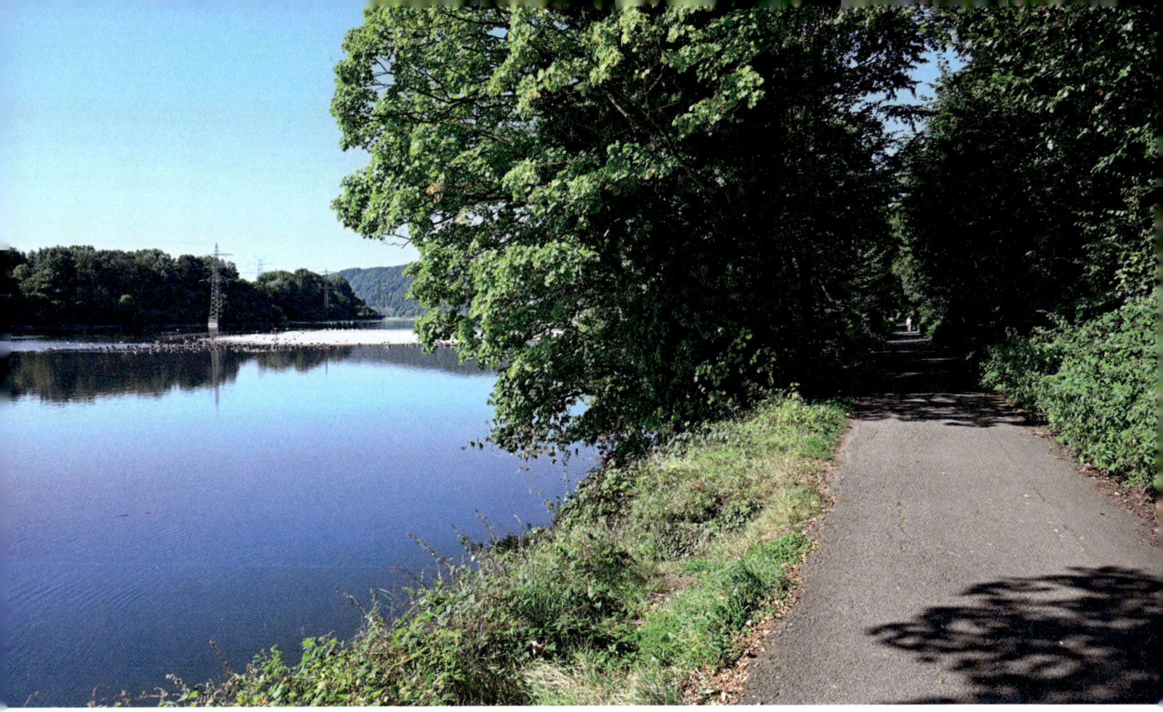

Viele Wanderwege sind zwar asphaltiert, bieten aber dennoch viel Natur.

Kilometerbereich sollte man wenigstens ein wenig gewappnet sein. An Höhenmetern kommt je nach Tour, besonders im südlichen Ruhrgebiet, zwar auch einiges zusammen. Doch sind wir ehrlich: Es handelt sich nicht um eine bergige Region. Wenn es mal ansteigt, dann nur kurz und bestenfalls knackig. Die meisten Höhenmeter schafft man auf dem Baldeneysteig, also auf den Ruhrhöhen und in der Elfringhauser Schweiz. Doch bei keiner Wanderung ist man gefühlt stundenlang nur bergauf unterwegs. Die einzelnen Abschnitte liegen maximal im zweistelligen Höhenmeterbereich, danach geht es entweder in der Ebene weiter oder es folgt schon wieder ein Gefälle. Auch die Abraumhalden, die gern als Berge bezeichnet werden, erfordern nur kurzes Luftholen. Kaum hat man den Anstieg begonnen, ist man auch schon fast oben. Nicht alle beschriebenen Wege in diesem Wanderführer sind beschildert und »offizielle« Wanderwege, die von einer örtlichen Tourismusinformation oder einem Wanderverein eingerichtet wurden. Das gilt nur für den Baldeneysteig, die Etappen des Neanderlandsteigs, die Georoute, für den 3 TürmeWEG, für den Kettwiger Panoramasteig und für den K-Weg in Essen-Kupferdreh. Diese Wege sind meist hervorragend ausgeschildert, für die anderen Wandervorschläge gilt das jedoch nicht.

EINKEHR

An fast allen Wanderwegen befinden sich Einkehrmöglichkeiten. Die Bandbreite reicht von der einfachen Imbissbude, in der man die klassische Currywurst erhält, bis zum gehobenen Restaurant. Für Wanderungen ohne Einkehrmöglichkeit empfiehlt sich die Rucksackverpflegung, aber mindestens eine Flasche Wasser. Wer sich nach diesen Touren abschließend wieder ins Auto oder in den Bus setzt, hat es dann aber meist nicht weit bis zur nächsten Gastronomie.

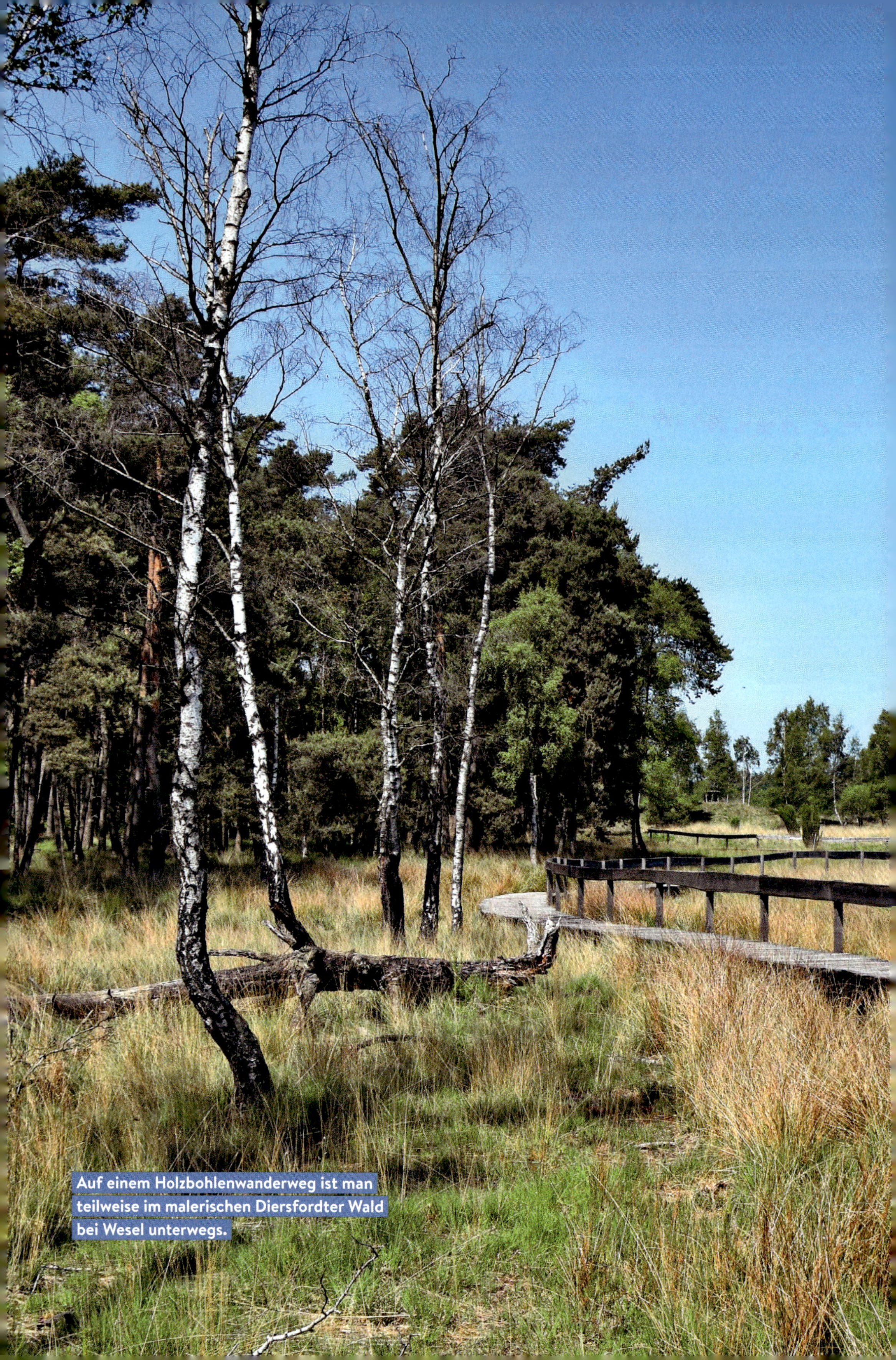

Auf einem Holzbohlenwanderweg ist man teilweise im malerischen Diersfordter Wald bei Wesel unterwegs.

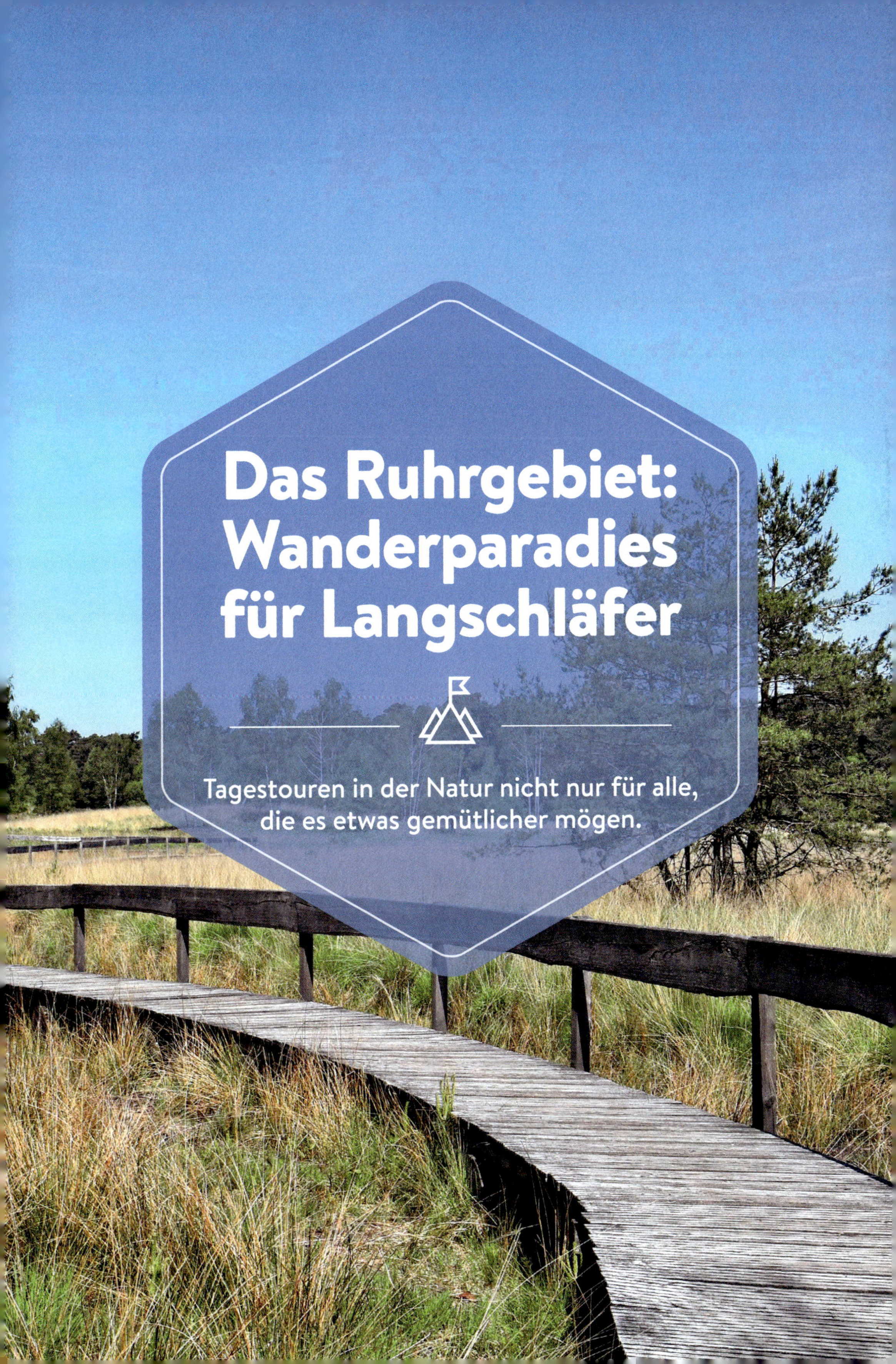

Das Ruhrgebiet: Wanderparadies für Langschläfer

Tagestouren in der Natur nicht nur für alle, die es etwas gemütlicher mögen.

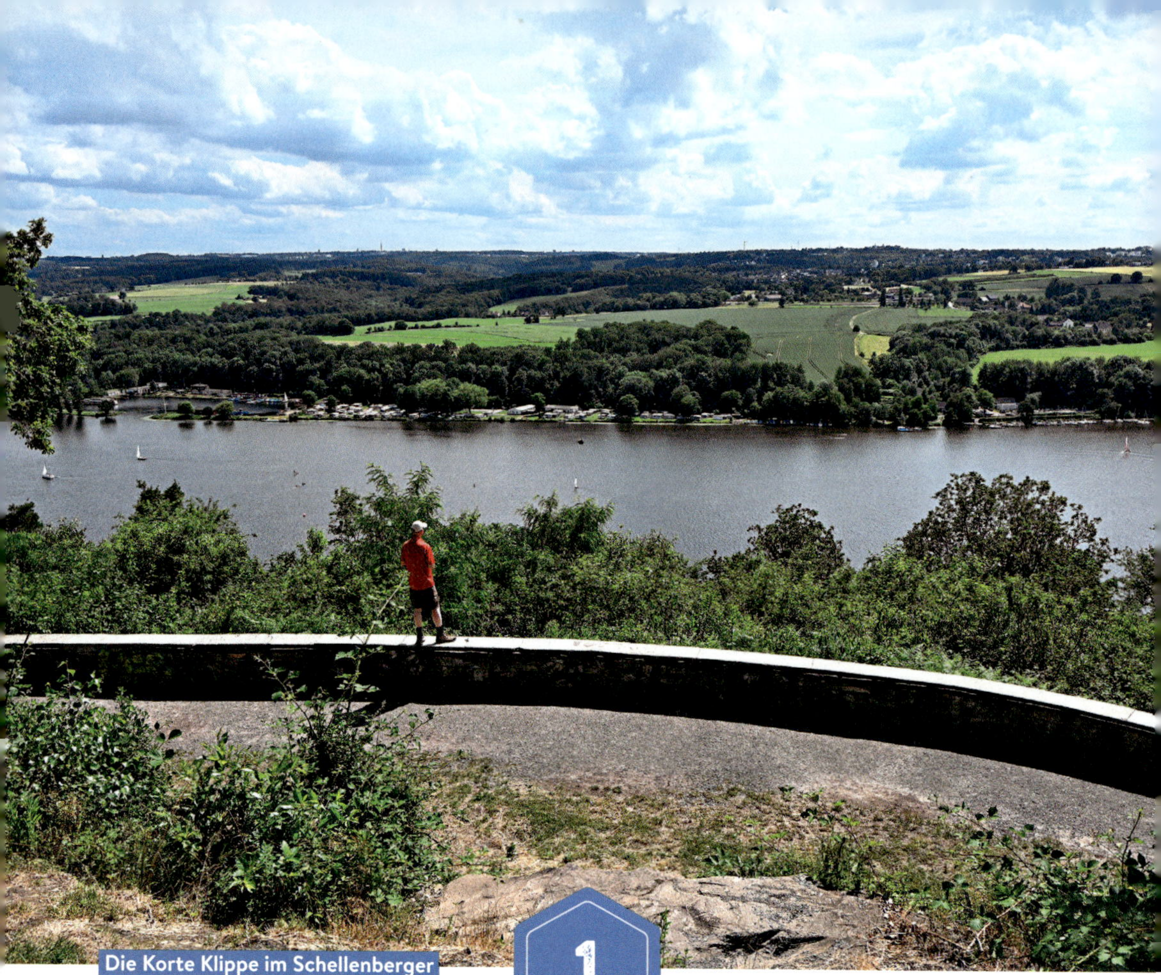

Die Korte Klippe im Schellenberger Wald ist ein beliebter Aussichtspunkt.

1

Am Südufer des Baldeneysees

Auf dem südlichen Baldeneysteig in Essen

Für eine Langschläferrunde ist der Baldeneysteig zu lang. Wer noch ein wenig am Kissen horchen und es gemütlicher angehen möchte, der sollte sich die Rundwanderung um den Baldeneysee auf zwei Tage aufteilen. Dank bester S-Bahn-Anbindung funktioniert das auch einwandfrei, wie auf den folgenden beiden Routen beschrieben.

DER OFFIZIELLE STARTPUNKT des Baldeneysteigs ist am südlichen Ende des Stauwehrs in Essen-Werden markiert. Um diesen vom S-Bahnhof zu erreichen, verlassen wir ihn zunächst und werfen direkt einen ersten Blick auf die Ruhr, die es auf der Brücke zu überqueren gilt. Gleich dahinter haben wir die Qual der Wahl. Entweder gehen wir sofort die Treppe zum Ufer hinab oder wir schlendern noch gemütlich durch die kleine Altstadt von Werden. Sinnvoller ist es aber, zunächst zu wandern, denn am nächsten Tag kommen wir ja auf Tour 2 wieder hier heraus. Dann können wir uns für die Wanderung immer noch mit einem Eis bzw. einer Einkehr in der Altstadt belohnen. Also, die Treppe runter und dann rechts. Immer am Ufer entlang, höchstens mit einem kleinen Abstecher über die Holzbrücke auf die Brehminsel, die sich in der Ruhr erstreckt. Aber dann – dann geht es wirklich auf den Baldeneysteig, wenn wir das Stauwehr erreicht haben. Übersehen kann man das mächtige grüne Wehr nicht. Es markiert das Ende des Baldeneysees und wir werden noch am Ende der Rundwanderung einen schönen Blick von oben auf die Anlage werfen können. Aber auch das genießen wir eben erst gegen Ende der Tour 2.

FÜR EINIGE ZEIT bleiben wir noch am Seeufer und folgen dem breiten Weg, der von zahlreichen Radfahrern, Spaziergängern und Inlineskatern genutzt wird. Gerade an den sommerlichen Wochenenden wird es hier schon mal eng. Deswegen ist es gar nicht unpraktisch, dass wir schon nach kurzer Zeit den Weg verlassen und rechts abbiegen. Nur zwei Mal werden wir auf dem weiteren Weg den See in so greifbarer Nähe haben, denn ab jetzt geht es bergauf. Man will es fast nicht für möglich halten, dass man im vermeintlich flachen Ruhrgebiet so hinaufwandern kann und der Weg sogar eine kleine Serpentine beinhaltet. Doch wir sehen auch auf der anderen Seite des Sees, dass die dortige Villa Hügel ebenfalls deutlich über dem Gewässer steht. Auch diese werden wir noch in Tour 2

Eine wunderbare Aussicht genießt man auch auf das Stauwehr in Werden.

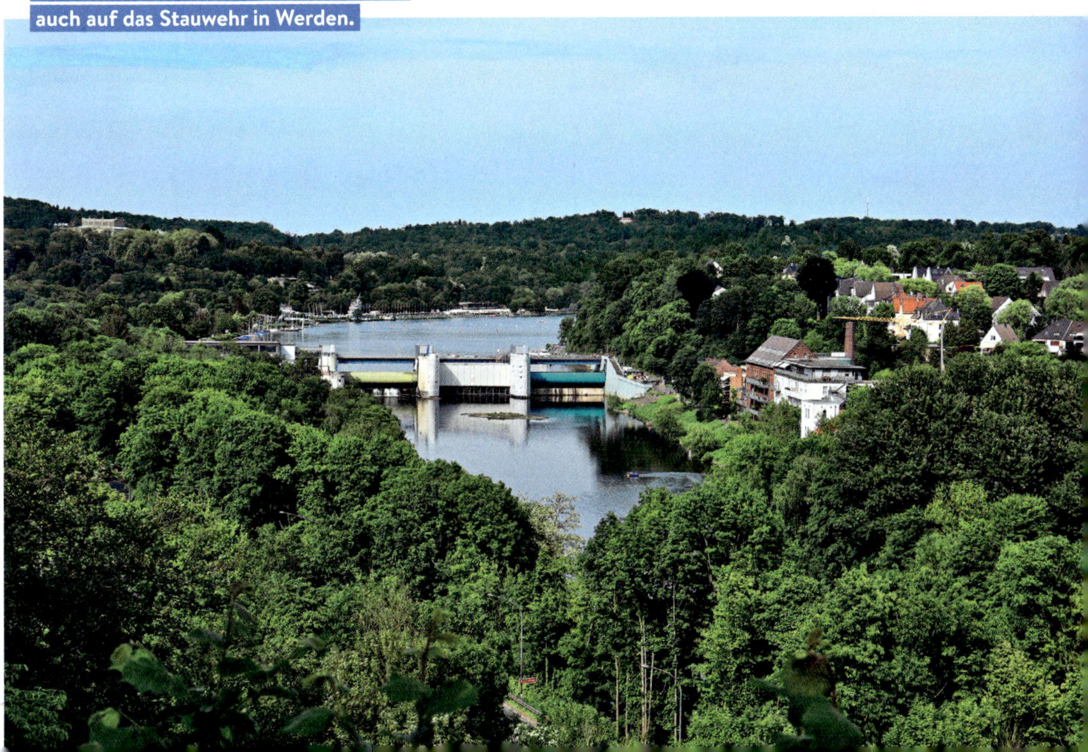

erreichen. Es wird also ein ständiges Auf und Ab sein, so viel ist gewiss.

ALLERDINGS WIRD ES HÄUFIG eine Tour auch auf Asphalt werden, so wie bei der Ankunft oberhalb des Sees. Hier wird gleich die Forstmannstraße überquert und wenig später biegt man links in den Friedhof ein. Etwas seltsam mutet es schon an, dass die offizielle Wegführung des Baldeneysteigs über den **Friedhof Werden** verläuft. An seinem Ende wandern wir in die Huffmannstraße und wenden uns an der T-Kreuzung nach links. Für den Moment sind wir zwar noch in einem Wohnviertel von Essen-Werden unterwegs, doch schon bald geht es in den Wald und unser Weg beschreibt eine enge Kurve. Jetzt wird es malerisch und die Ruhrgebietsstadt Essen zeigt sich von ihrer schönsten Seite. Felder auf der einen und Wälder auf der anderen – so folgen wir der Beschilderung des Baldeneysteigs durch die Straße Dodelle, die leicht bergauf an einem einsam gelegenen Wohnhaus vorbeiführt.

AN EINER KREUZUNG wenden wir uns nach links in die Zimmermannstraße und werden Zeuge, wie sich die Stadt Essen scheinbar in ein kleines Dorf mit landwirtschaftlicher Prägung verwandelt. Um uns he-

Die Villa Hügel ist ein Prachtbau oberhalb des Baldeneysees in Essen.

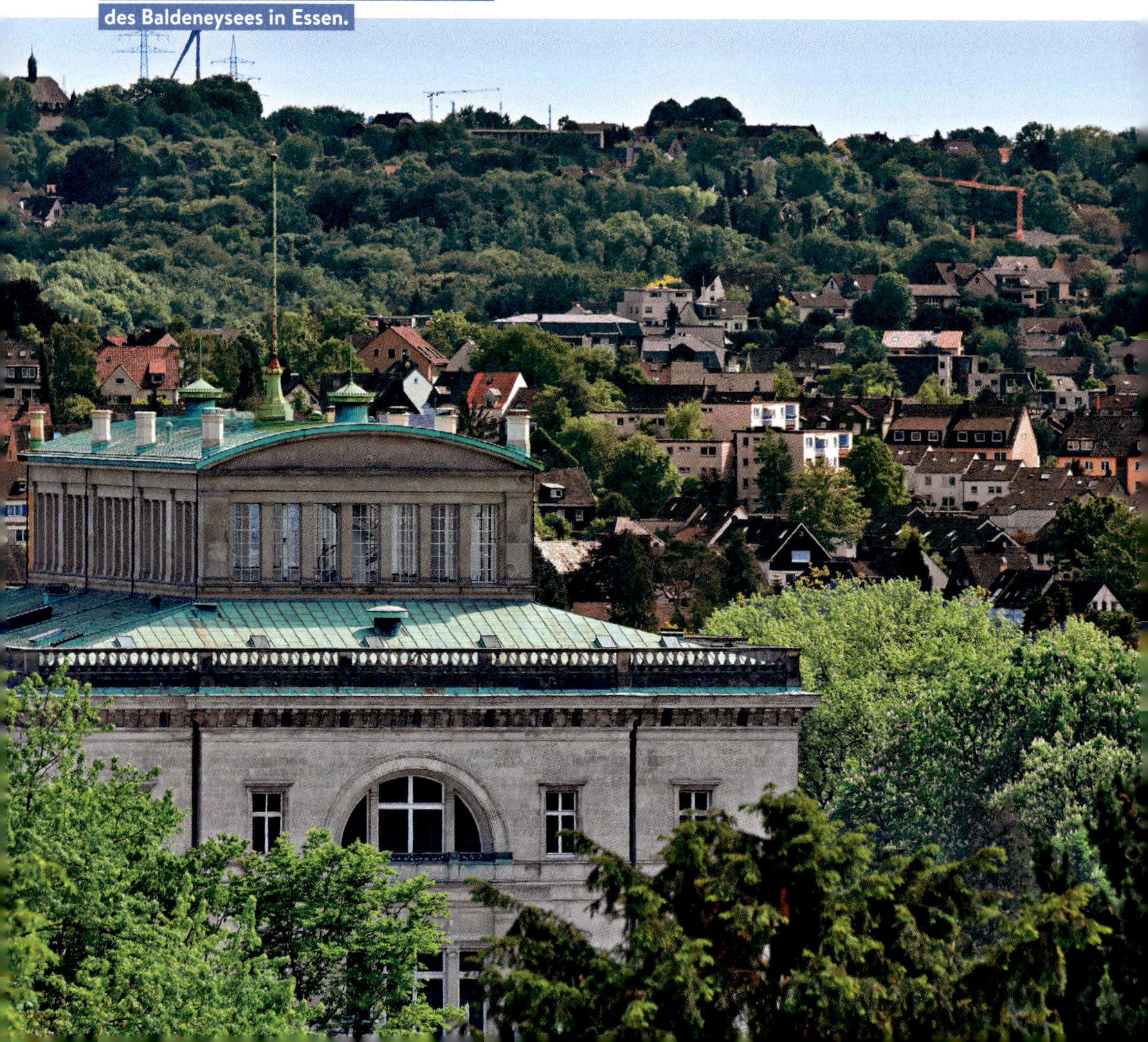

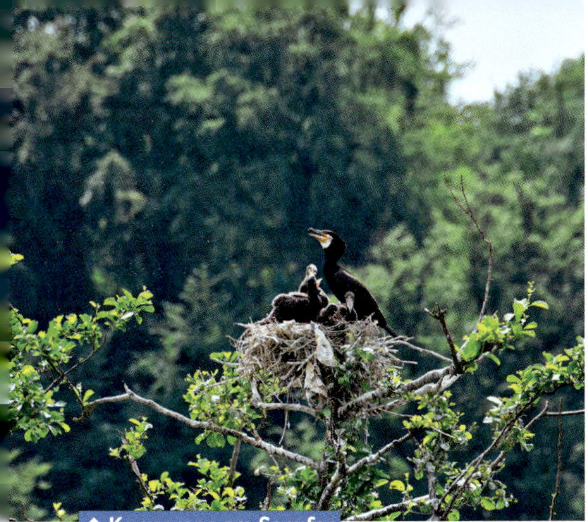

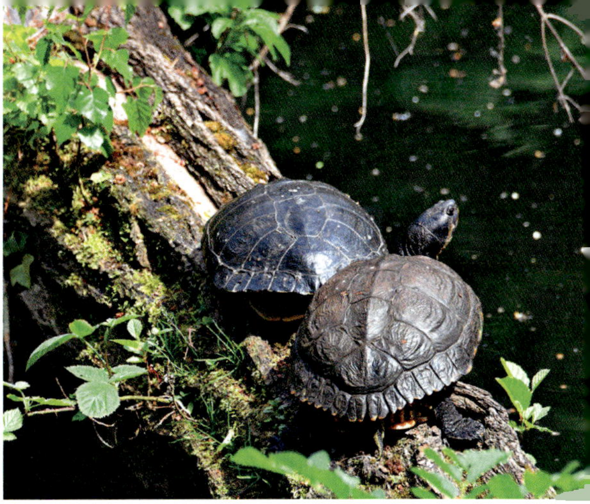

↑ Kormorane am Seeufer
↗ Und auch ausgesetzten Schildkröten begegnet man.

rum befinden sich nur Felder, über die hinweg man einen fernen Blick genießen kann, und hin und wieder taucht lediglich ein Hof auf. Bauernidylle pur – mitten im Ruhrgebiet. Gleich an der ersten Möglichkeit wenden wir uns nach links, gehen ein wenig bergab und biegen abermals rechts ab. Dass wir uns aber weiterhin im Ruhrgebiet mit seiner Bergbautradition bewegen, sehen wir gleich auf der linken Seite. Eine Lore erinnert an den einstigen hier befindlichen Schacht der ehemaligen Zeche Pörtingssiepen.

ES BLEIBT BEIM ANBLICK VON FELDERN und idyllischen Höfen oberhalb des Baldeneysees. Den sehen wir momentan zwar nicht, doch schauen wir nach links, können wir die Hänge vom Nordufer erkennen und erahnen, wie sich davor in einem Tal der See befindet. Am Maashof mit seinem Pferdegestüt wandern wir vorbei bis zur Maasstraße und wenden uns nach links. In der Kurve der Maasstraße folgen wir einem schmalen Pfad, der halb links von der Straße wegführt. Auf ihm wandern wir durch ein kleines Wäldchen bis zu einem Parkplatz oberhalb des Bikertreffs **Haus Scheppen**. Wir überqueren den Parkplatz und gehen an seinem Ende steil zum Kiosk und den zahlreichen Motorrädern hinab. Und Motorräder gibt es hier garantiert, gleich zu welcher Jahreszeit und bei welchem Wetter. Je schöner das Wetter, umso mehr sind es und rund um Haus Scheppen wird es dadurch sehr rummelig.

AUCH FÜR UNS wird es ein wenig rummeliger. Wir sind nämlich wieder am Seeufer angekommen, wo sich neben den zahlreichen Motorradfahrern auch die Radler und Spaziergänger den Weg teilen. Wir folgen ihm nach rechts und umrunden dabei das Haus Scheppen. Eine kleine Sitzbank am Ufer ver-

Tipp

HAUS SCHEPPEN

Den Begriff Haus Scheppen kennt man im Ruhrgebiet meist als Treffpunkt für Motorradfahrer. Aber eigentlich handelt es sich bei Haus Scheppen um einen Gutshof aus dem 17. Jahrhundert. Durch die Stauung der Ruhr zum heutigen Baldeneysee entstanden auch die Wassergräben, die mittlerweile das Bauwerk umschließen. Daher erlitt Haus Scheppen im Lauf der Zeit einige Schäden, da das Bauwerk überhaupt nicht als Wasserburg ausgelegt ist.

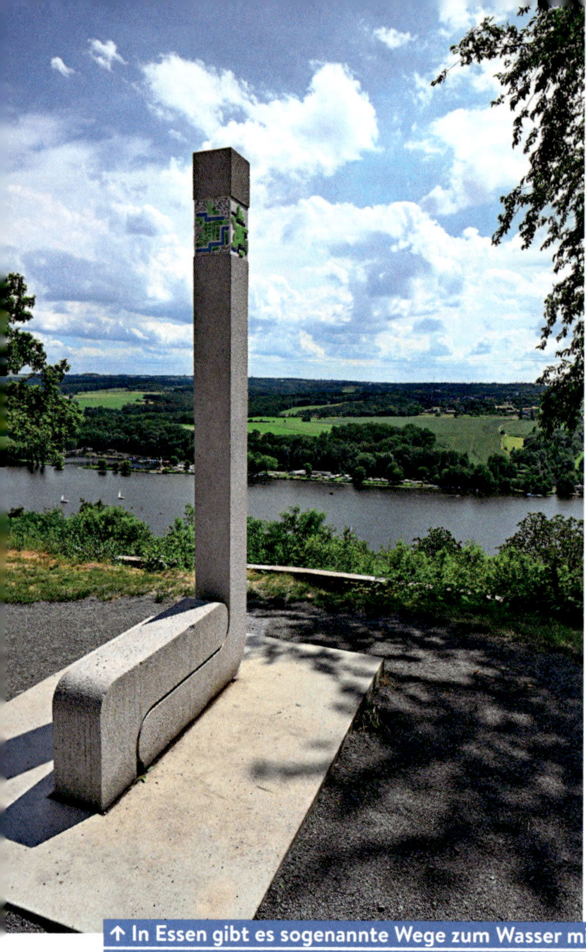

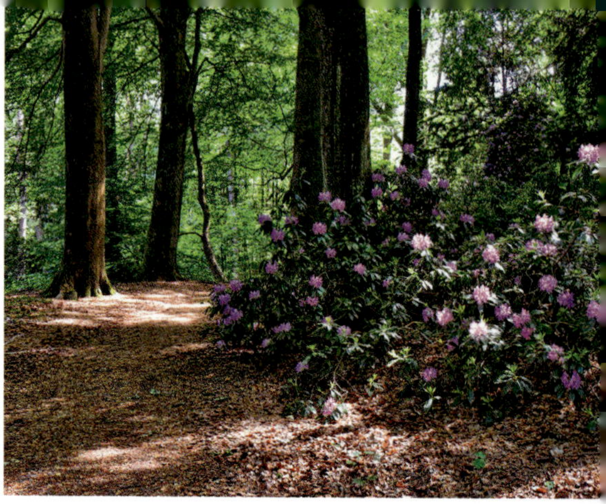

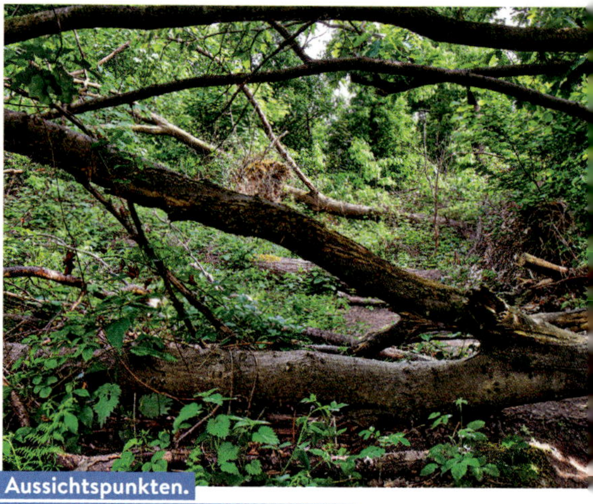

↑ In Essen gibt es sogenannte Wege zum Wasser mit Aussichtspunkten.
↗ Rhododendren im Kruppwald an der Villa Hügel ↗ Totholz nach einem Sturm im Wald

lockt zu einer kurzen Pause. Gleich dahinter lassen wir das Ufer auch direkt wieder hinter uns. Dieses Mal bleibt es zwar in Sichtweite, doch der Baldeneysteig verläuft leicht erhöht und parallel zum Uferweg. Denn wir genießen die Wanderung auf einem schmalen Pfad in einem Wäldchen, das sich zwischen Uferweg und den Gleisen der **Hespertalbahn** erstreckt. Die Museumseisenbahn wäre eine Alternative, diesen Teil des Baldeneysees auf eine andere Weise kennenzulernen.

DAS WÄLDCHEN ENDET und durch seine erhöhte Lage auf einer Art Damm geht es gleich im Anschluss deutlich hinunter, zum Teil sogar sehr steil. Zwar sind wir damit wieder am Ufer, doch wir lassen den Baldeneysee unberührt und wenden uns von ihm ab. Über die Gleise der Hespertalbahn geht es hinweg in Richtung Wohnhaus, vor dem wir jedoch abbiegen und wieder in einen Wald eintauchen. Deutlich bergauf geht es zur Margrefstraße, der wir nach links folgen. Der Baldeneysteig wechselt zwischen asphaltierten Strecken und Waldwegen. Die größte Straße, die man dabei zu überqueren hat, ist die Hammer Straße – und das gleich zwei Mal. Unsere Tour verläuft nämlich in einem weiten Bogen durch einen Wald, bevor wir wieder an der Hammer Straße herauskommen. Leider müssen wir bei der zweiten Berührung nach rechts abbiegen und ihr 200 Meter lang folgen. Das ist für den Baldeneysteig ein wenig unglücklich gewählt.

DOCH IN DER KURVE verlassen wir die Straße nach halb links und wandern gemütlich auf dem Augustaweg durch das Wäldchen. Ein kleines Bachtal wird überquert und wenig später finden wir uns an einem Spielplatz des Wohnviertels Dilldorfer Höhe wieder. Über den Spielplatz hinweg halten wir uns halb links, um ein letztes kleines Wäldchen zu passieren. Auf dem schmalen Steig geht es nun sanft hinab bis zur Seestraße und dem dortigen Wohnviertel direkt am Ufer. Hier verläuft der Baldeneysteig eigentlich bis zum Ufer, und über die Mündung des Deilbachs hinweg. Doch wir wenden uns nach rechts und durchqueren innerhalb weniger Gehminuten das angrenzende Gewerbegebiet. Denn gleich dahinter befindet sich der **S-Bahnhof von Essen-Kupferdreh**, von wo aus wir die Heimreise antreten können. Den zweiten Teil des Baldeneysteigs, entlang der Hänge am Nordufer, heben wir uns für den nächsten Tag auf.

INFO

Schwer | 4.00 Std. | 11,0 km | 201/197 Hm

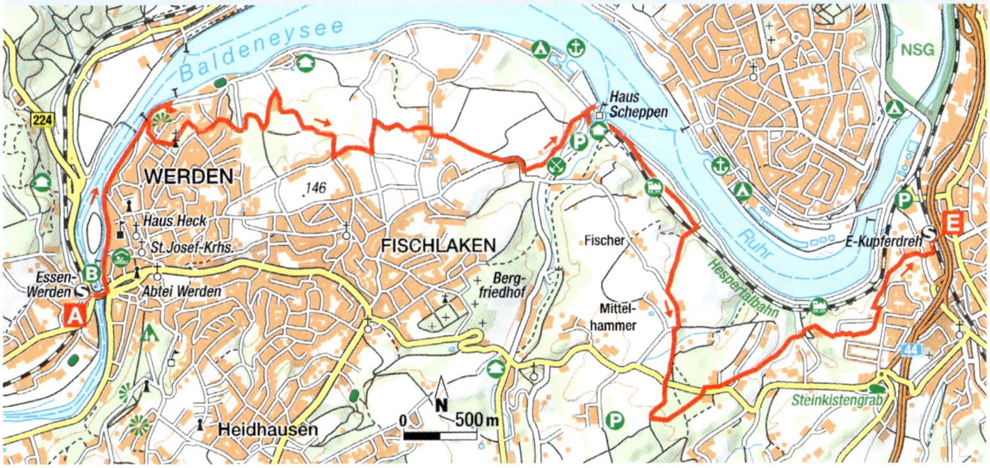

TOURENCHARAKTER

Herausfordernde Tour mit Auf- und Abstiegen, dadurch aber mit einigen Fernblicken belohnt. Der Baldeneysteig ist kein reiner Steig ohne Asphalt. Häufig ist man auf festen Straßen und Wegen unterwegs.

AUSGANGS-/ENDPUNKT

Ausgangspunkt ist der S-Bahnhof Essen-Werden, Endpunkt der S-Bahnhof Essen-Kupferdreh

ANFAHRT

Mit der S-Bahn 6 ab Essen Hbf. oder Düsseldorf Hbf. bis Essen-Werden. Mit dem Auto ab dem Essener Stadtzentrum oder ab der A52 über die B224 bis Essen-Werden

GEHZEITEN

Bis zum Ausgangspunkt 0.20 Std.– Haus Scheppen 2.00 Std.– Bahnhof Essen-Kupferdreh 4.00 Std.

BESTE JAHRESZEIT

Ganzjährig

EINKEHR

Verschiedene gastronomische Betriebe in Essen-Werden, ansonsten Imbiss am Haus Scheppen

Am Nordufer des Baldeneysees

Wunderschöne Ausblicke auf dem Baldeneysteig

Das Ausschlafen hat man sich verdient, wenn man den südlichen Teil des Baldeneysteigs von Tour 1 am Vortag bereits hinter sich gebracht hat. Doch nun startet man den Tag dort, wo man zuvor mit müden Füßen aufhörte. Mit neuem Schwung verlässt man den S-Bahnhof in Essen-Kupferdreh und los geht es auf die Nordrunde oberhalb des Baldeneysees.

2

Beim Blick über den Baldeneysee sieht man unter anderem die Villa Hügel.

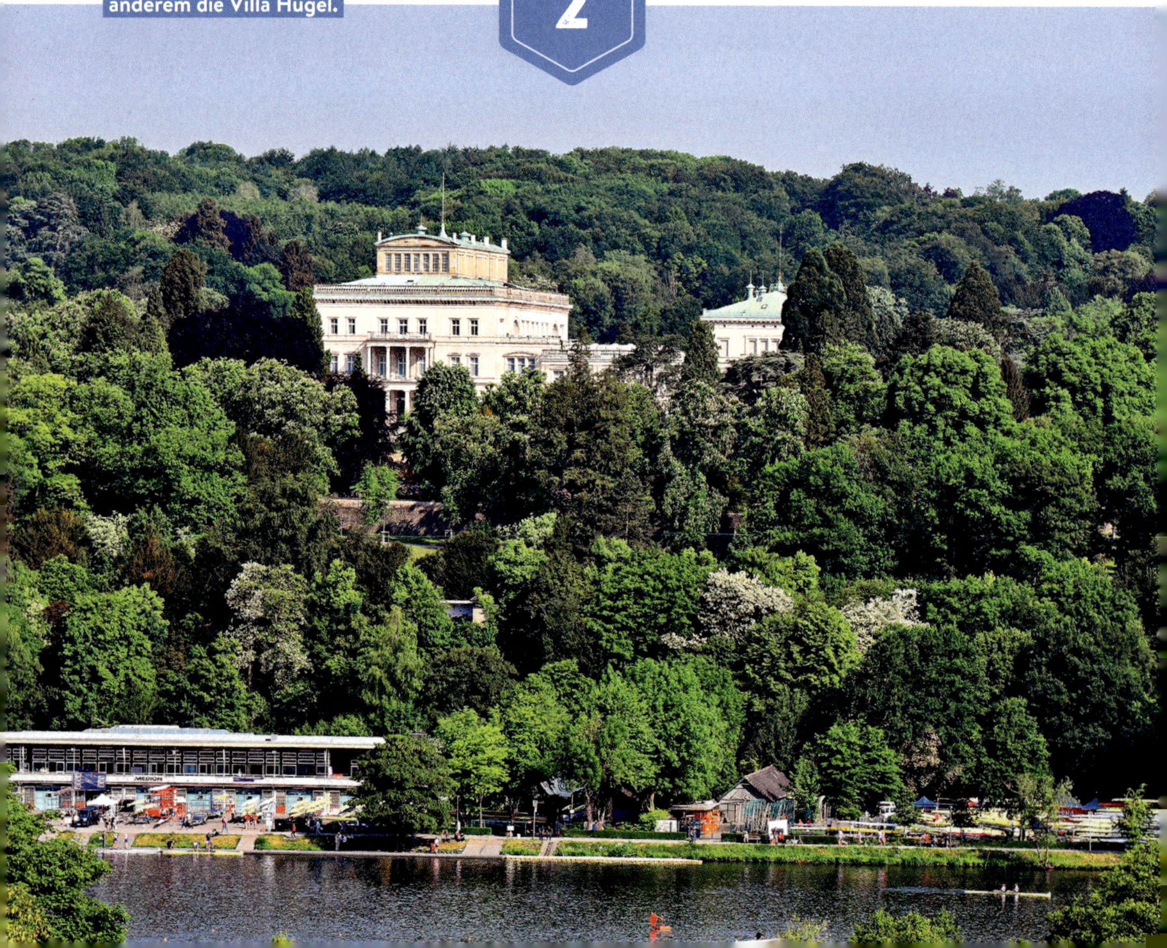

BEVOR MAN DEN BALDENEYSEE erreicht, wandert man ein kurzes Stück am Ufer des Deilbachs entlang, der wenig später in den See mündet. Zugleich trifft man auf den Bahnhof der Hespertalbahn. Wer bei der Süd-Wanderung auf eine Fahrt mit der historischen Museumseisenbahn verzichtet hat, hat nun die letzte Gelegenheit, das nachzuholen. Andererseits wartet noch ein ziemliches Stück Weg auf uns. Direkt hinter dem Bahnhof betritt man die markante und ehemalige Eisenbahnbrücke, die Kupferdreh mit der Zeche in Essen-Heisingen verband. Heute verkehren hier nur noch Wanderer, Inlineskater und Radfahrer. Denn neben einem Spazierweg ist sie zugleich auch Teil des Ruhrtalradwegs und außerdem markiert sie den Beginn des Baldeneysees. Wenn wir beim Überqueren der Brücke nach rechts blicken, erkennen wir in geringer Entfernung die noch relativ junge und sehenswerte Kampmannbrücke, die als Straßenbrücke beide Ufer der Ruhr miteinander verbindet.

BEIM VERLASSEN DER BRÜCKE haben wir das Nordufer des Baldeneysees erreicht und wenden uns sofort nach links, womit wir die Bahntrasse bzw. den Radweg verlassen. Denn zu Fuß geht es nun durch das malerische Naturschutzgebiet Heisinger Bogen. Langschläfer sind zugegebenermaßen ein wenig benachteiligt, denn in den frühen Morgenstunden hat man hier gute Chancen, den farbenfrohen Eisvogel zu erspähen. Ansonsten bleiben aber auch jede Menge Kormorane, die man dabei beobachten kann, wie sie ihre Jungen füttern. In einem großen Bogen wandert man durch das Vogelschutzgebiet bis zu einer Marina, hinter der es gleich wieder am Ufer weitergeht. Bisher ist die Wanderung zwar sehr schön, aber technisch noch wenig anspruchsvoll. Wir bleiben einige Zeit am fla-

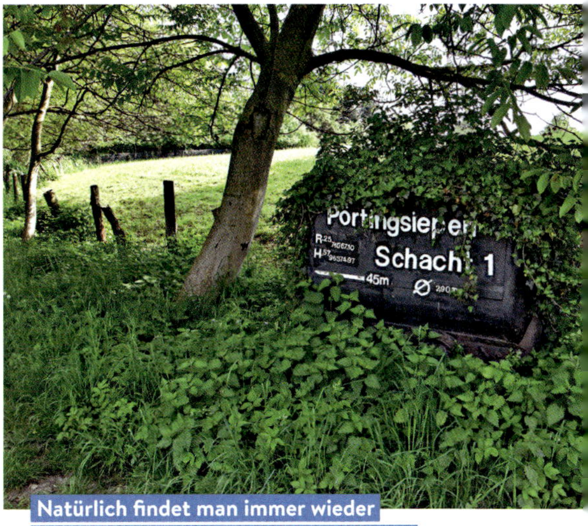

Natürlich findet man immer wieder Erinnerungen an die Zeit des Bergbaus.

Tipp

VILLA HÜGEL UND HÜGELPARK

28 Hektar misst der Hügelpark, in dem sich große Wiesen und kleinere Wälder abwechseln. Das repräsentative Haupthaus, der Sitz der Familie Krupp, wurde 1872 fertiggestellt und beherbergt über 250 Zimmer, in denen die Industriellenfamilie wohnte. Die Blütezeit der Villa war zu Beginn des 20. Jahrhunderts, als man die ohnehin schon imposante Inneneinrichtung erweiterte und die Enkelin des verstorbenen Alfred Krupp die Villa übernahm. Nach dem Zweiten Weltkrieg wurde das Gebäude kurzzeitig von den Alliierten genutzt und ging später wieder in den Besitz der Familie über. Seit den 1950er-Jahren werden in den prunkvollen Räumen des Anwesens in unregelmäßigen Abständen Kunstausstellungen arrangiert, während in einem Nebengebäude ein Museum zur Geschichte der Firma Krupp untergebracht ist.

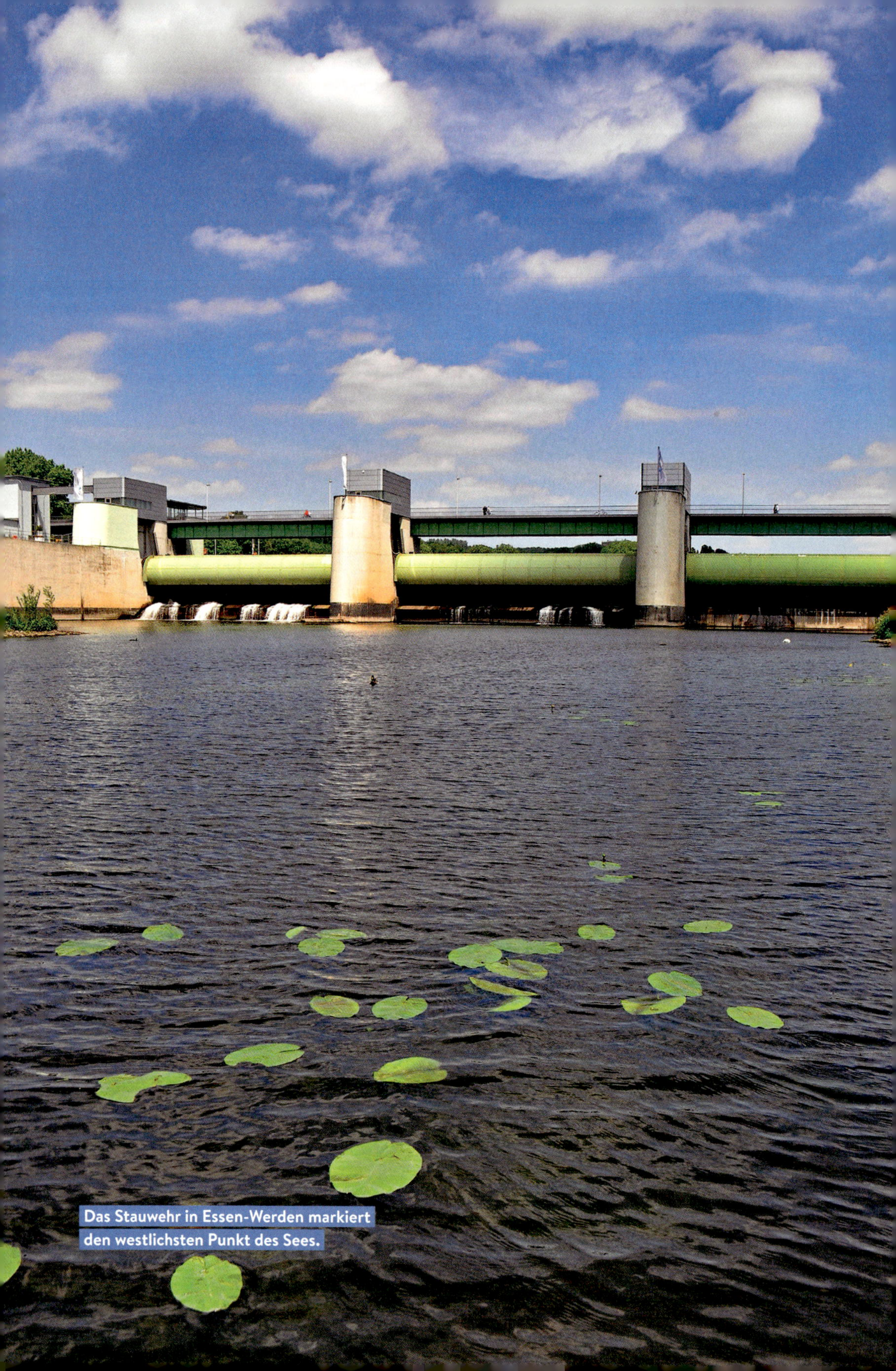

Das Stauwehr in Essen-Werden markiert den westlichsten Punkt des Sees.

chen Ufer und genießen den Blick über die Wasseroberfläche.

MIT DEM ERREICHEN des grün leuchtenden Förderturms der ehemaligen **Zeche Carl Funke** ändert sich der Baldeneysteig deutlich. Zunächst verlassen wir mit einem Schlenker nach halb rechts die direkte Uferzone und nähern uns den Hängen, die rechts neben uns in die Höhe ragen. Kaum haben wir uns daran gewöhnt, das Wasser des Baldeneysees nicht direkt neben uns zu haben, schon steigt der Weg deutlich an. Er führt uns in die dichten Wälder oberhalb des Baldeneysees und auf geschotterten Wegen bergauf. An einer Kreuzung hätten wir die Möglichkeit, einen Abstecher zum Aussichtspunkt Korte Klippe zu machen. Wer Zeit und Lust hat, sollte das unbedingt tun, denn der Ausblick von dort reicht über den See und die landwirtschaftlichen Flächen im Essener Süden bis in das Bergische Land.

ABER AUCH WENN WIR auf diesen Abstecher verzichten, erleben wir einige herrliche Ausblicke, während wir unterhalb der Ruine Isenburg durch den bewaldeten Hang wandern. Im leichten Auf und Ab gelangen wir bis kurz vor den Parkplatz der Heimlichen Liebe. Neben dem gleichnamigen Wirtshaus können wir unsere Wanderung mit einer Partie Minigolf unterbrechen, bevor wir nach links weiter der Beschilderung des Baldeneysteigs folgen. Dabei blicken wir nicht nur auf den Baldeneysee, sondern wir sehen in einiger Entfernung vor uns die majestätisch wirkende Villa Hügel des ehemaligen Industriebarons Alfred Krupp.

VOR DER VILLA HÜGEL geht es bergab. Vom See ist weit und breit nichts mehr zu sehen, dafür wandern wir durch den dichten Wald und gehen schon bald durch eine Straßen- und Eisenbahnunterführung. Nur zur Orientierung: Auf der Eisenbahntrasse verkehrt die S-Bahn 6, mit der wir nach der Wanderung vom Bahnhof Essen-Werden zum Hauptbahnhof gelangen. Gleich auf der anderen Seite der Bahntrasse geht es mit der Waldwanderung sowie mit den leichten Auf- und Abstiegen weiter. Das **Areal der Villa Hügel** mit seinem weitläufigen Hügelpark ist umzäunt, weshalb wir es beim Erreichen zunächst einmal umrunden werden. Doch immerhin gibt der Zaun schon mal erste Einblicke in den Hügelpark frei. Kurzzeitig streifen wir die Straße Am Brandenbusch und die Arnoldstraße, womit wir ebenfalls einen kleinen Einblick in die Wohnhäuser des mondänen Essener Stadtviertels Bredeney erhalten.

Blick vom Haus Scheppen zur ehemaligen Zeche Carl Funke am Nordufer

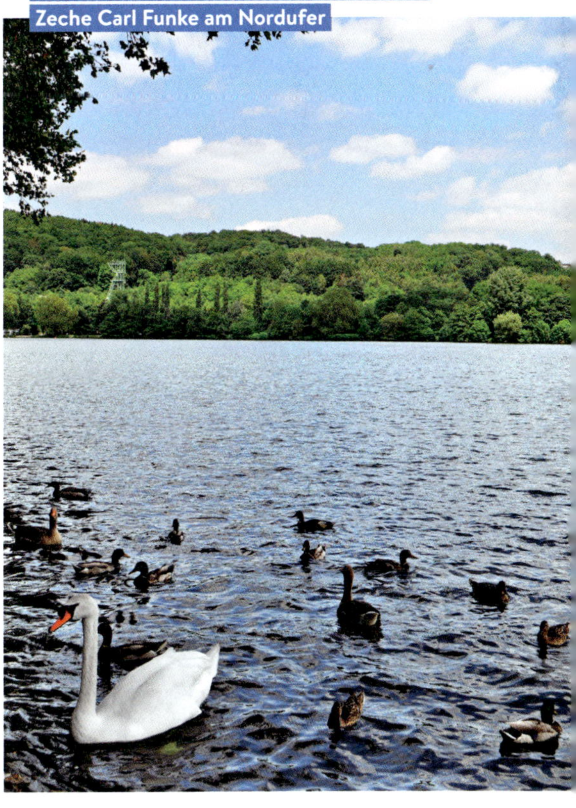

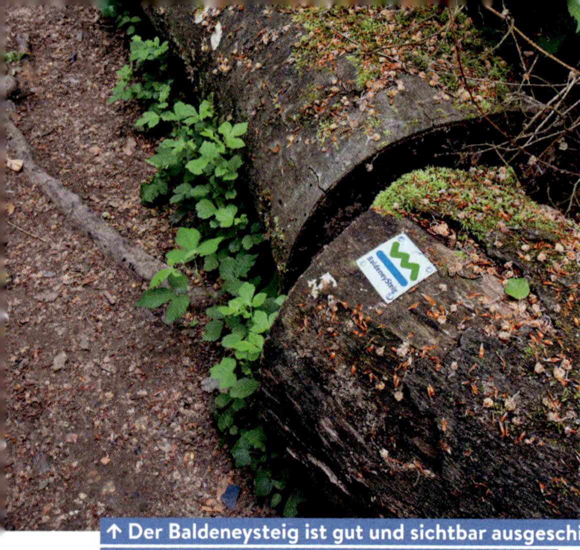

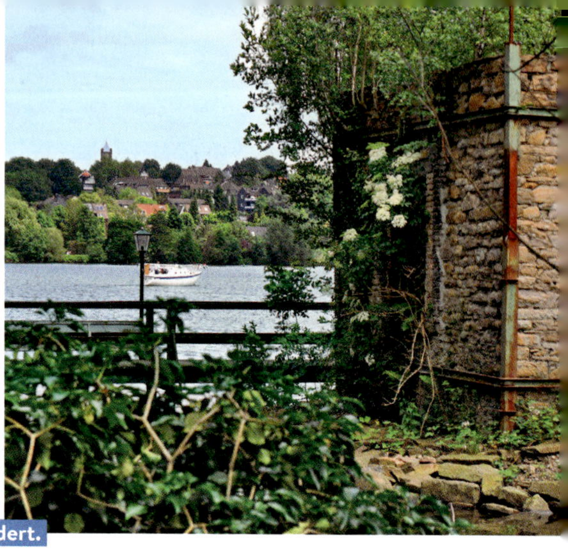

↑ Der Baldeneysteig ist gut und sichtbar ausgeschildert.
↗ Urig und rustikal wirkt Haus Scheppen heute.

BEI DER UMRUNDUNG des Hügelparks erreichen wir einen kleinen Eingang an der Nordseite. Diesen passieren wir halb rechts und tauchen wieder in den Wald ein. Denn der Hügelpark und die Villa Hügel sind nur durch den Haupteingang im südlichen Bereich nahe dem See zugänglich. Ob mit oder ohne Besichtigung der Villa Hügel, der Baldeneysteig verläuft gemütlich durch den angrenzenden Kruppwald, der mit einer großen Anzahl an Rhododendron-Büschen begeistern kann. Es bleibt auch im Kruppwald dabei, dass wir diesen mit leichten Steigungen und Gefällen durchqueren. Unterbrochen wird die Waldwanderung lediglich durch die Überquerung der breiten Bundesstraße 224, die Essen-Werden mit dem Stadtzentrum verbindet. Doch hinter der Ampelanlage geht es gleich wieder in den Wald hinein, der nun Heissiwald genannt wird.

KURZZEITIG GEHT ES STEIL AN, bevor er den Weg zur Platte überquert und wir das **Wildgatter im Heissiwald** erreichen. Mit einem Blick auf das hier lebende Dam- und Rotwild umrunden wir das Wildgatter und wandern gemütlich auch an Wildschweinen und Mufflons vorbei. Direkt im Anschluss gelangen wir gleich zu zwei Ausflugslokalen, hinter denen wir links abbiegen und einen weiteren prachtvollen **Aussichtspunkt** erreichen. Hier ist er wieder zu sehen, der Baldeneysee. Wie schon in Tour 1 beschrieben, hat man von hier aus einen tollen Ausblick auf den See und auf das Stauwehr. Außerdem kann man auf einen großen Teil von Essen-Werden blicken.

NACH DEM GENUSS dieses Aussichtspunktes kann man ein wenig schummeln, wenn die Zeit knapp geworden ist. Wer den Weg zum S-Bahnhof Essen-Werden abkürzen möchte, der geht wieder hinauf zur Straße an der Einkehrmöglichkeit und wendet sich nach links. Durch den Wilhelm-Bernsau-Weg geht es geradewegs hinab zum Bahnhof. Doch so kurz vor dem Ziel sollte einen der Ehrgeiz packen, den Baldeneysteig in seiner kompletten Länge zu erwandern. Daher geht es also am Aussichtspunkt auf den dort abzweigenden, schmalen Weg, der mit leichtem Gefälle zu einer T-Kreuzung führt. Hier biegen wir einmal scharf nach rechts ab und gelangen zur Bredeneyer Straße, an der wir uns nach links wenden und wenig später erneut die Bundesstraße überqueren. Nur noch schnell die bereits bekannte Eisenbahntrasse überquert, und schon wandern wir entspannt an einem Golfplatz bis zum Ufer der Ruhr. Linker Hand sehen wir nun das **Stauwehr** und gehen geradewegs darauf zu. Über die Treppen gehen wir hinauf auf die Anlage, an der ein Fischaufzug dafür sorgt, dass die Tiere zwischen See und Fluss wechseln können. Am gegenüberliegenden Ufer geht es treppab zum offiziellen Ausgangspunkt des Baldeneysteigs. Entweder starten wir hier für die Wanderung auf der Südroute in Tour 1 oder wir wenden uns nach rechts und folgen dem Lauf der Ruhr bis in die Altstadt von Werden, wo wir uns nach dieser Wanderung mit einer Einkehr belohnen.

INFO

Schwer | 4.30 Std. | 8 km | 314/317 Hm

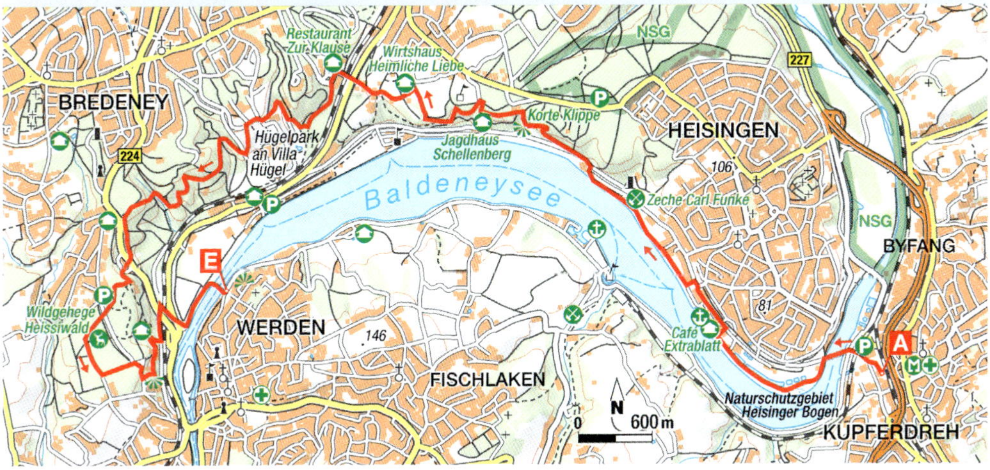

TOURENCHARAKTER

Zu Beginn sehr einfache Wanderung, die lange Zeit direkt am flachen Seeufer verläuft. Im weiteren Verlauf folgen deutliche Steigungen in die Ruhrhöhen hinauf, womit man im steten Auf und Ab durch die Wälder wandert.

AUSGANGS-/ENDPUNKT

Ausgangspunkt ist der S-Bahnhof Essen-Kupferdreh, Endpunkt ist der S-Bahnhof Essen-Werden

ANFAHRT

Mit der S-Bahnlinie 9 ab Essen Hbf. bis zum Bahnhof Essen-Kupferdreh. Mit dem Auto über die B 227 oder A44 bis Essen-Kupferdreh

GEHZEITEN

Bis Naturschutzgebiet Heisinger Bogen 0.15 Std. – Zeche Carl Funke 1.00 Std – Abzweig Korte Klippe 1.30 Std. – Heimliche Liebe 2.00 Std. – Hügelpark 2.30 Std. – Wildgehege Heissiwald 3.15 Std. – Aussichtspunkt 3.45 Std. - Bahnhof Essen-Werden 4.30 Std.

BESTE JAHRESZEIT

Ganzjährig

EINKEHR

Verschiedene gastronomische Betriebe in Essen-Werden; Jagdhaus Schellenberg, Heisinger Str. 170a, 45134 Essen, Tel. 0201/43 78 70, www.jagdhaus-schellenberg.de; Wirtshaus an der Heimlichen Liebe, Baldeney 33, 45134 Essen, Tel. 0201/43 52 00, www.heimliche-liebe.de; Restaurant Zur Kluse, An der Kluse 27b, 45133 Essen, Tel. 0201/44 17 17, www.zurkluse.de; Villa Vue, Weg Zur Platte 73, 45239 Essen, Tel. 0201/49 12 37, www.villavue.de; Wirtshaus Zum Purzel, Wilhelm-Bernsau-Weg 90, 45239 Essen, Tel. 0201/31 77 95 80, www.wirtshaus-zum-purzel.de

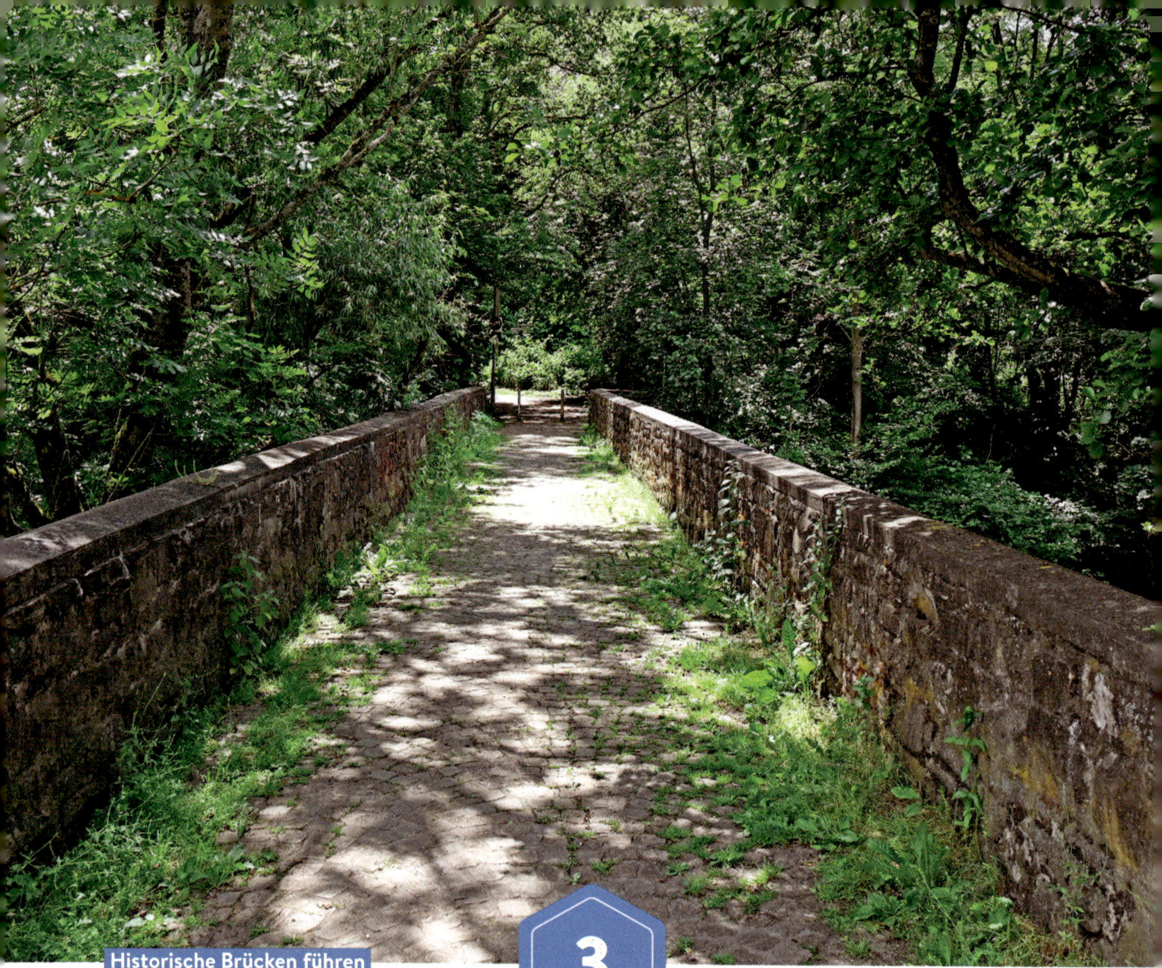

Historische Brücken führen über das Deilbachtal ins Grüne.

3

Genusswandern auf dem K-Weg

Im ländlichen Idyll von Essen unterwegs

Der Kupferdrehsteig führt uns aus diesem Essener Stadtteil hinaus in die hügelige Umgebung. Eingerichtet wurde er von der Abteilung Kupferdreh des Sauerländischen Gebirgsvereins, weshalb er in traditioneller SGV-Weise mit einem weißen K auf schwarzem Grund ausgeschildert ist – daher das Kürzel K-Weg.

WIR VERLASSEN DEN MARKTPLATZ über die kleine Straße hinauf zur Kupferdreher Straße. Hier wenden wir uns nach links und können unsere Wanderung noch mit einem kleinen Schaufensterbummel auf der Einkaufsstraße garnieren. Alternativ lässt sich hier auch der Proviant für die Wanderung aufstocken. Hinter dem Discounter auf der rechten Seite lassen wir die Kupferdreher Straße hinter uns und folgen dem schmalen Fußweg bis zur Schwermannstraße, an der wir linksherum durch das Wohnviertel spazieren. Dabei umrunden wir den Sportplatz des örtlichen Fußballvereins und wandern ein wenig im Zickzack durch die Straßen. Hinsbecker Berg rechts, Breddebuschhang links, Bovermanns Weg links, Blockstraße rechts – so folgen wir der Ausschilderung und überwinden auch gleich den einen oder anderen Höhenmeter.

Tipp

KUTEL

Ältere Essener kennen das Areal der heutigen Aufnahmeeinrichtung für Flüchtlinge noch als Kutel-Gelände. Bis 1990 war der Molkereibetrieb aktiv, der zu den größten Europas zählte und sich sogar zu einem beliebten Ausflugsziel entwickelte. Denn es gab einst ein großes Restaurant, Spiel- und Reitmöglichkeiten für Kinder, aber vor allen Dingen auch die Möglichkeit, beim Melken zuzuschauen.

MIT DER STRASSE ENGELSSIEPEN lassen wir den besiedelten Teil von Kupferdreh schließlich hinter uns und wandern treppab in ein kleines Wäldchen. Durch dieses

Beim Wandern in der erholsamen Landschaft hat man die Metropole Ruhr im Blick.

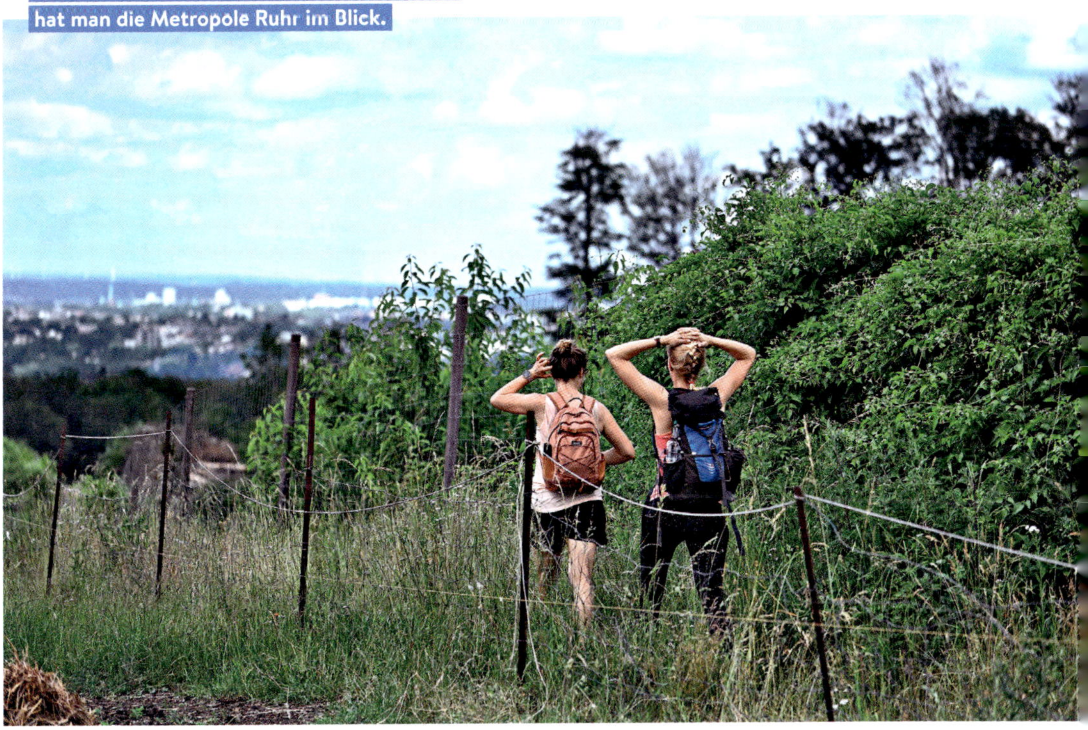

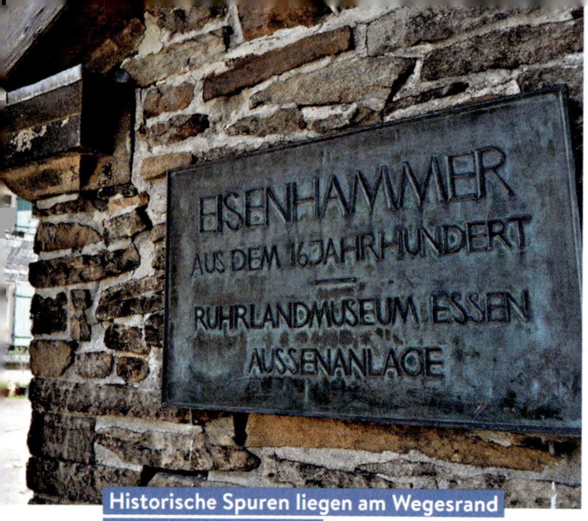

Historische Spuren liegen am Wegesrand des Kupferdrehsteigs.

schmale, aber lange Wäldchen wandern wir zwei Mal über die Byfanger Straße hinweg und erreichen den Breddemannweg, auf dem wir zur **Gaststätte Zur Bredde** gelangen. Nach einer gemütlichen Einkehr halten wir uns kurz dahinter halb rechts, um der Straße Scheebredde zu folgen. Während wir auf diesem wenig befahrenen Sträßchen unterwegs sind, sehen wir scharf rechts den **Byfanger Wasserturm**. Durch seine grüne Farbe und seine markante Form ist er eine weithin sichtbare Landmarke in großen Teilen des Essener Stadtgebietes. Umgekehrt gilt das aber genauso, weshalb man ruhig einen kleinen Abstecher zum Turm einlegen sollte. Von der Sitzbank aus genießt man nämlich einen schönen Fernblick, der weit über die Skyline der Essener Innenstadt reicht. Mit gutem Auge oder einem Fernglas sieht man zum Beispiel den Tetraeder auf seiner Halde in Bottrop und selbst mit weniger gutem Auge erkennt man deutlich das weiß leuchtende Dach der Veltins-Arena in Gelsenkirchen. Beide sind immerhin jeweils knapp 18 Kilometer Luftlinie vom Byfanger Wasserturm entfernt.

IN DIE ANDERE RICHTUNG, und in diese wandern wir, erblickt man den gut sichtbaren Sendemast in Velbert-Langenberg. Nach Überquerung der Niederweniger Straße wandern wir leicht abwärts und auf Feldwegen bis zu den Überresten eines ehemaligen Schornsteins. Es ist ein Überbleibsel der ehemaligen Zeche Victoria, die bis 1925 im Deilbachtal Kohle förderte. In das Tal wandern wir geradeaus hinab und überqueren dort die Nierenhofer Straße. Mit einem kurzen Abstecher nach links können wir sogar noch zum ehemaligen Betriebsgebäude der Zeche gehen, das heute unter Denkmalschutz steht.

HINTER DER NIERENHOFER STRASSE wenden wir uns nach rechts und überqueren sowohl die Eisenbahnbrücke als auch gleich dahinter den **Deilbach**, der hier langsam seinen Weg durch den Wald findet. Er entspringt nördlich von Wuppertal-Barmen und fließt rund 21 Kilometer bis zu seiner Mündung in den Baldeneysee. Nachdem wir in das Tal hinabgestiegen sind und den Bach überquerten, fehlt natürlich noch eines: der Aufstieg auf der südlichen Talseite. Dieser folgt über den Voßnacker Weg, der uns waldreich in die Höhe führt. Über verschlungene Pfade gelangen wir nach einiger Zeit zur Singscheider Höhe, wo wir abermals einen schönen Ausblick genießen können. Dieses Mal reicht er über das enge Deilbachtal hinweg, aber auch in der Ferne erahnt man bereits das Ruhrtal bzw. den Baldeneysee.

WEITERE KLEINE NEBENTÄLER sind zu überwinden. Da wäre als Nächstes das Priehlbachtal, an dem wir uns rechts wenden, nur um gleich an der nächsten Möglichkeit links in den Zerresbuschweg zu gelangen, der wiederum in die Straße Eickelbecktal übergeht. Auch das Asbachtal darf in der Auflistung nicht fehlen, wenn man am Südhang des Deilbachtals die Bäche überquert. Über den Priembergweg und den Sollwiesenbusch gelangt man dorthin. Nachdem wir seit dem Deilbach immer wieder an

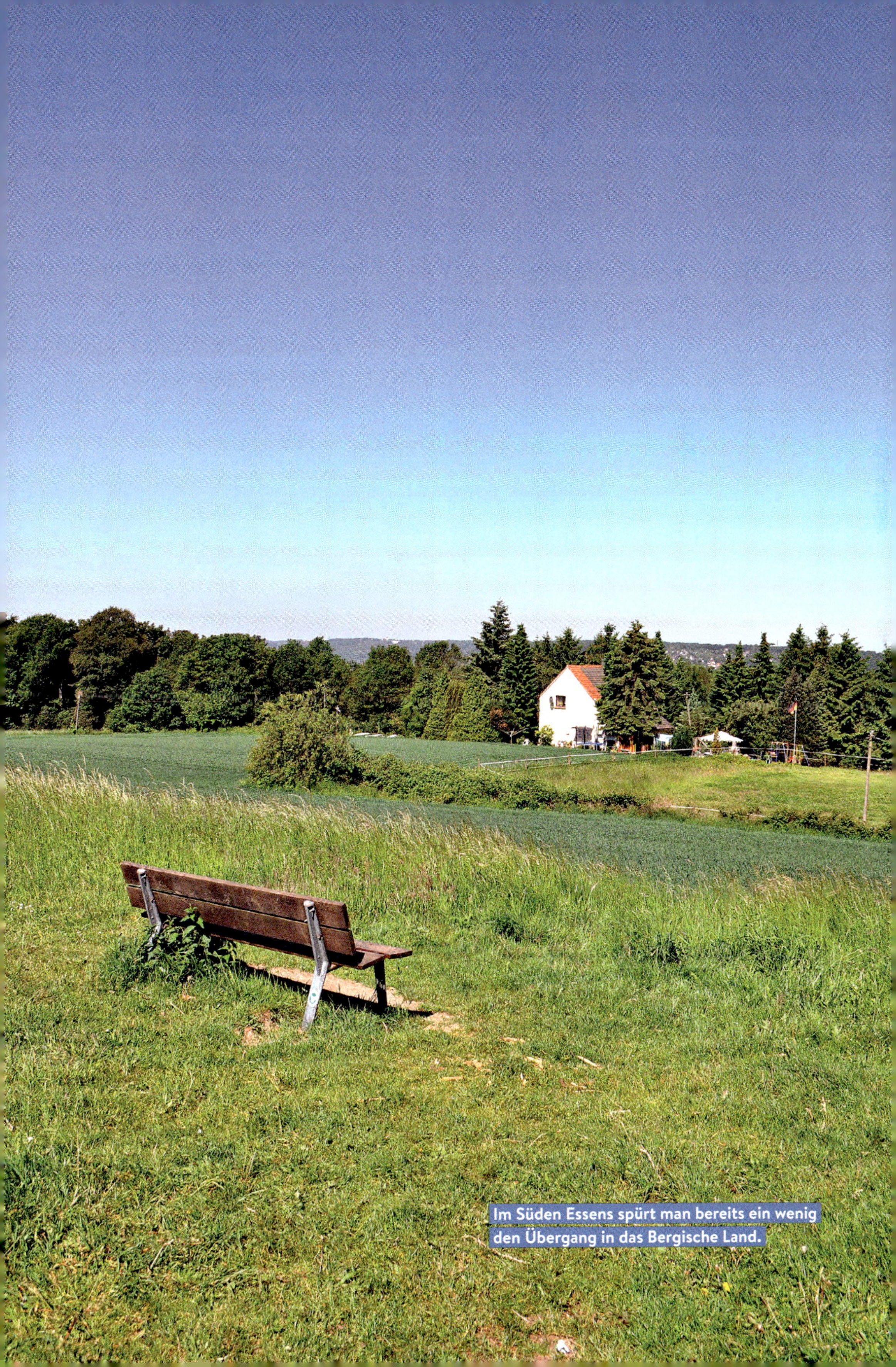

Im Süden Essens spürt man bereits ein wenig den Übergang in das Bergische Land.

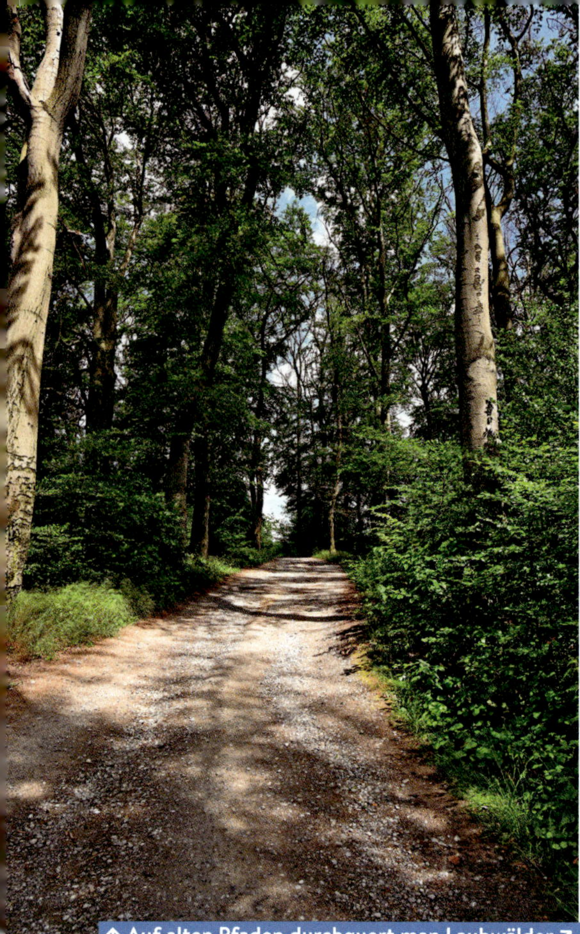

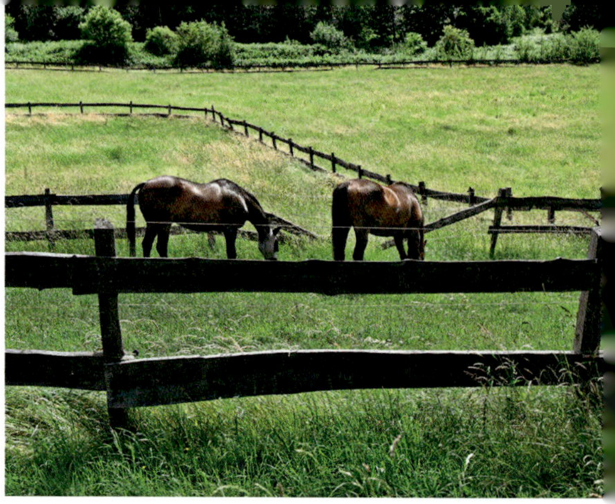

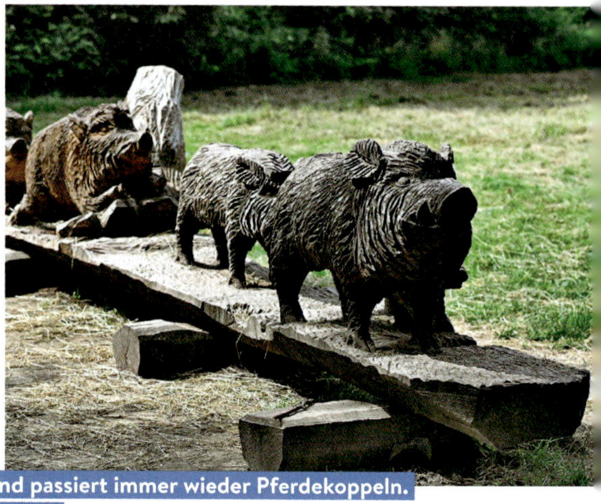

↑ Auf alten Pfaden durchquert man Laubwälder ↗ und passiert immer wieder Pferdekoppeln. ↗ Holzschnitzkunst findet man außerdem am Wanderweg.

der Stadtgrenze zwischen Essen und Velbert entlanggegangen sind, werden wir Essen zumindest für eine kurze Zeit auch mal verlassen. Denn nach einem kurzen Gang an einem Waldrand entlang versperrt uns die Autobahn 44 den Weg. Wir wenden uns nach links und wandern zwischen Feld und **Autobahn bis zur Brücke**, die uns über die Schnellstraße geleitet.

AUCH HIER LOHNT SICH der Blick nach rechts. Denn einerseits kann man von hier aus ebenfalls gut über die Stadt Essen blicken und abermals die Veltins-Arena in Gelsenkirchen sowie diverse Halden im Norden des Ruhrgebiets erkennen. Andererseits sollte man auch einen Blick auf die Autobahn werfen und beobachten, wie sich manche Pkw, aber vor allen Dingen Lkw schwertun, aus Essen kommend in unsere Richtung zu fahren. Der Anstieg ist eigentlich gar nicht so steil, doch er ist relativ lang, was man aber weniger sieht, sondern eher spürt, wenn man ihn angeht. Kein Wunder also, dass der benachbarte Velberter Stadtteil den Namen Langenberg trägt.

WIR HABEN EIN WENIG DEN VORTEIL, dass wir diesen langen Berg nun direkt auf der anderen Seite der Autobahn hinabgehen werden. Zunächst parallel zur Autobahn, wandern wir in ein weiteres Wäldchen, durch das wir zur Rodberger Straße und zur Hammer Mark gelangen. Zwischen Wald und Feld gelangen wir nach einiger Zeit zu einem Gelände, auf dem heute eine Erstaufnahmeeinrichtung für Flüchtlinge untergebracht ist. Hinter dem ehemaligen **Kutel-Gelände** überqueren wir die Hammer Straße und wandern auf der Margrefstraße zwischen den Feldern und einzelnen Höfen im Essener Süden. Dabei treffen wir auf den südlichen Abschnitt des Baldeneysteigs, folgen diesem aber entgegengesetzt zu der in Tour 1 beschriebenen Richtung. Es geht dabei deutlich bergab, denn auf dem Steig nähern wir uns dem **Baldeneysee**, und wir blicken über das Wasser hinweg zum Essener Ortsteil Heisingen. Einmal am See angekommen, ist die Wanderung nunmehr ein Kinderspiel. Wir biegen rechts ab und folgen den Radfahrern, Spaziergängern und Inlineskatern auf dem breiten Uferweg.

NOCH VOR DEN WOHNHÄUSERN wenden wir uns in einer Kurve des Sees nach rechts, passieren die Trasse der Hespertalbahn und wandern links bis zur Straße Am Seebogen. Hier durchqueren wir flugs das kleine Gewerbegebiet und erkennen schon bald den Bahnhof und den Marktplatz in Essen-Kupferdreh wieder.

INFO

TOURENCHARAKTER

Ein wenig Kondition sollte man für diese Tour mitbringen. Durch ihre Länge und auch die zahlreichen kleineren Steigungen ist sie für Anfänger weniger geeignet. Langschläfer brauchen sich zwar nicht den Wecker zu stellen, sollten aber das Frühstück zeitlich nicht zu ausgiebig zelebrieren.

AUSGANGS-/ ENDPUNKT

S-Bahnhof Essen-Kupferdreh bzw. Kupferdreher Markt gleich daneben

ANFAHRT

Mit der S-Bahnlinie 9 ab Essen Hbf. bis zum Bahnhof Essen-Kupferdreh. Mit dem Auto über die B227 oder A44 bis Essen-Kupferdreh

GEHZEITEN

Bis Gasthaus Zur Bredde 1.00 Std. - Deilbach 1.30 Std.- ehemaliges Kutelgelände 4.00 Std. - Baldeneysee 5.00 Std. - Bahnhof Kupferdreh 6.00 Std.

BESTE JAHRESZEIT

Ganzjährig

Schwer | 6.00 Std. | 19 km | 426 Hm

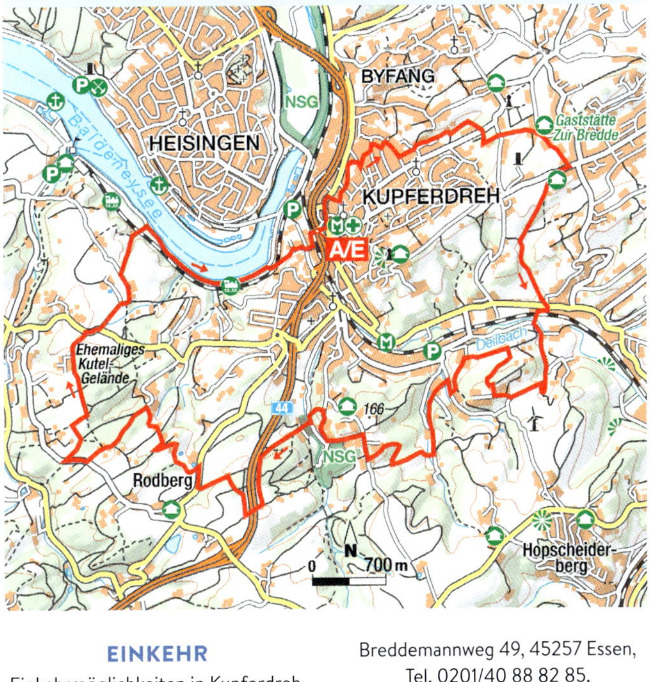

EINKEHR

Einkehrmöglichkeiten in Kupferdreh, unterwegs im Restaurant Zur Bredde, Breddemannweg 49, 45257 Essen, Tel. 0201/40 88 82 85, www.zurbredde.de

Im Norden des Kettwiger Panoramasteigs

Wo die Großstadt wie ein kleines Dorf wirkt

Der Kettwiger Panoramasteig wurde 2020 eingerichtet, weil der zwei Jahre zuvor eröffnete Baldeneysteig ein voller Erfolg war. Das Kettwiger Pendant lässt sich sogar mit dem Baldeneysteig kombinieren. Langschläfer teilen sich diese Wanderung besser in zwei Etappen auf.

In der Großstadt Essen kommt man auch zur Ruhe, wie hier in Kettwig.

4

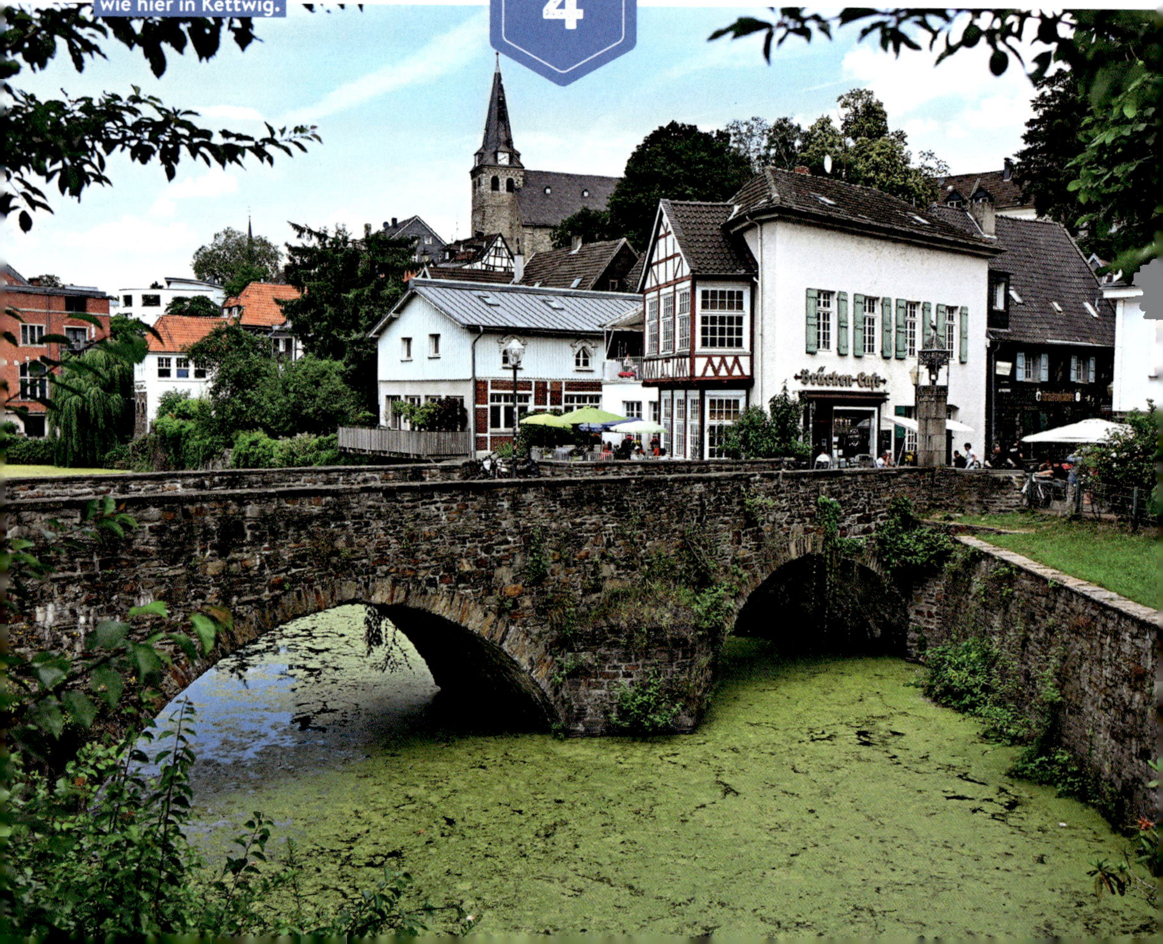

34 KILOMETER sind auf der gesamten Runde zu bewältigen. Das ist schon im Normalfall eine stolze Leistung. Wer aber genüsslich am späten Vormittag starten möchte, am besten noch nach einem ausgiebigen Frühstück, der wird am Ende des Tages vor Problemen stehen. Wie praktisch also, dass auch der Kettwiger Panoramasteig zwei S-Bahnhöfe quert. Nach etwas mehr als der Hälfte kann man sich in Kettwig in die S6 setzen und sich wieder zu seinem Ausgangspunkt in Werden bringen lassen. Denn am Bahnhof in Essen-Werden geht es mit dem Panoramasteig los und dabei kehrt man der Altstadt zunächst einmal den Rücken. Diese durchquert man am Ende der Runde, in unserem Fall also am nächsten Wandertag mit Tour 5.

DAHER VERLASSEN WIR DEN BAHNHOF zur eher ruhigen Westseite und wenden uns sogleich nach rechts. Hinter dem Haus Nummer 2 gehen wir in einen schmalen Weg hinein, der uns zu einem Pfad neben den Gleisen bringt. Nach rund 500 Metern biegen wir scharf links ab und gehen auf dem engen Weg deutlich nach oben. Hier treffen wir zum ersten Mal auf die Beschilderung des Baldeneysteigs. Wer diesen Rundweg um den Baldeneysee bereits gewandert ist, wird die Stelle wiedererkennen. Es geht zunächst hinauf und an einer T-Kreuzung nach links, damit wir zu einem **Aussichtspunkt** gelangen. Traumhaft schön ist der Blick auf den Baldeneysee, auf das Stauwehr und den Essener Ortsteil Werden. Gleichzeitig zeigt er uns aber auch, dass wir schon so einige Höhenmeter überwunden haben. Das war aber noch nicht alles. Es geht noch ein kleines Stück aufwärts. Dafür folgen wir dem Weg zur Straße, wenden uns nach rechts und passieren die beiden Einkehrmöglichkeiten. Wer sich noch für die Wanderung stärken möchte, hat hier ideale

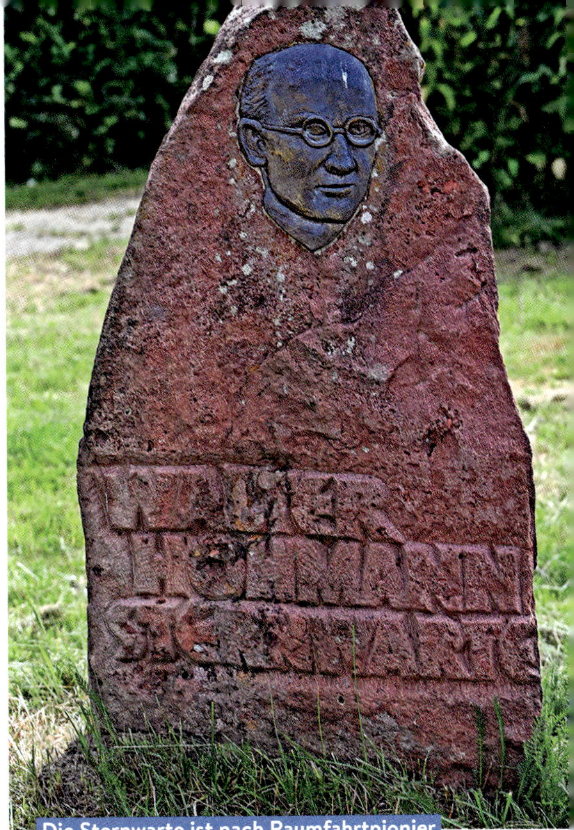

Die Sternwarte ist nach Raumfahrtpionier Walter Hohmann benannt.

Tipp

NATURSCHUTZGEBIET ROHMBACHTAL UND ROSSENBECKTAL

Der Bach Rossenbeck entspringt auf Essener Stadtgebiet und fließt gemächlich durch das nach ihm benannte, aber sehr kleine Tal, beinahe parallel zur Klingenburgstraße. Begleitet wird der stark begradigte Bach von Kopfbäumen und Schwarzerlen, die sich an seinem Ufer erheben. Im späteren Verlauf vereint sich von rechts der Rohmbach mit der Rossenbeck, kurz bevor der Bach in die Ruhr mündet. Teilweise sind in den kleinen schmalen Tälern der südlichen Zuflüsse Rotbuchen zu sehen, die es auf ein Alter von über 150 Jahren bringen.

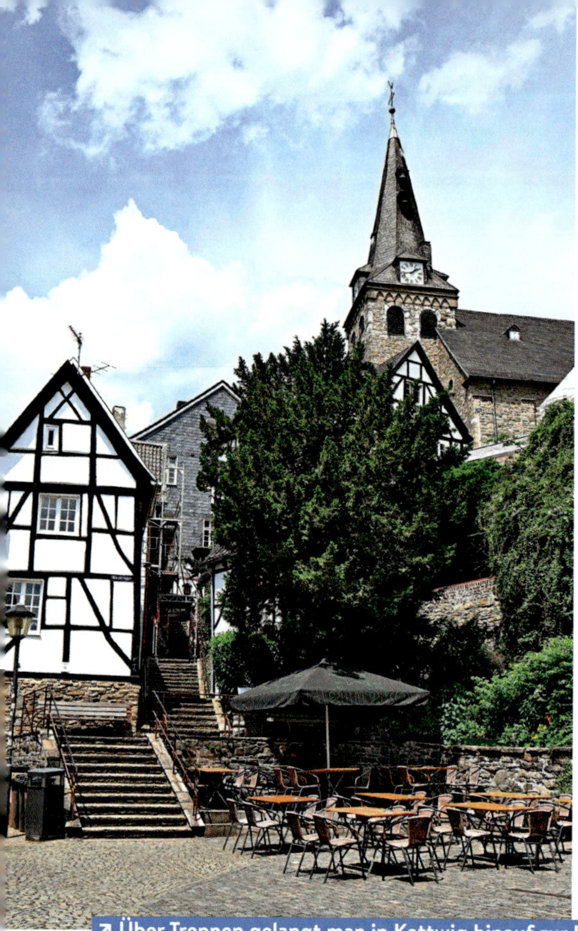

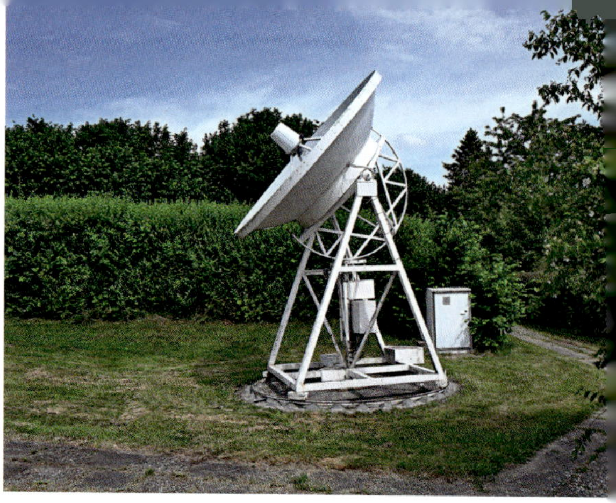

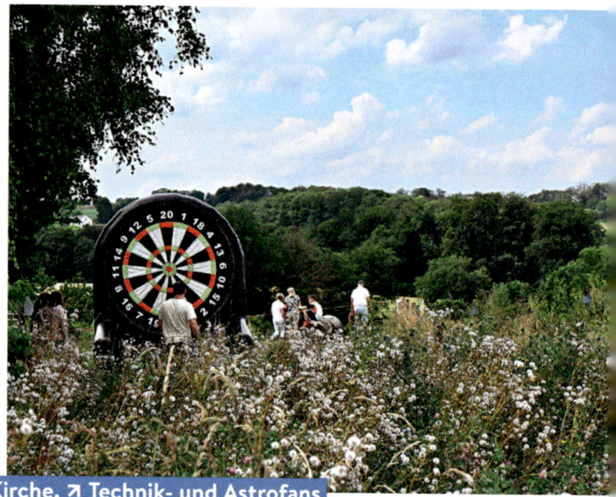

↗ Über Treppen gelangt man in Kettwig hinauf zur Kirche. ↗ Technik- und Astrofans erfreuen sich an der Sternwarte. ↗ Am Rutherhof ist immer etwas los.

Möglichkeiten. Linksherum geht es zum Wildgatter Heissiwald, den die Wanderer mit Baldeneysteig-Erfahrung bereits kennen. An der Ecke verlassen wir den Baldeneysteig nun aber auch wieder und wandern nach links weiter auf dem Kettwiger Panoramasteig.

AN DER STRASSE KANONENBERG halten wir uns rechts und genießen dabei weitere Ausblicke über die Felder in Richtung Ruhrtal. In einem weiten Bogen wandern wir durch einen Wald in das Wolfsbachtal. Der kleine Wolfsbach entspringt auf den Höhen von Essen-Bredeney und mündet schon bald in die Ruhr. Einen großen Teil seines Laufes lernen wir bei dieser gemütlichen Waldwanderung kennen. Dabei wechselt unsere Wanderung zwischen befestigtem Weg und Waldweg ab, bis wir schließlich weiter oben scharf nach links abzweigen. Am Waldrand entlang blicken wir nach links über ein Feld hinweg auf die **Walter-Hohmann-Sternwarte**, zu der wir ruhig auch einen kleinen Abstecher wagen können, um uns das Observatorium aus der Nähe anzuschauen. Doch viel interessanter sind die Vorträge und Fernblicke in den Himmel, für die man in den Abendstunden noch einmal zur Sternwarte fahren sollte.

WIR WANDERN ZUNÄCHST WEITER und biegen hinter dem Wäldchen nach rechts ab. Vor dem Hof an der Wallneyer Straße wenden wir uns nach links und folgen dem leicht bergab führenden Weg neben dem Feld. Im leichten Auf und Ab geht es jetzt ohnehin einige Zeit durch den Essener Stadtteil Schuir. Auf der rechten Seite befindet sich das Haus Schuir. Es handelt sich um ein Herrenhaus im klassizistischen Stil aus dem 18. Jahrhundert. Von der einstigen Wasserburg gleichen Namens ist kaum noch etwas zu sehen. Am **Haus Schuir** überqueren wir den Schuirweg und wandern auf dem kleinen Sträßchen Ruthertal parallel zum Schuirbach, der sich rechter Hand aber nur schwer erkennen lässt. Auf der linken Seite erstreckt sich eine Sportfläche vom Rutherhof, der hier Swingolf, Fußballgolf und andere ungewöhnliche Sportarten anbietet. Man könnte aber auch einfach der dazugehörigen Straußenfarm einen Besuch abstatten.

VORHER WENDEN WIR UNS NOCH zweimal scharf nach rechts und überqueren den Schuirbach und folgen der Beschilderung des Kettwiger Panoramasteigs in einem weiten Bogen am Feldrand entlang. Am Ende überqueren wir die viel befahrene Meisenburgstraße, die Kettwig mit Bredeney verbindet, und von der aus wir weitere Fernblicke genießen können. Allerdings schaut man hier nicht in das Ruhrtal, sondern nach Westen und man sieht am Horizont sogar deutlich die Silhouetten von Mülheim und Duisburg.

Aufwendig geschnitzte Holzkunst findet man auch im Ruhrgebiet.

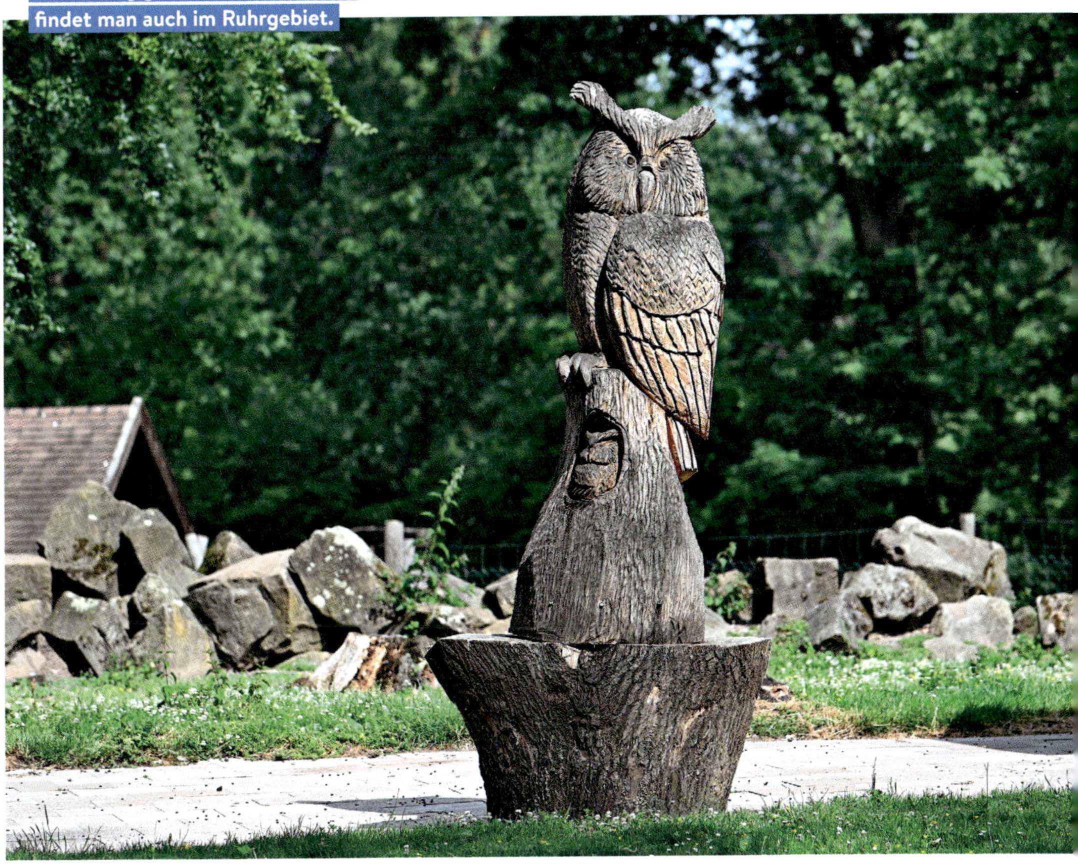

Mit einem leichten Gefälle wandern wir auf dem Saalsweg zwischen den weiten Feldern hindurch und überqueren nach kurzer Zeit die Autobahn 52. Diese verbindet die Landeshauptstadt Düsseldorf mit dem Ruhrgebiet. Gleich dahinter beschreibt der Kettwiger Panoramasteig eine weitere Kurve zwischen den Feldern und kurz darauf unterqueren wir dieses Mal die Autobahn. Unterwegs sehen wir die markante Zeppelinhalle des nahe gelegenen Flughafens Essen-Mülheim, und wir sollten uns die Gegend für einen späteren Besuch vormerken. Denn zwischen unserem Standort und dem Flughafen erstreckt sich das kleine, aber feine Naturschutzgebiet Rohmbachtal und Rossenbecktal mit den gleichnamigen Bachläufen.

HEUTE GEHT ES NACH KETTWIG und die ersten Wohnhäuser erwarten uns schon bald, nachdem wir hinter der Autobahnunterführung rechts abgebogen sind. Die Icktener Siedlung streifen wir nur kurz, tauchen in ein Wäldchen ein und folgen dem schmalen Lauf des Icktener Baches. Danach durchqueren wir ein Wohnviertel, überqueren erneut die breite Meisenburgstraße und finden uns am Freibad Kettwig wieder. Mangels passender Kleidung verzichten wir auf einen Sprung ins kühle Nass und wenden uns vor dem Freibad nach links, um einem schmalen Pfad zum Springerteich zu folgen. Seinen Namen hat er vom benachbarten Druckhaus des Axel-Springer-Verlags. Wir machen uns ein Bild vom Teich und genießen die weitere Wanderung, die uns erneut zwischen Feldern hindurchführt. Sehenswert

Die Ruhr unterhalb des Stausees in Essen-Kettwig

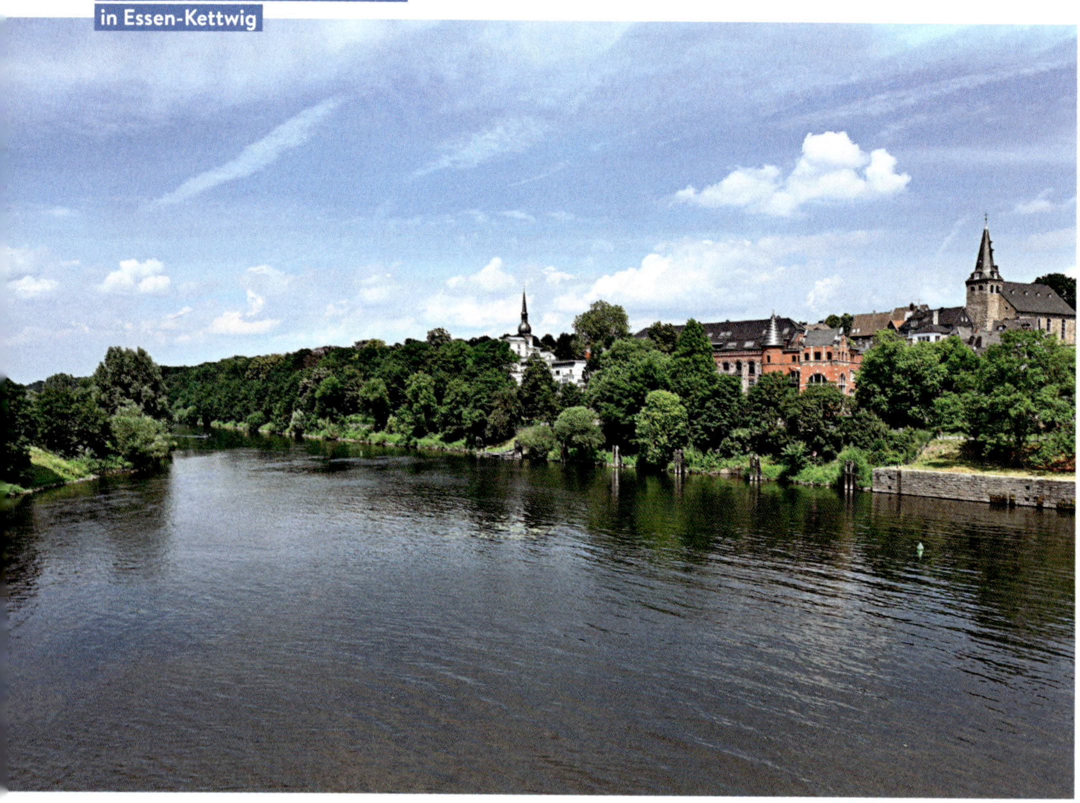

INFO

TOURENCHARAKTER

Die nördliche Route ist der wesentlich längere Abschnitt des Kettwiger Panoramasteigs und daher etwas anstrengender. Es sind einige Höhenmeter zu überwinden, aber von der Wegbeschaffenheit ist der Wanderweg recht einfach und verläuft oft auch auf Asphaltstraßen.

AUSGANGS-/ENDPUNKT

Ausgangspunkt ist der S-Bahnhof Essen-Werden, Endpunkt der S-Bahnhof Kettwig

ANFAHRT

Mit der S-Bahnlinie 6 ab Essen Hbf. bis zum Bahnhof Essen-Werden. Mit dem Auto über die B224 bis Essen-Werden

GEHZEITEN

Bis zum Aussichtspunkt 0.30 Std. – Wildgehege Heissiwald 0.45 Std. – Haus Schuir 2.00 Std. – Abstecher Rutherhof 2.15 Std. – Roadstop 3.00 Std. – Sakura Sushi 4.00 Std. – Pierburg 5.00 Std. – Bahnhof Essen-Kettwig 6.00 Std.

BESTE JAHRESZEIT

Ganzjährig

EINKEHR

Verschiedene Einkehrmöglichkeiten in Essen-Werden und Essen-Kettwig. Unterwegs außerdem Einkehrmöglichkeiten im Wirtshaus Zum Purzel, Wilhelm-Bernsau-Weg 90, 45239 Essen, Tel. 0201/31 77 95 80, www.wirtshaus-zum-purzel.de; Villa Vue, Weg Zur Platte 73, 45239 Essen, Tel. 0201/49 12 37, www.villavue.de; Rutherhof (Straußenfarm), Rutherweg 39, 45133 Essen, Tel. 01573/018 65 10, www.rutherhof.de; Road Stop, Meisenburgstraße 255, 45133 Essen, Tel. 0201/71 11 29; Bauernstube, Am Buchholz 12, 45470 Mülheim an der Ruhr, Tel. 0178/34 67 53; Sakura Sushi, Mendener Str. 117, 45219 Essen, Tel. 02054/822 00, www.sakura-essen.de; Restaurant Pierburg, Schmachtenbergstraße 184, 45219 Essen, Tel. 02054/59 07, www.pierburg-essen.com

Schwer | 6.00 Std. | 19 km | 377/386 Hm

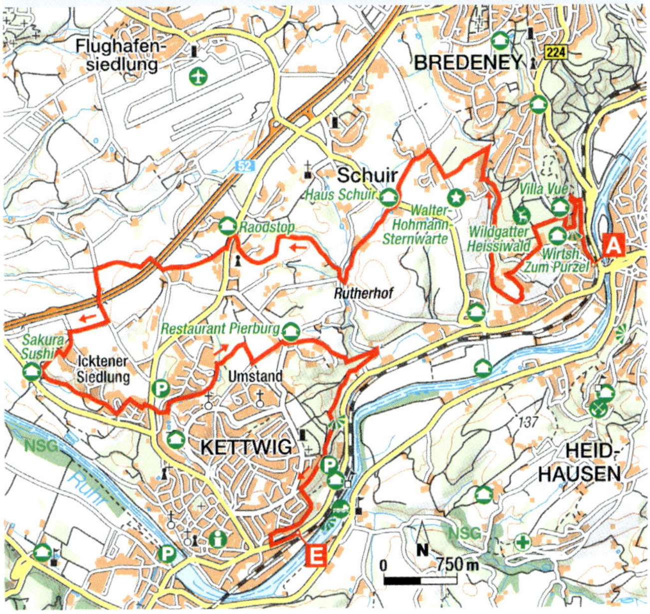

ist hier nicht nur die Aussicht, sondern auch die kleine **Kapelle Maria im Maien**, die sich rechter Hand erhebt.

AUF DEM WENIG BEFAHRENEN WEG

Pierburger Saum gehen wir am Ende wieder in einen Wald und treffen dort auf einen alten Bekannten. Der Schuirbach steht hier kurz vor seiner Mündung in die Ruhr und erneut wandern wir auf der Straße Ruherthal. Auch unsere Wanderung auf dem nördlichen Abschnitt des Kettwiger Panoramasteigs steht kurz vor dem Abschluss. Oberhalb der Ruhr durchqueren wir den Schatten spendenden Kettwiger Stadtwald und wandern durch die Wohnsiedlung bis zur Ruhrtalstraße. Hier lassen wir den Steig zunächst zurück und biegen links ab, um nach wenigen Schritten den **S-Bahnhof Kettwig** zu erreichen.

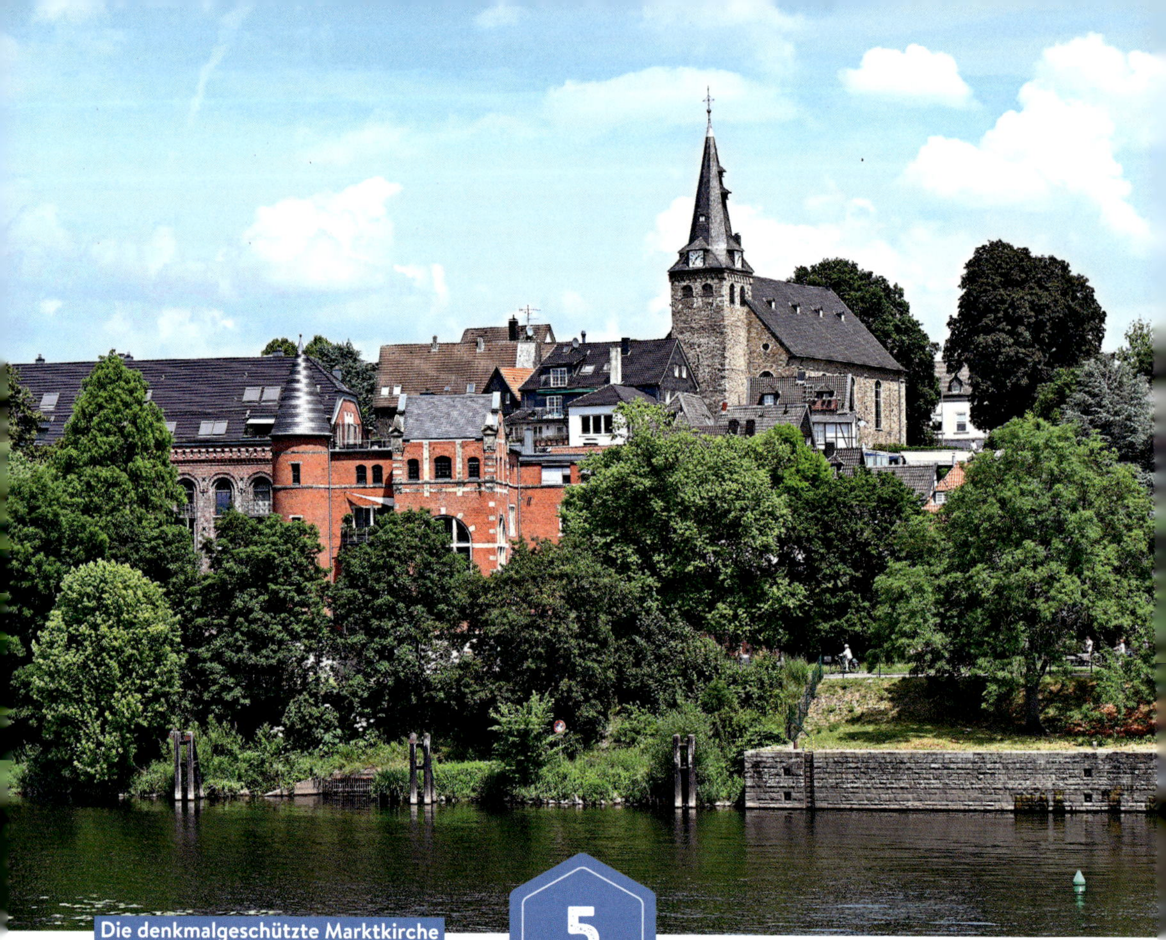

Die denkmalgeschützte Marktkirche überragt die Kettwiger Altstadt.

5

Der südliche Kettwiger Panoramasteig

Durch die grüne Natur

Wer den Kettwiger Panoramasteig wie empfohlen auf zwei Tage aufteilt, kann sich morgens vor der Südrunde einmal mehr im Bett umdrehen. Sie ist bedeutend kürzer als der nördliche Abschnitt, bietet aber auch weniger Einkehrmöglichkeiten, die zum Verweilen zwischendurch einladen.

DAFÜR STARTET MAN jedoch gleich mit der Besichtigung der Kettwiger Altstadt, wenn man denn will. Diese erreicht man sehr einfach, wenn man den Bahnhof Essen-Kettwig verlässt und sich auf der Ruhrtalstraße nach links wendet. Bei Haus Nummer 400 trifft man auf die Beschilderung des Kettwiger Panoramasteigs und steigt dort in den Wanderweg ein, wo man bei der Nordroute aufgehört hat. Eigentlich kann man der Straße geradeaus folgen, um geradewegs in die Altstadt von Kettwig zu gelangen, doch richtig und auch schöner ist der Weg an der Ruhr entlang. Deswegen verlassen wir die Ruhrtalstraße nach links durch die Güterstraße, die uns unter der Eisenbahnunterführung bis zum Fluss bringt. Hier folgen wir dem Flusslauf nach rechts und sehen,

Tipp

KETTWIGER STAUSEE

Das Stauwehr wurde zwischen 1940 und 1950 erbaut und besteht aus zwei 44 Meter breiten Wehröffnungen. Deutlich wird dies jedoch nur durch die Höhe des Wasserstands, denn der See ist an dieser Stelle – zumindest sichtbar – nicht wesentlich breiter als der Fluss, weshalb kaum von einem See gesprochen werden kann. So ist es kein Wunder, dass der Kettwiger Stausee als der kleinste der sechs Ruhrstauseen gilt. Weitere Stauseen der Ruhr sind der Hengsensee bei Holzwickede, der Hengsteysee bei Dortmund, der Harkortsee bei Hagen, der Kemnader See zwischen Bochum und Witten und natürlich der Baldeneysee. Somit ist der Kettwiger Stausee der letzte See auf dem Weg in den Rhein.

Wer mal nicht wandern möchte, kann auch ein SUP besteigen.

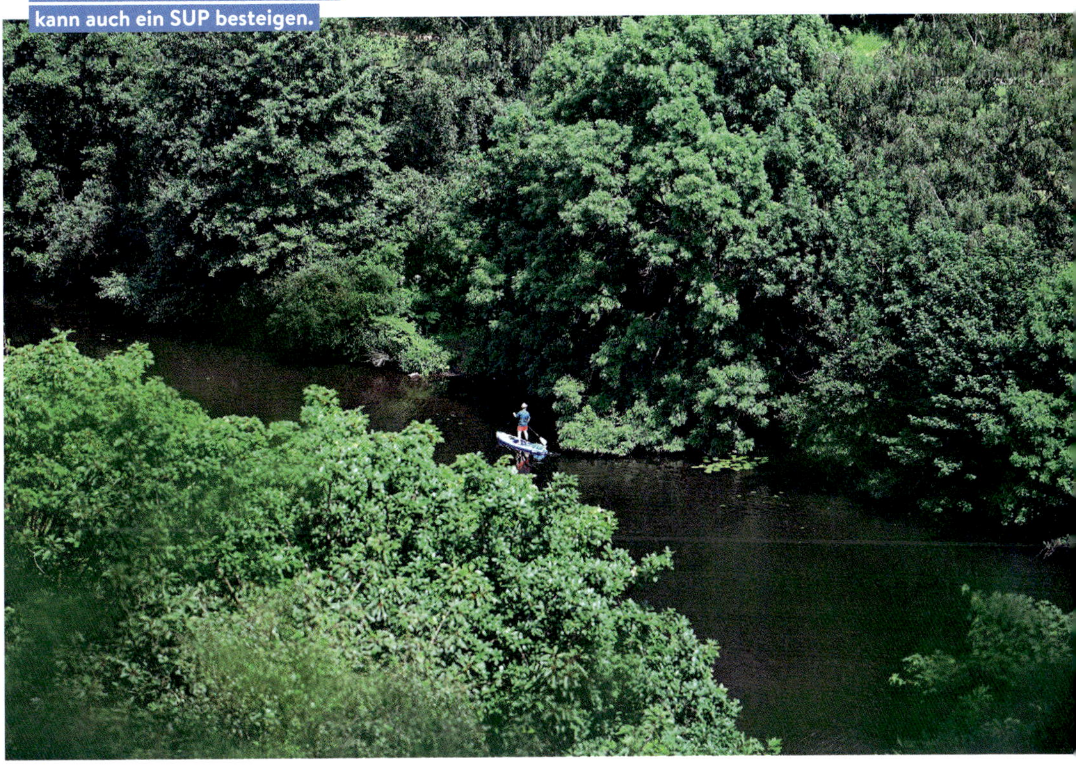

wie die Ruhr ein wenig breiter wird, weil sie hier zum Kettwiger Stausee aufgestaut wird.

AUF DEM LEINPFAD unterqueren wir die Brücke der S-Bahnlinie, die über Düsseldorf weiter nach Köln verkehrt. Kurz darauf bringt uns der Uferweg zu einer Grünanlage. Dort haben wir nun die letzte Gelegenheit, einen Blick in die Altstadt von Kettwig zu erlangen bzw. uns für die weitere Wanderung in den dortigen gastronomischen Betrieben zu stärken. Wer sich für die Besichtigung entscheidet, überquert halb rechts die Ringstraße und schlendert die Fußgängerzonen mit den malerischen Fachwerkhäusern entlang. Ansonsten geht es gleich links über das Stauwehr zum südlichen Ufer der Ruhr, jedoch nicht ohne einen Blick über die Schulter nach hinten zu werfen, wo sich die Skyline, wenn man sie ein wenig übertrieben so nennen darf, von Kettwig abzeichnet.

HINTER DER RUHR-ÜBERQUERUNG halten wir uns links und spazieren durch die kleine **Grünanlage** am südlichen Ruhrufer, wo sich unser Augenmerk auf mehrere Skulpturen richtet. Kurz darauf gelangen wir zur Werdener Straße, an der wir links die markante Eisenbahnbrücke erneut unterqueren. Direkt im Anschluss lassen wir den besiedelten Bereich von Kettwig nun hinter uns und bekommen endlich das Gefühl, auf einer Wanderung zu sein und nicht auf einem Stadtrundgang. Dazu gehört auch, dass wir die Landstraße hinter der Eisenbahnbrücke nach rechts verlassen und den Anstieg in den Wald hinein angehen. In einem weiten Bogen steigt der Weg kontinu-

↓ Die Basilika St. Ludgerus dominiert die Altstadt von Essen-Werden.
↘ Historische Bauten findet man auch heute noch in der Stadt Essen.

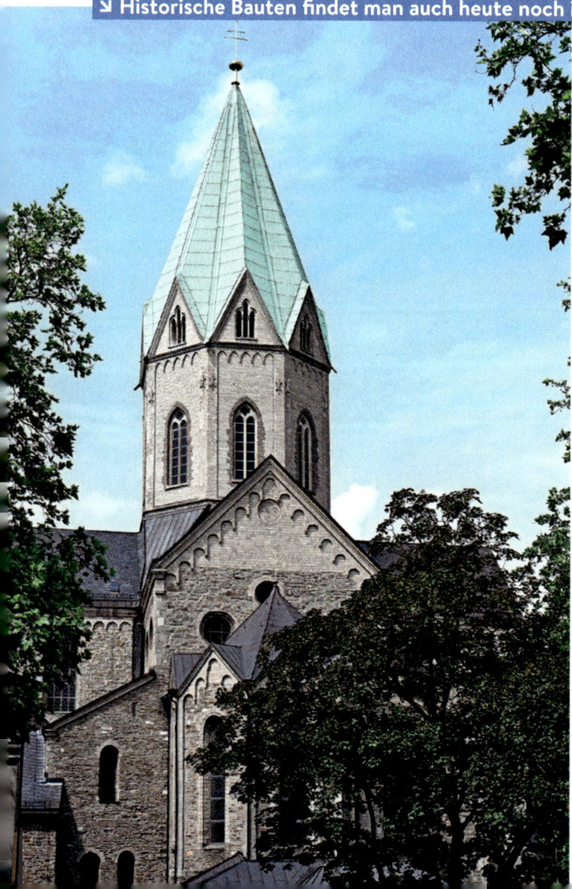

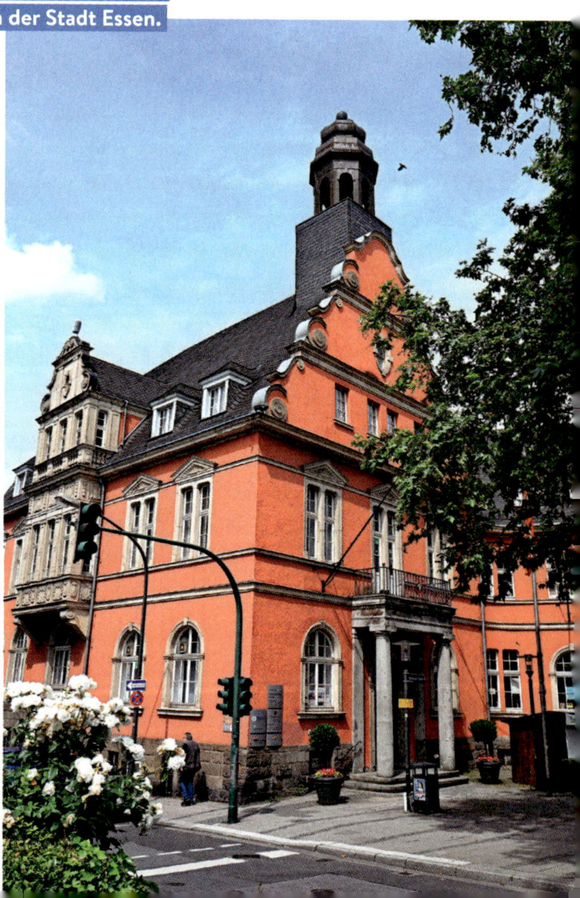

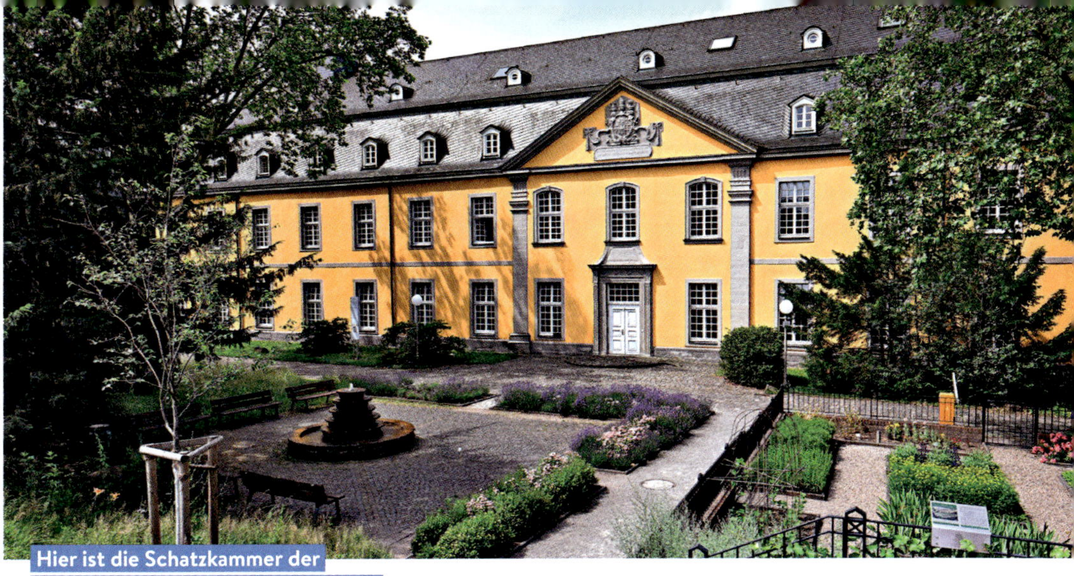

Hier ist die Schatzkammer der Basilika St. Ludgerus untergebracht.

ierlich an und verläuft durch den Wald, wo er auch einen schmalen Bachlauf überquert.

GANZ NEBENBEI gelangt man an dieser Stelle oberhalb von Kettwig auch zu einem der höchsten Punkte des gesamten Kettwiger Panoramasteigs. Auf ein Panorama muss man ironischerweise aber ausgerechnet hier verzichten, denn man steckt ja mitten im Wald. Macht aber nichts, die Wanderung ist dennoch ein Genuss und verläuft schon bald am Waldrand entlang, sodass man über die angrenzenden Felder in südliche Richtung blicken kann. Nach dem Aufstieg zu einer der höchsten Stellen des Wanderwegs folgt sogleich der Abstieg. Der Oefter Bach quert unseren Weg und bildet ein Tal, in das wir hinabsteigen. Zu unserer Linken schlängelt sich der Oefter Bach an einem Golfplatz vorbei in Richtung Ruhr und streift dabei das **Schloss Oefte**. Es stammt aus dem 9. Jahrhundert und ist einer der ältesten Herrensitze der Region. Auf der rechten Seite unseres Wanderwegs bildet er das malerische Naturschutzgebiet Oefter Tal, das unterhalb der Ruhrtalklinik einen kleinen Abstecher lohnt.

AUCH DER EIGENTLICHE VERLAUF des Panoramasteigs zeigt sich von einer seiner schönsten Seiten. Denn die Wanderung verläuft nun am Brücker Bach entlang, der ebenfalls ein schönes Tal bildet. Der Haken an der Sache: Es geht wieder einmal deutlich bergauf, aber gerade das macht die Tour natürlich auch aus. Und einmal oben angekommen, verlässt man gleichzeitig den Wald und überblickt weitere Felder, die lediglich von einigen Höfen unterbrochen werden.

DIE AUSBLICKE WÄHREN NUR KURZ, weil uns die Beschilderung des Panoramawegs gleich wieder in das nächste Waldstück lockt und wir dort nun den Pfefferbach überqueren. Dieses kleine Tal bringt einen kurzen Abstieg und anschließenden Aufstieg mit sich. Wir genießen einfach die Wanderung im leichten Auf und Ab, die abermals in einem der höchsten Punkte des gesamten Panoramasteigs gipfelt. Er läutet gleichzeitig auch das Ende der Wanderung ein. Noch ist zwar ab der Barkhovenallee ein gutes Stück zu gehen, doch von nun an geht es fast nur noch talwärts.

MAN ÜBERQUERT IM WALD die Straße Pastoratsberg und passiert dabei den ehemaligen **Jüdischen Friedhof**. Rund 70 Grabsteine sind noch vorhanden, die an die ehemals jüdische Gemeinde erinnern. Die Gräber wurden ab Mitte des 19. Jahrhunderts angelegt. Der letzte Grabstein wurde im Jahr 1938 gesetzt. Unterhalb der Jugendherberge auf dem bewaldeten Plateau des Pastoratsbergs geht es für uns hinab in die besiedelte Fläche von Essen-Werden. Das Ende der Wanderung ist zu spüren und die Naturlandschaft liegt jetzt leider schon hinter uns. Durch die Straßen An der Stadtmauer und Rittergasse kommen wir zur Laupendahler Landstraße, die parallel zum Ruhrufer verläuft. Von hier ist es nur noch ein Katzensprung, nämlich über die Ruhrbrücke, um zum Ausgangspunkt, dem Bahnhof Essen-Werden, zu gelangen. Doch Langschläfer haben sich auch nach getaner Wanderung eine Belohnung verdient und dafür bietet sich die Altstadt von Essen-Werden geradezu an. Nicht nur, dass man hier gemütlich schlendern kann – es existierten auch zahlreiche Restaurants und Cafés, die den hungrigen Magen verwöhnen. Und wer noch ein wenig Zeit übrig hat, der kann es natürlich auch den Werdener Bürgern sowie den Tagesausflüglern nachmachen und Entspannung auf der Brehminsel erleben.

INFO

TOURENCHARAKTER

Wanderung, die auch schon mal über Stock und Stein verläuft und außerdem einige Steigungen und Gefälle zu bieten hat.

AUSGANGS-/ ENDPUNKT

Ausgangspunkt ist der S-Bahnhof Essen-Kettwig, Endpunkt der S-Bahnhof Werden.

ANFAHRT

Mit der S-Bahnlinie 6 ab Essen Hbf. bis zum Bahnhof Essen-Kettwig. Mit dem Auto über die A52 bis zur Ausfahrt Kettwig. Von dort über die Meisenburgstraße und Graf-Zeppelin-Straße bis zur Ruhrtalstraße

GEHZEITEN

Bis zum Stauwehr Kettwig 0.30 Std. – Abzweig Schloss Oefte 2.45 Std. – Jüdischer Friedhof 3.30 Std. – Bahnhof Essen-Werden 4.00 Std.

BESTE JAHRESZEIT

Ganzjährig

Mittel | 4.00 Std. | 14 km | 301/290 Hm

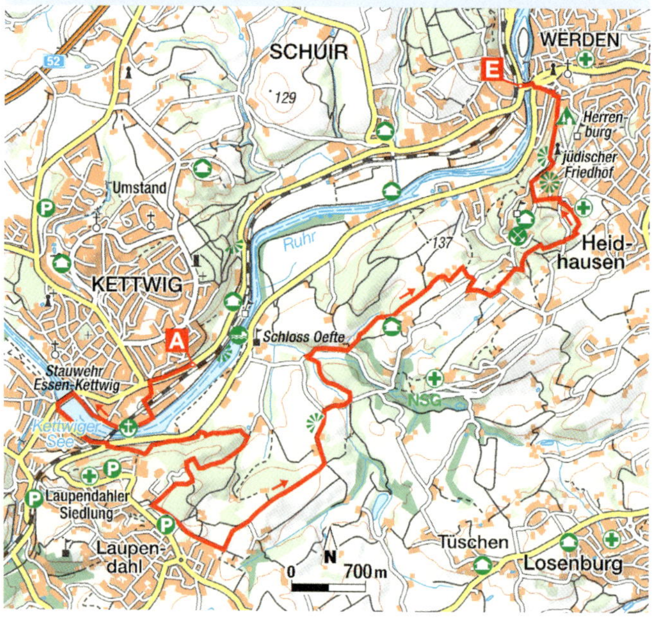

EINKEHR

Verschiedene Möglichkeiten in Essen-Werden und Essen-Kettwig; unterwegs Rucksackverpflegung

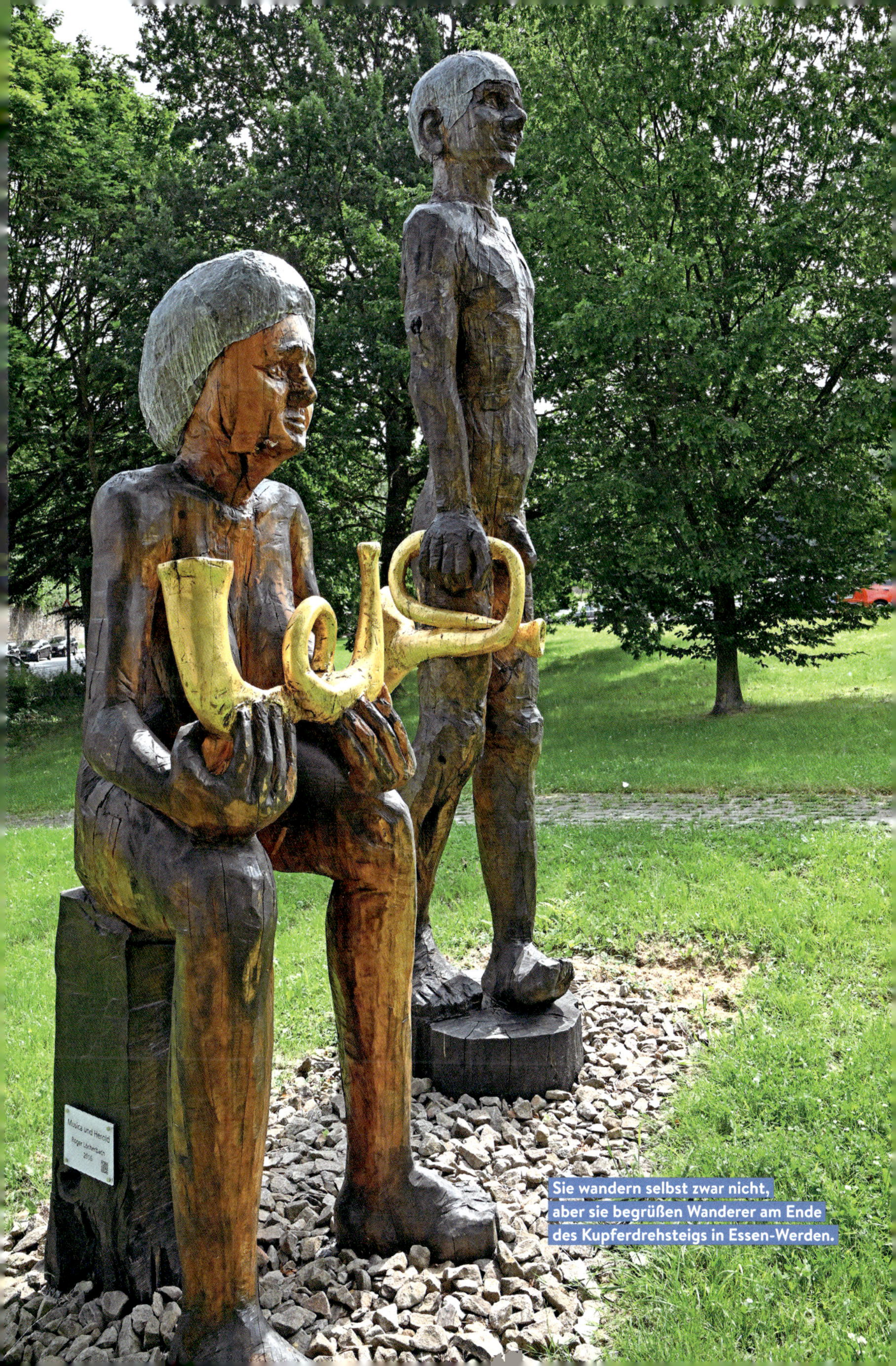

Sie wandern selbst zwar nicht,
aber sie begrüßen Wanderer am Ende
des Kupferdrehsteigs in Essen-Werden.

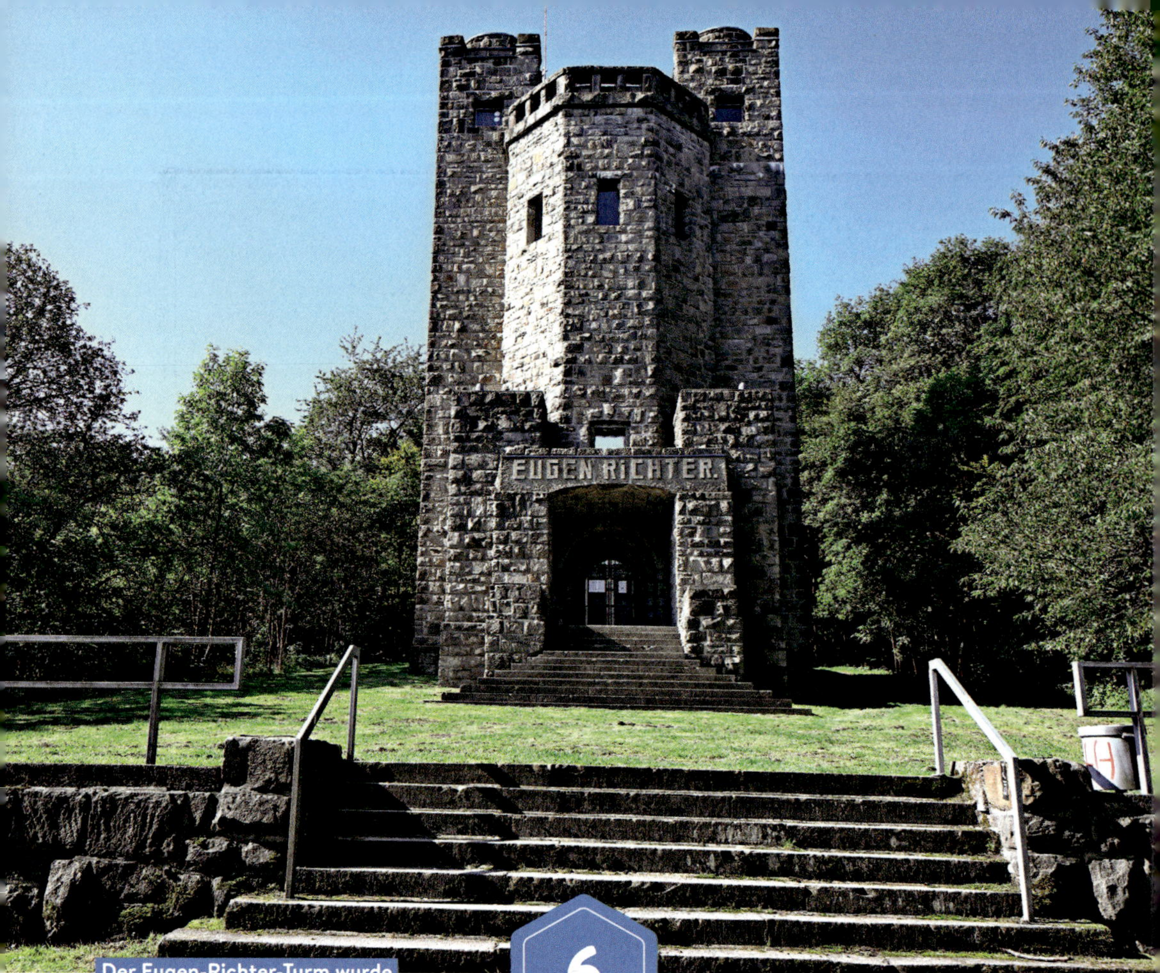

Der Eugen-Richter-Turm wurde im Jahr 1911 fertiggestellt.

6

Stempelstellen auf dem 3 TürmeWEG

Aussichtstürme in den Wäldern von Hagen

Man muss nicht immer in die Alpen oder in den Harz reisen, um sich die Wandertour unterwegs mit einem Stempelerlebnis zu garnieren. Wer von seiner Wanderung eine Wanderurkunde als Belohnung wünscht, braucht sich nur an die Touristinformation in Hagen zu wenden.

HAGEN IST DIE ERSTE STADT, die den Wanderer mit einer Urkunde auszeichnet, und das auf einem Wanderweg, der vom Deutschen Wanderinstitut als Premiumwanderweg ausgezeichnet wurde. Doch der Reihe nach: Hagen bildet den Übergang vom Ruhrgebiet in das Sauerland und so mancher Hagener Einwohner sieht sich als Ruhrgebietler oder als Sauerländer, je nachdem wie es ihm oder ihr gerade beliebt. Um an die Wanderurkunde zu gelangen, gibt es zwei Möglichkeiten. Entweder holt man sich in der Touristinformation den Wanderpass, oder man lädt ihn sich auf der Website www.3tuermeweg.de herunter. Unterwegs, an vier der acht möglichen Stempelstellen lässt man sich dann einen Stempel in den Pass geben, die dann in der Touristinformation mit einer Urkunde belohnt werden. Alternativ kann man an den Stempelstellen auch mit dem Smartphone einen QR-Code abfotografieren. Man gelangt dann zu einer Website, auf der man seine Mailadresse einträgt, und nach vier besuchten Stempelstellen erhält man schließlich ebenfalls die Wanderurkunde. Sehr hilfreich, falls die Stempelstelle vor Ort gerade geschlossen hat.

Tipp

PREMIUMWANDERWEG

Das Deutsche Wanderinstitut vergibt regelmäßig das Zertifikat Premiumwanderweg, wenn der Weg mehr als 30 Kriterien erfüllt. Dazu zählen neben der Verkehrssicherheit und der natürlich vorhandenen Wegmarkierung auch die Beschaffenheit des Untergrunds sowie die Abwechslung der Landschaft. Im Ruhrgebiet gibt es bisher nur diesen einen Premiumwanderweg, der alle Standards erfüllt.

DER 3 TÜRMEWEG FÜHRT führt nicht nur zu drei Türmen, wie es der Name schon verrät, sondern ist auch in drei unterschiedliche Themen unterteilt. Der stadtnahe Abschnitt widmet sich dem Thema Industrie und die

Ein kleines Trostpflaster, falls man mal keine echten Tiere antrifft

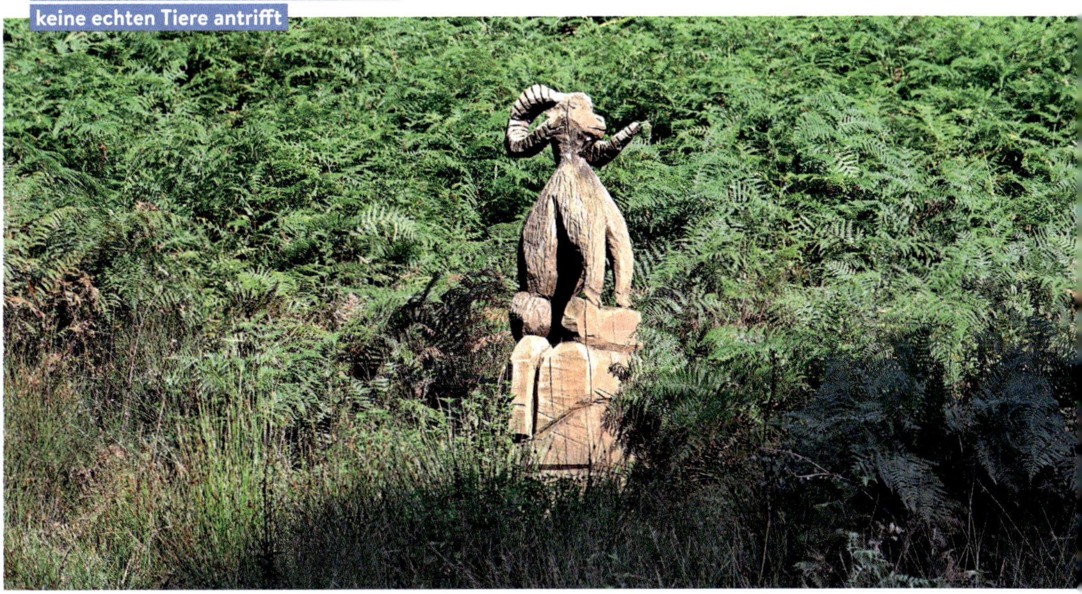

beiden anderen Abschnitte gelten der Natur und der Kultur. Darüber hinaus zweigen von dem Rundkurs noch drei kleine Abstecher ab, die man optional einlegen kann. Sehr komfortabel sind beim 3 TürmeWEG die Einstiegsmöglichkeiten, denn davon gibt es gleich vier. Wer mit dem Auto anreist, wird vermutlich den Startpunkt am Stadtgarten nutzen. Nutzer von öffentlichen Verkehrsmitteln können bis zur Johanniskirche in der Stadtmitte fahren und dort über die Böhmerstraße und einen Serpentinenaufstieg zum Wanderweg gelangen.

VOM PARKPLATZ AM STADTGARTEN aus geht es am Restaurant und am Weiher vorbei durch die angrenzende Kleingartenanlage bis zum Sträßchen Am Waldhang. Dort trifft man auf den Zuweg aus der Innenstadt heraus, bzw. hier steigen die Wanderer in den Weg ein, die ihre Tour an der Bushaltestelle begannen. Auf dem Goldberg – so heißt der Weg, der weiter durch die Kleingartensiedlung führt und uns bis zum Waldrand bringt. Keine 400 Meter sind es in dem Waldstück, bis wir plötzlich vor dem ersten der drei Türme stehen. Der im Jahr 1901 fertiggestellte **Bismarckturm** ist 24 Meter hoch. Er wird vom gleichnamigen Förderverein ehrenamtlich betreut und ist daher in der Regel nur an trockenen Sonntagen geöffnet. Wer das Glück hat, ihn besteigen zu können, genießt einen schönen Fernblick über das Tal, in dem sich die Stadt Hagen ausbreitet. Gleichzeitig ist der Turm unsere erste Stempelstelle.

EINE WEITERE AUSSICHT GIBT ES, wenn man der Beschilderung zu den Federbänken folgt. Rund 750 Meter Wanderung durch den Wald, und schon wissen wir, was damit gemeint ist. Der Tisch und die Bänke dieses Picknickplatzes sind auf dicken Federn gelagert, was man aber bei einer kurzen Sitzpause kaum spürt. Dafür kann man durch einen metallenen Bilderrahmen ebenfalls in die Ferne blicken. Der weitere Wanderweg ver läuft durch den Wald und an einem Fernmeldeturm vorbei. Dieses Bauwerk zählt jedoch

Gut ausgerüstet geht es auf dem 3-Türme-Wanderweg von Turm zu Turm.

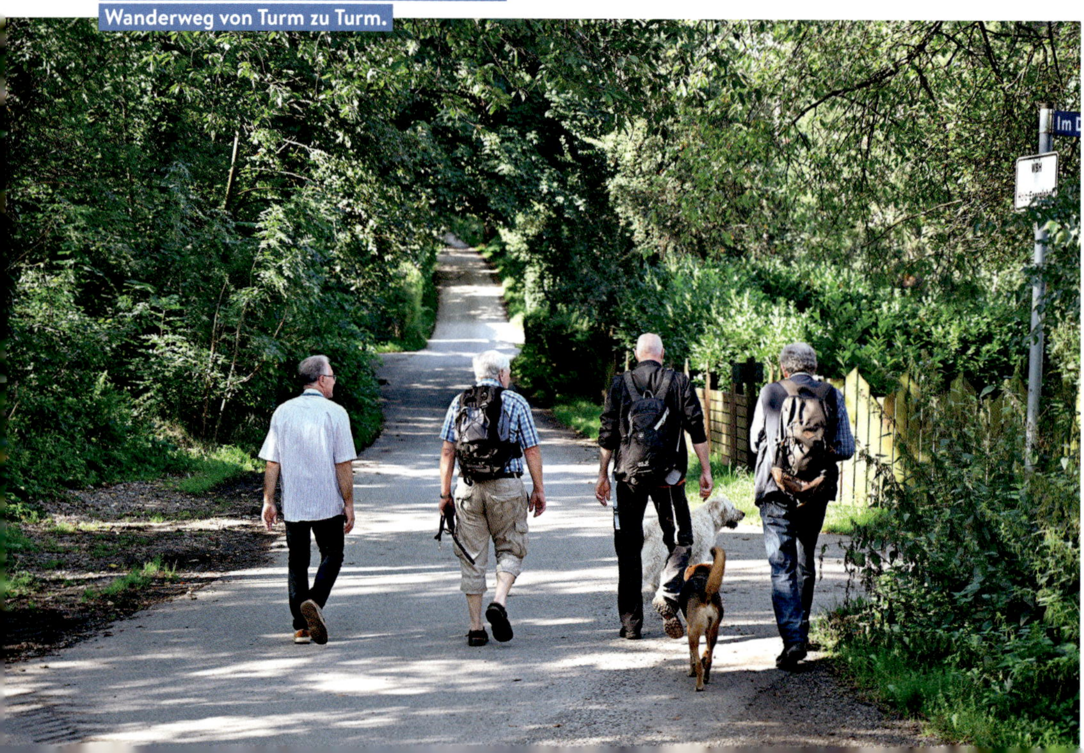

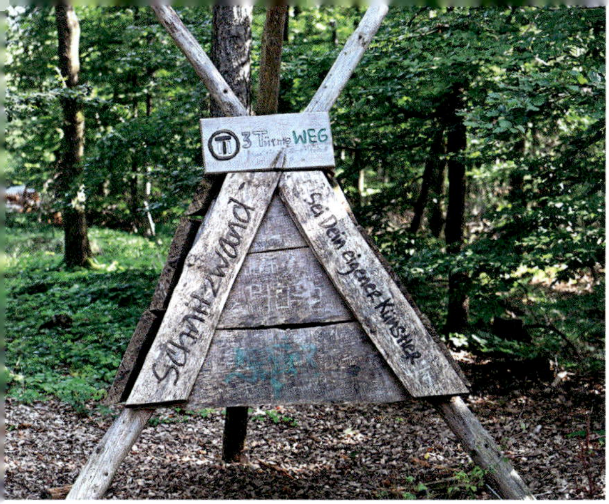

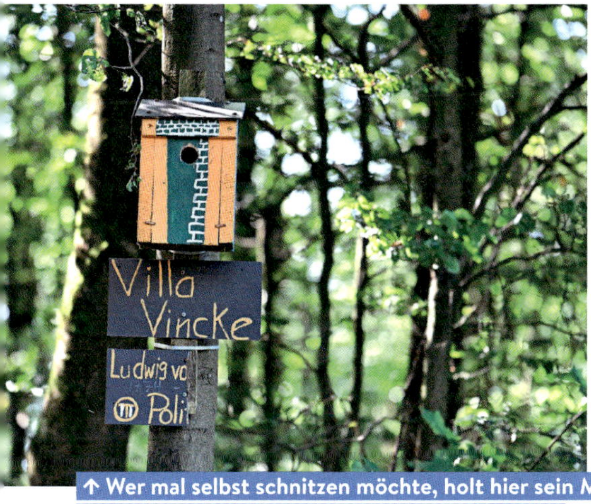

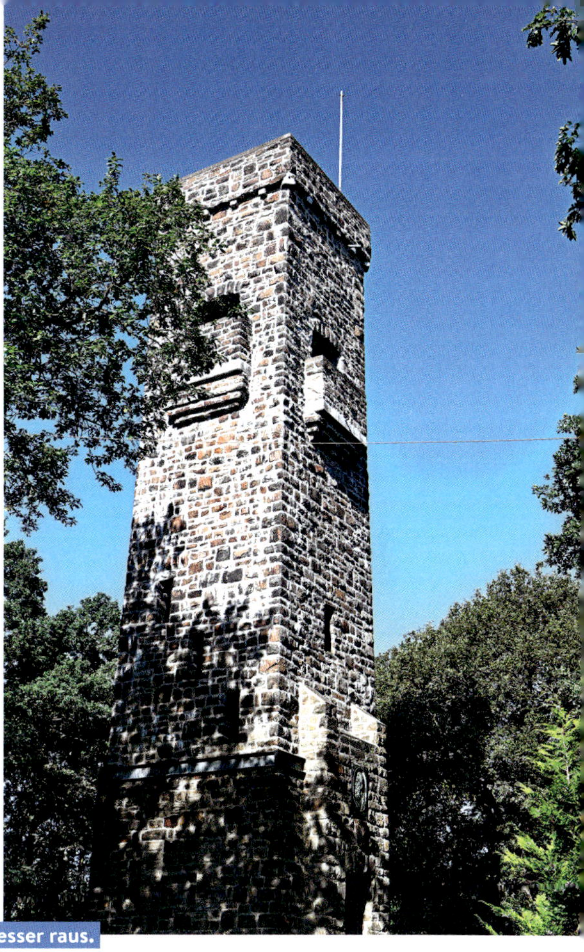

↑ Wer mal selbst schnitzen möchte, holt hier sein Messer raus.
↑ Auch die Vögel haben ihre eigenen Bauwerke.
↗ Beeindruckend ist der Kaiser-Friedrich-Turm mitten im Wald.

nicht zu den drei Türmen und wird daher von uns links liegen gelassen. Die beiden anderen Türme des 3 TürmeWEGs kommen erst noch.

RUND 1 KILOMETER wandert man durch den Wald, bis ein Abzweig nach links einen Abstecher ermöglicht. Er führt talwärts nach Selbecke, wo sich gleich zwei Stempelstellen und ein Museum befinden. Der Abstecher ist für Langschläfer weniger empfehlenswert, denn allein für den Aufenthalt im **LWL-Freilichtmuseum Hagen** sollte man viel Zeit mitbringen. Das Museum ist in einem engen Tal eingebettet und besticht durch zahlreiche historische Bauten, in denen unterschiedliche Handwerkstätigkeiten vorgestellt und durchgeführt werden. So kann man in der Bäckerei frisch gebackenes Brot und Stuten erwerben, der so lecker riecht, dass er den Weg nach Hause wohl nicht überstehen wird. Außerdem sollte man für den Besuch des Museums früh vor Ort sein. Dafür merken wir uns den Besuch für ein späteres Mal vor und erfreuen uns wenigstens an den beiden Stempeln, die wir am Eingang des Museums und im Hotel Auf'm Kamp erhalten.

NACH DIESEM ABSTECHER gehen wir wieder bergauf zum Höhenweg und halten uns links. Kurz darauf folgt ein zweiter Abstecher. Dieses Mal nach rechts und ohne Stempelstelle. Dafür ist er deutlich kürzer und

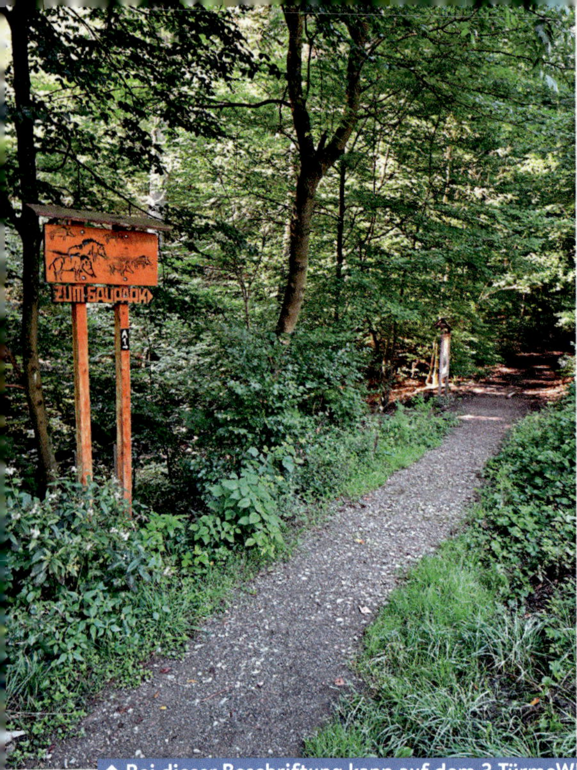

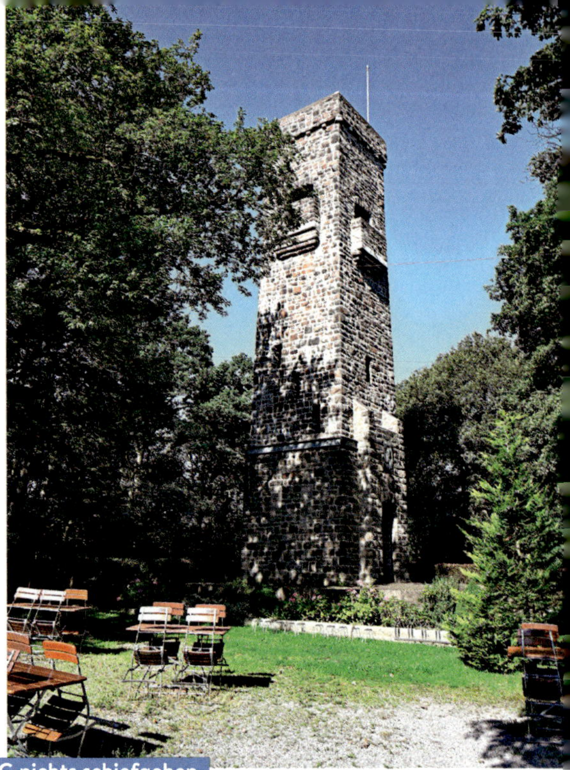

↑ Bei dieser Beschriftung kann auf dem 3 TürmeWEG nichts schiefgehen.

↗ Einkehrmöglichkeit am Kaiser-Friedrich-Turm

führt zum Saupark mit seinen zahlreichen Wildschweinen, der aus einem ehemaligen Wildpark der 1930er-Jahre hervorgegangen ist. Auf dem eigentlichen Waldweg geht die Wanderung jedoch genussvoll weiter, und wir erreichen den Wanderparkplatz Wildplessen. Hier sind wir am weitesten vom Ausgangspunkt entfernt und wandern nun langsam wieder zurück. Doch zuvor können wir noch am sogenannten Babywald vorbeigehen und den letzten Abstecher der Tour nehmen. Er bringt uns zur Waldgaststätte Hinnenwiese, wo wir uns nicht nur stärken können, sondern auch einen weiteren Stempel erhalten.

VOM ABZWEIG AM WANDERPARKPLATZ sind es nur wenige Gehminuten, bis wir auf dem regulären Weg zum zweiten Turm gelangen. Der Kaiser-Friedrich-Turm, eröffnet im Jahr 1910, ist zwar der niedrigste der drei Türme, trotzdem gilt er als der höchste Punkt in ganz Hagen. Immerhin steht man auf fast 400 Höhenmetern, wenn man ihn erklommen hat. Ganz nebenbei lässt es sich auch am **Kaiser-Friedrich-Turm** einkehren und man erhält den fünften Stempel der Tour.

WAREN WIR ZWISCHEN BISMARCKTURM und Kaiser-Friedrich-Turm auf dem Themenabschnitt Kultur unterwegs, so steht der folgende Abschnitt unter dem Motto Natur. Und mit Natur geht es in der Tat weiter, wenn wir auf dem Kaiser-Friedrich-Pfad wieder durch den Wald marschieren und nach einem kurzen Abstieg scharf nach links in den Försterpfad einbiegen. An der kleinen Streuobstwiese und einem Insektenhotel vorbei gelangt man zu einem weiteren kleinen Wildpark, an dem ein Aussichtstürmchen einen bessern Blick auf das hier lebende Rotwild ermöglicht. Zurück im Wald ist es dann nur noch ein Katzensprung zum letzten der drei Türme. Die Doppelturmanlage des 1911 erbauten **Eugen-Richter-Turmes** wurde als kleiner Seitenhieb auf den nahegelegenen Bismarckturm erbaut, da Eugen Richter als Hauptgegner von Bismarck galt und den Wahlkreis Hagen-Schwelm innehatte.

AUCH HIER AM TURM gibt es natürlich einen Stempel. Einen weiteren Stempel, den vorletzten, erhält man, wenn man dem 3 TürmeWEG bergab zum Restaurant Waldlust folgt. Von dort wandern wir mit einem leichten Gefälle an einem weiteren Aussichtspunkt vorbei, bis wir wieder die ersten Häuser von Hagen erreichen. Gleich im Anschluss folgt der bereits bekannte Wanderparkplatz. Zum Abschluss der Wandertour können wir uns im Restaurant Kaisergarten für die Wandertour belohnen, bevor wir die Touristinformation aufsuchen und uns den Abschluss der Wanderung auch noch einmal schriftlich mit der Wanderurkunde bestätigen lassen.

INFO

TOURENCHARAKTER

Der einzige Premiumwanderweg im Ruhrgebiet verläuft über Stock und Stein und häufig durch Wald. Er bietet mehrere Aussichtspunkte.

AUSGANGS-/ENDPUNKT

Je nach Anreiseart entweder der Stadtgarten Hagen oder die Johanniskirche im Stadtzentrum

ANFAHRT

Mehrere Buslinien ab Hagen Hbf. bis zur Haltestelle Hagen Markt. Mit dem Auto auf der A1 bis zur Ausfahrt Hagen-West, weiter auf B226 und B54 bis Wehringhausen, dort zum Parkplatz am Stadtgarten

GEHZEITEN

Bis Bismarckturm 0.30 Std. – Federbänke 0.45 Std. – Abzweig Freilichtmuseum 1.10 Std. – Freilichtmuseum 1.30 Std. – Kaiser-Friedrich-Turm 2.15 Std. – Eugen-Richter-Turm 3.00 Std. – Stadtgarten Hagen 3.30 Std.

BESTE JAHRESZEIT

Ganzjährig

EINKEHR

Hotel Auf'm Kamp, Selbecker Stieg 26, 58091 Hagen, Tel. 02331/772 47, www.hotel-auf-dem-kamp.de; Waldgaststätte Hinnenwiese, Im Kettelbach 166, 58135 Hagen, Tel. 02331/488 40 60; Waldgaststätte Kaiser-Friedrich-Turm, Im Deerth 10, 58135 Hagen, Tel. 02331/33 74 87, www.restaurant-kaiser-friedrich-turm.de; Restaurant Waldlust, Pelmkestraße 111/115, 58089 Hagen, Tel. 02331/934 72 28, www.waldlust1889.de; Restaurant Kaisergarten, Stadtgartenallee 1, 58089 Hagen, Tel. 02331/33 10 57, www.kaisergarten-hagen.de

Mittel | 3.30 Std | 13,0 km | 402 Hm

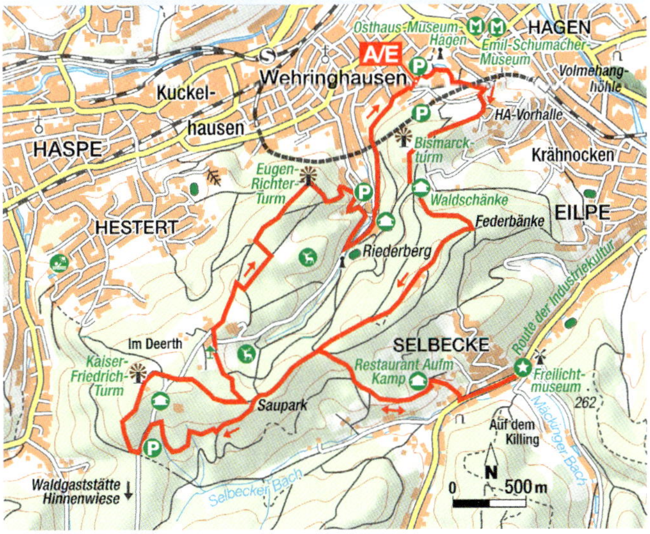

Wechselspiel zwischen Geschichte und Natur

Von der Kokerei Hansa zur Halde Deusen

Auf dieser Wanderung erleben wir die Umwandlung alter Industriekomplexe und besuchen das Nahverkehrsmuseum, in dem es zwar nicht industriell, aber trotzdem historisch zugeht. Ganz auf Industrie und Historie verzichtet das Obstbaummuseum, in dem wir einige Baumarten entdecken können.

7

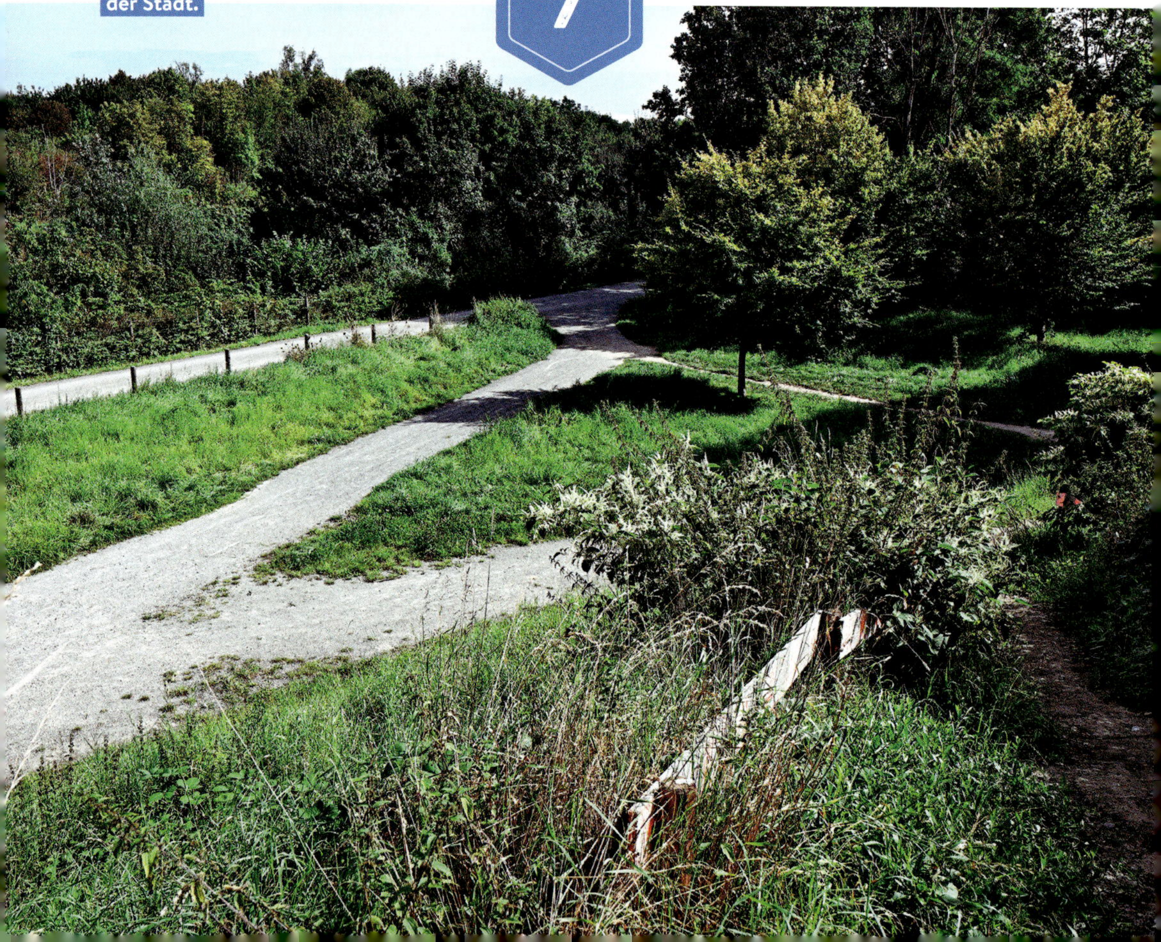

So grün zeigt sich Dortmund an der Halde Deusen im Norden der Stadt.

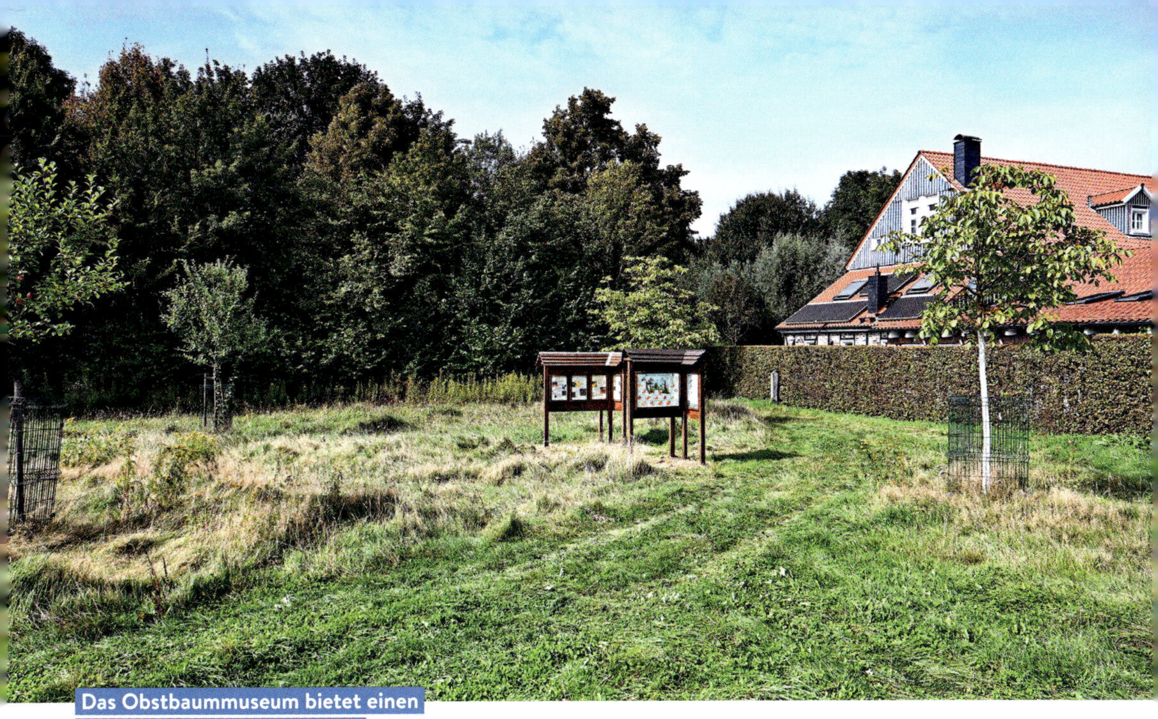

Das Obstbaummuseum bietet einen interessanten Zwischenstopp.

UNSERE WANDERUNG BEGINNT mit dem Verlassen des Parkplatzes in Richtung Lindberghstraße. Einige Eisenbahnbrücken werden wenig später von uns unterquert und kurz darauf biegen wir an der T-Kreuzung rechts in die Emscherallee ein. Auf dem kurvigen Weg erreichen wir schon bald den Haupteingang der Kokerei Hansa. An den Kühltürmen des ehemaligen Industriekomplexes gehen wir geradeaus weiter, wechseln jedoch die Straßenseite nach links und wandern am Ortseingangsschild vorbei. Der Bürgersteig mündet in einen Landwirtschaftsweg, dem wir geradeaus folgen und an einem Feldrand vorbeischlendern.

WIEDER UNTERQUEREN WIR eine Eisenbahnbrücke, halten uns geradeaus und erreichen die Wiemerstraße, die wir bis zu ihrem Ende durchschreiten. Wir biegen rechts ab, überqueren an einer Ampelkreuzung die Emscherallee und wandern auf der Straße Mooskamp weiter. An Feldern zu unserer Rechten und Linken gelangen wir nach kurzer Zeit zu einem ausgedienten Bahnübergang, sehen dort aber historische Verkehrsmittel, die zum Nahverkehrsmuseum gehören. Freunde des öffentlichen Personennahverkehrs und besonders von historischen Straßenbahnen werden im Nahverkehrsmu-

Tipp

KOKEREI HANSA

Im Jahr 1927 wurde der Grundstein für die Kokerei Hansa gelegt, die ihre Kohle aus der angrenzenden und gleichnamigen Zeche Hansa bezog. In der Hochphase der Kokerei waren rund 300 Öfen in Betrieb, die mehrere tausend Tonnen Koks produzierten – pro Tag. In den 1980er-Jahren wurde ein großer Teil der Kokerei stillgelegt, das endgültige Aus kam im Dezember 1992. Noch im selben Jahrzehnt wurde die Anlage unter Denkmalschutz gestellt.

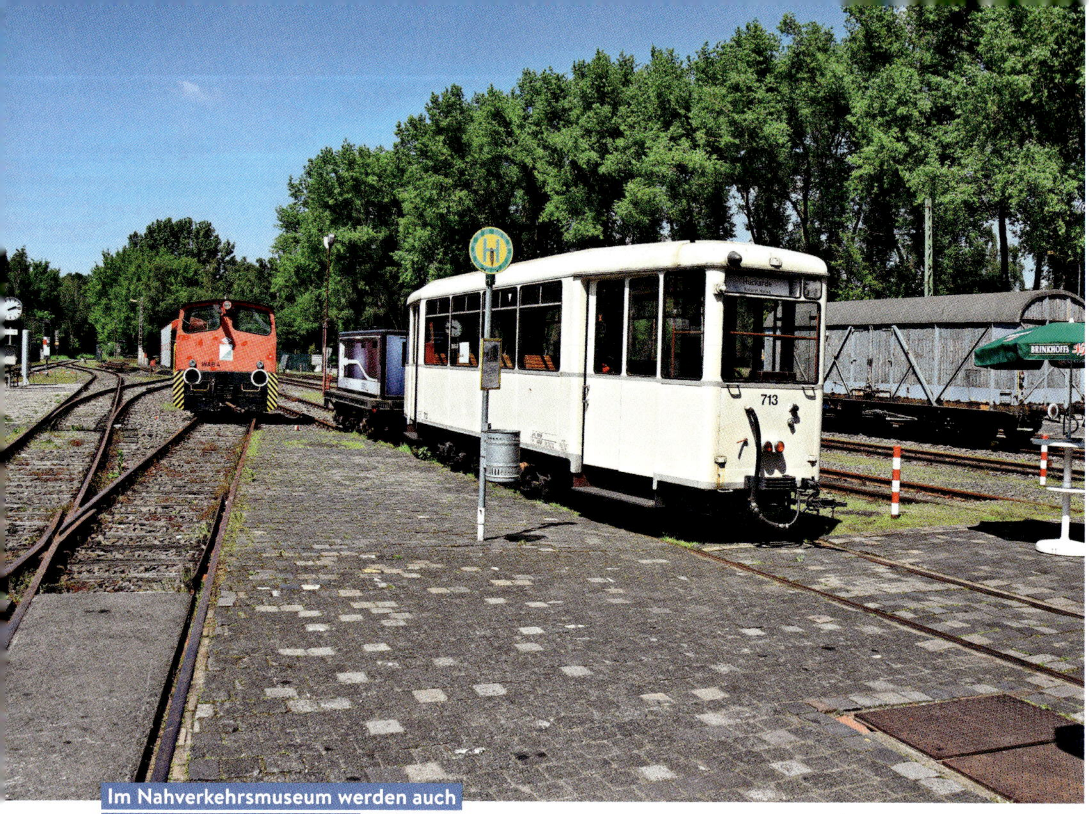

Im Nahverkehrsmuseum werden auch Sonderfahrten angeboten.

seum ihre helle Freude haben. Zahlreiche Schienenfahrzeuge, im letzten Jahrhundert jahrzehntelang im Einsatz, warten hier auf Besucher. Die älteste Straßenbahn stammt aus dem Jahr 1918. Gelegentlich pendeln die Straßenbahnen zwischen dem Nahverkehrsmuseum und dem Gelände der Kokerei Hansa und nehmen natürlich auch Passagiere mit.

HINTER DEM MUSEUM bleiben wir auf dem Mooskamp, der uns kurvig über eine Bahntrasse hinwegführt. In einer Linkskurve folgt die nächste Bahnunterführung und zu guter Letzt überqueren wir noch ein Gleis, bis wir schließlich unseren Blick über weite Felder streifen lassen können. Dem Verlauf des landwirtschaftlichen Nutzwegs folgend, gehen wir auf der Niedernetter Straße weiter und durchqueren eine kleine Wohnsiedlung. Es folgt eine Rechtskurve, hinter der wir zwischen zwei Pferdekoppeln links abbiegen und kurz darauf den Nettebach überqueren.

BEI MERKLINDE ENTSPRINGT der Nettebach, der dort noch Mühlenbach genannt wird. Auf seinem Weg bis zur Mündung in die Emscher bei Dortmund-Nette nimmt er das Wasser von 13 weiteren Bächen auf. An einem Bauernhof und zwei Wohnhäusern auf der linken sowie einer hohen Hecke auf der rechten Seite wandern wir vorbei und stoßen auf die Ellinghauser Straße. Diese besitzt zwar keinen Bürgersteig, doch nachdem wir rechts abgebogen sind, sind es weniger als 200 Meter, bis wir links auf einen schmalen Weg einbiegen. Damit wandern wir parallel zur Emscher und folgen dem Fluss lange Zeit durch eine weite Linkskurve. Erst nachdem wir eine breite Schnellstraße unterquert haben, verlassen wir den Emscherweg wenig später nach rechts, überqueren den kleinen Fluss und biegen gleich dahinter erneut rechts ab. Damit wandern wir zwar wiederum parallel zur Emscher, dieses Mal jedoch in die andere Richtung. Doch nach der neuerlichen Unterquerung der Schnellstraße kehren wir dem Fluss den Rücken und wandern auf einem Schotterweg durch die grüne Landschaft des Naturschutzgebietes Siesack.

AM ENDE DES WEGES erreichen wir mit der Altmengeder Straße eine Allee, an der wir zwar rechts abbiegen, jedoch vorher einen kleinen Abstecher nach links machen sollten, wo sich das Obstbaummuseum befindet. Fast 60 Obstbäume stehen hier. Bereits seit 2004 entsteht diese kleine Anlage, in der bis zu 20 verschiedene Obstsorten ganz ohne Pestizide wachsen und gedeihen. Dazu gehören die Cydonia Birnenquitte, der Münsterländer Borsdorfer, aber auch ganz klassisch der Schöne aus Boskoop-Apfel.

NACH DEM KURZEN BESUCH im Obstbaummuseum folgen wir der Altmengeder Straße unter den Baumkronen der Allee hindurch und biegen gegenüber von Haus Nummer 110 halb rechts wieder in das Landschaftsschutzgebiet ein. Auf dem schmalen Weg namens Schaarstraße kommen wir an einem kleinen Teich vorbei und biegen kurz darauf rechts ab. Die Landschaft wechselt sich mit Feldern, Wiesen und dicht wachsenden Pflanzen ab, bis wir den Altmengeder Graben überqueren, wo sich auf der linken Seite drei Windräder erheben. Am westlichsten wandern wir vorbei und überqueren zudem den Holthauser Bach. Wenig später ge-

↓ Auf einem schmalen Pfad erklimmt man die Halde Deusen.

↘ Obst in Hülle und Fülle im Obstbaummuseum

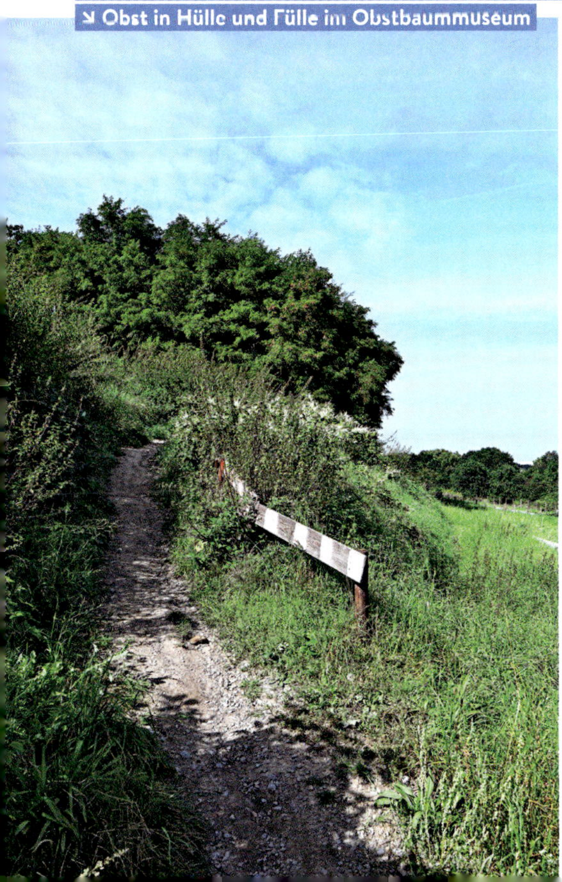

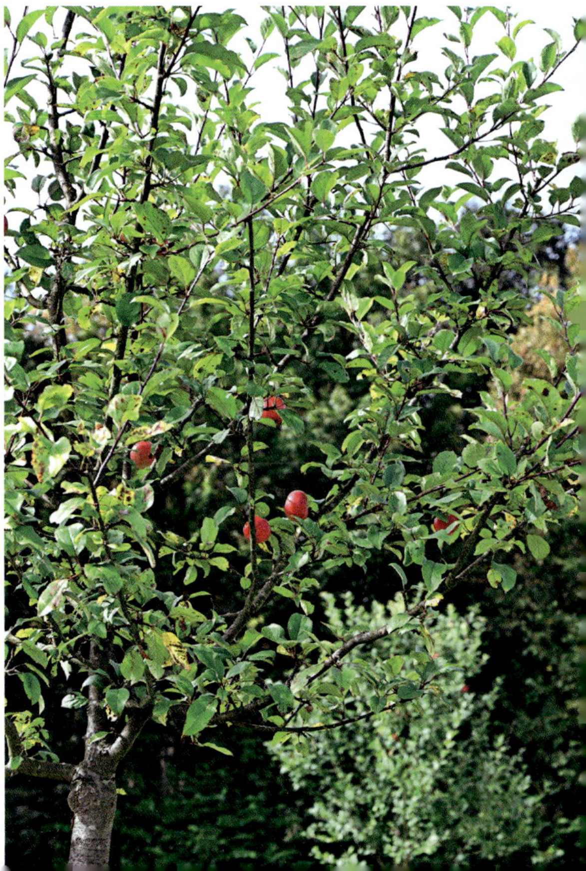

langen wir zum **Gut Königsmühle**, wo wir Gelegenheit haben, uns im Hofcafé mit einer kleinen Stärkung für die Wanderung zu belohnen.

ANSCHLIESSEND GEHEN WIR am Gut Königsmühle vorbei und überqueren wenig später wieder die Emscher, die wir an dieser Stelle sofort wiedererkennen. Denn wir wenden uns nach links und folgen dem Weg entlang des Flusses, den wir bereits zuvor erwandert haben. Wir erreichen auch wieder die Ellinghauser Straße, halten uns aber dieses Mal geradeaus und überqueren sie. Nur 50 Meter später sehen wir, wie der Nettebach in die Emscher mündet. Auf dem weiteren Weg genießen wir die Ruhe auf dem Schotterpfad, unterqueren eine Bahntrasse und gelangen zu einer Fußgängerbrücke. Diese überqueren wir zwar nicht, doch wir steigen trotzdem in die Höhe, denn auf der rechten Seite erhebt sich der Deusenberg, den wir kurz vor Abschluss unserer Wanderung erklimmen.

RUND 50 METER ragt der Deusenberg in die Höhe und ist dadurch nicht nur eine Landmarke, sondern er bietet auch die Möglichkeit für ein wunderbares Panorama, das bis zur Skyline von Dortmund reicht, die durch den markanten Fernsehturm Florian gut erkennbar ist. Die Halde ist 2004 für den Publikumsverkehr freigegeben worden und erfreut sich seitdem größter Beliebtheit bei Mountainbikern, die in der hier entstandenen Mountainbike-Arena ihre Runden drehen. Sie ist eine der wenigen Halden im Ruhrgebiet, die nicht durch Abraum des Bergbaus entstanden ist, aber sie ist trotzdem keines natürlichen Ursprungs. Vielmehr handelt es sich um eine ehemalige Mülldeponie, die mit einer 4 Meter dicken Deckschicht isoliert wurde und nun Besucher anlockt.

Für das Nahverkehrsmuseum sollte man sich ein wenig Zeit nehmen.

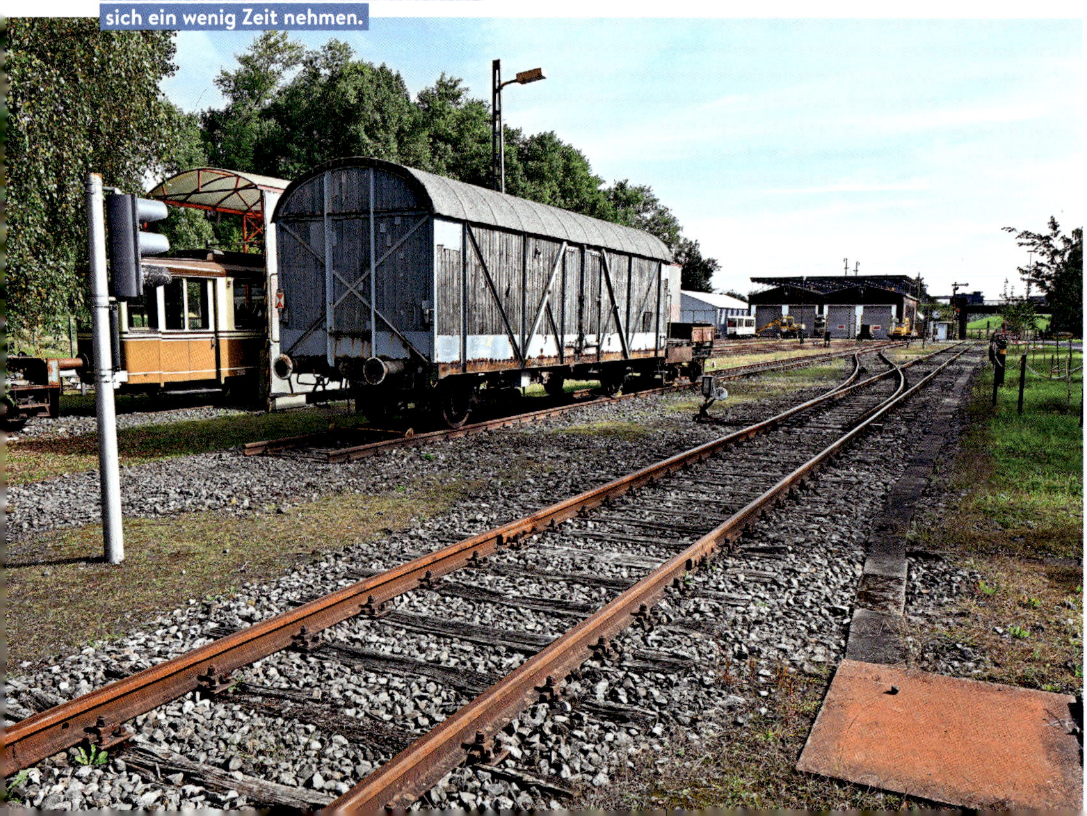

INFO

TOURENCHARAKTER

Überwiegend befestigte Wege. Im Naturschutzgebiet und an der Emscher sowie auf der Halde Deusen auch Schotterwege.

AUSGANGS-/ENDPUNKT

Parkplatz an der Lindberghstraße

ANFAHRT

Mit dem Bus zur Haltestelle Huckarde. Mit dem Auto die A45 am Kreuz Dortmund-Hafen verlassen und in Richtung Zentrum fahren. Gleich an der ersten Ausfahrt raus und nach links. Geradeaus, bis rechts die Lindberghstraße erscheint

GEHZEITEN

Bis Kokerei Hansa 0.20 Std. – Obstbaummuseum 2.15 Std. – Gut Königsmühle 3.00 Std. – Halde Deusen 3.40 Std. – Parkplatz Lindberghstraße 4.00 Std.

BESTE JAHRESZEIT

Ganzjährig

EINKEHR

Gut Königsmühle, Ellinghauser Str. 309, 44359 Dortmund, Tel. 0231/93 69 83 10

Leicht | 4.00 Std. | 12 km | 61 Hm

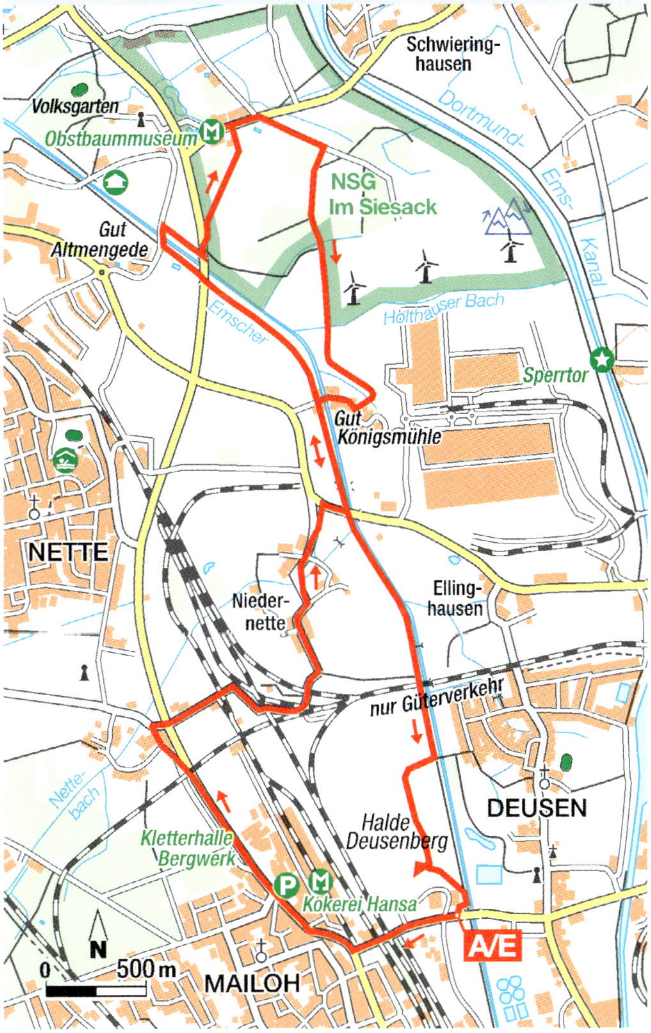

AUF DEM DEUSENBERG genießen wir die Aussicht über Dortmund, die bis zum Fernsehturm Florian im Westfalenpark reicht, und wenden uns nach links, wo wir zwar deutlich erhöht, aber dennoch parallel zur Emscher wandern. Erst am südlichen Rand der Halde Deusen steigen wir wieder hinab, gelangen zum Spazierweg an der Emscher und halten unsere Richtung bei. Nach wenigen Metern sehen wir auf der rechten Seite den Zugang zum Parkplatz, unseren Ausgangspunkt.

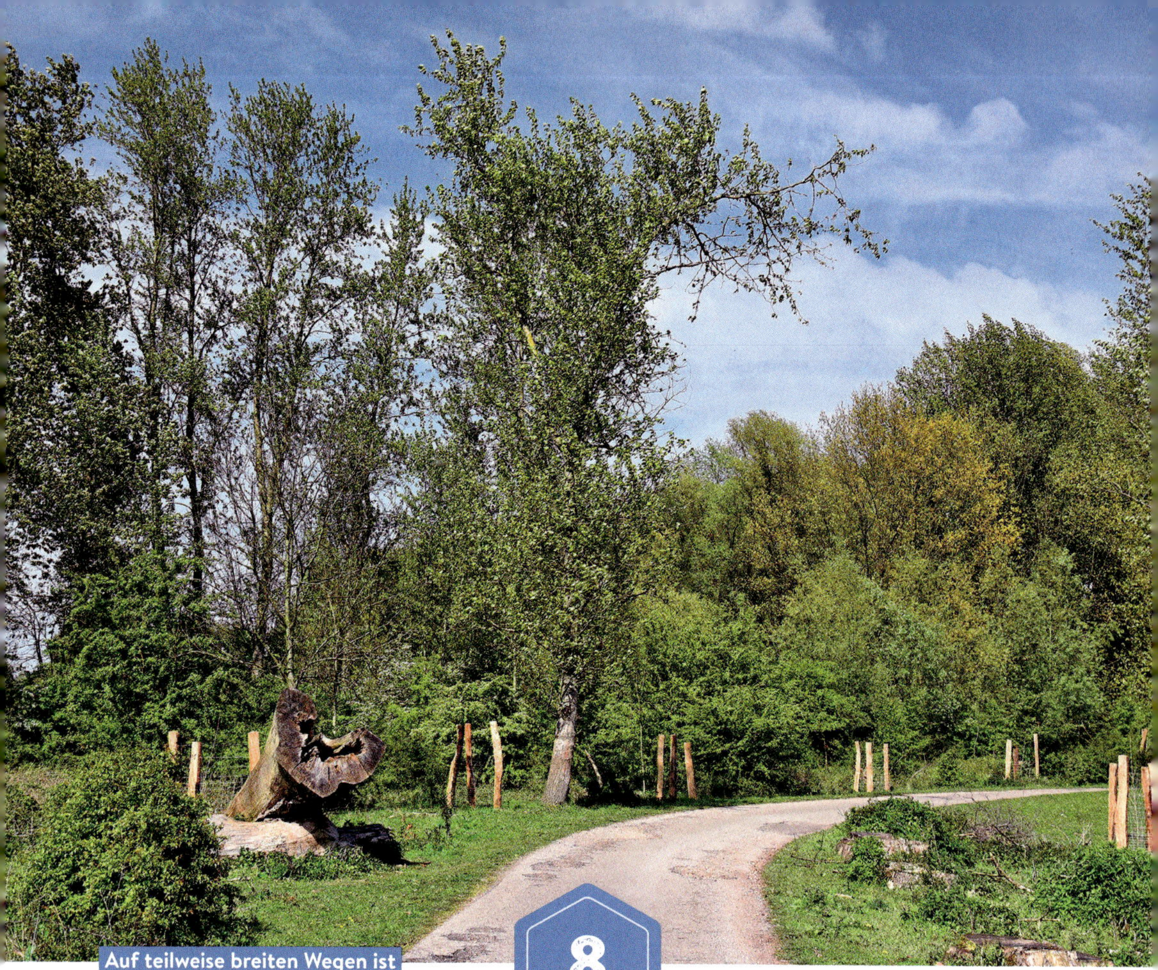

Auf teilweise breiten Wegen ist man bei Xanten unterwegs.

8

Wandern, wo die Römer einst siedelten

Von der Xantener Altstadt zur Bislicher Insel

Bei dieser Wanderung lernen wir zu Beginn die Altstadt von Xanten kennen und genießen den Duft von frisch Gebackenem an der Kriemhildmühle, bevor wir das Rheinufer erreichen. Hier erhalten wir einen ganz besonderen Blick auf die Vogelwelt an der Bislicher Insel.

WIR STARTEN UNSERE WANDERUNG vor der Tourismusinformation von Xanten, gleich gegenüber vom SiegfriedMuseum, wo uns der stilisierte Drachentöter zusammen mit dem Fabeltier von der Hausfassade grüßt. Gleich dahinter ragen die beiden Türme des Xantener Doms St. Viktor in die Höhe.

WIR WENDEN UNS NACH RECHTS, gehen zum Marktplatz und tauchen für einen kurzen Moment in das quirlige Leben der Stadt ein. Den Marktplatz verlassen wir nach links durch die kleine Gasse in Richtung Dom. Geradeaus sehen wir bereits die Kriemhildmühle an der Xantener Stadtmauer. Unter den großen Flügeln der Mühle gehen wir durch das Tor der Stadtmauer in die Grünanlage, die sich einmal komplett um die Altstadt von Xanten zieht. Wir wenden uns hinter der Mühle nach rechts und folgen dem Spazierweg durch das Grün bis zum Kreisverkehr am Nibelungenplatz. Über die Parkplätze zu unserer Linken hinweg sehen wir den Eingangsbereich des Archäologischen Parks und wandern entlang der Straße Am Rheintor bis zur Bundesstraße 57.

Tipp

KRIEMHILDMÜHLE

Kriemhild, die Frau des Xantener Drachentöters Siegfried, ist Namensgeberin für die historische Windmühle am Nordwall. Dieser Teil der Stadtbefestigung hat die Form eines Wehrturmes. Erbaut wurde die Mühle gegen Ende des 14. Jahrhunderts. Die Flügel sind mit einem Gatterwerk nach holländischer Art ausgestattet und treiben noch heute das Mahlwerk an.

AN DER KREUZUNG überqueren wir die Bundesstraße und halten uns auf der linken Straßenseite, um gleich hinter dem ersten Feld rechts in den Dornbuschweg einzubiegen. Auf diesem wird es nun deutlich ruhiger, die Altstadt haben wir genauso hinter uns gelassen wie den rummeligen Bereich rund um das Freizeitzentrum Xanten. Über die Felder hinweg können wir auf der rechten Seite die beiden Türme des Xantener Doms noch deutlich sehen. Dem stets geradeaus verlaufenden Dornbuschweg folgen wir bis zu seinem Ende und wandern dabei am Rand eines Wohnviertels entlang bis

Na, wer schaut denn da so neugierig auf die Wanderer?

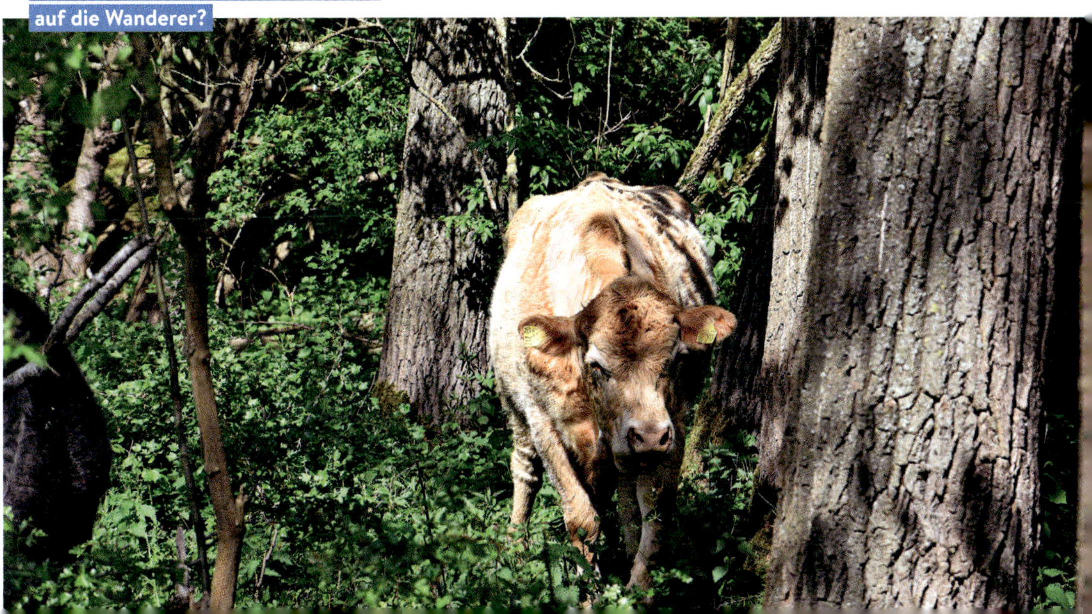

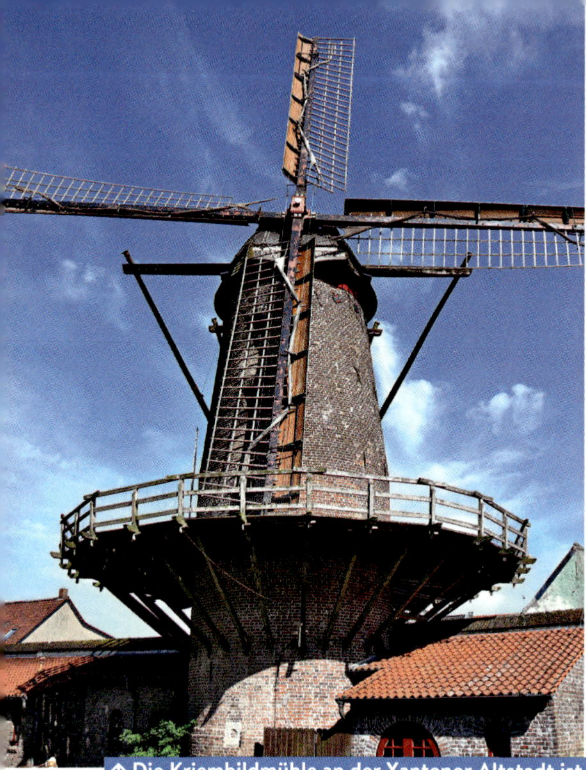

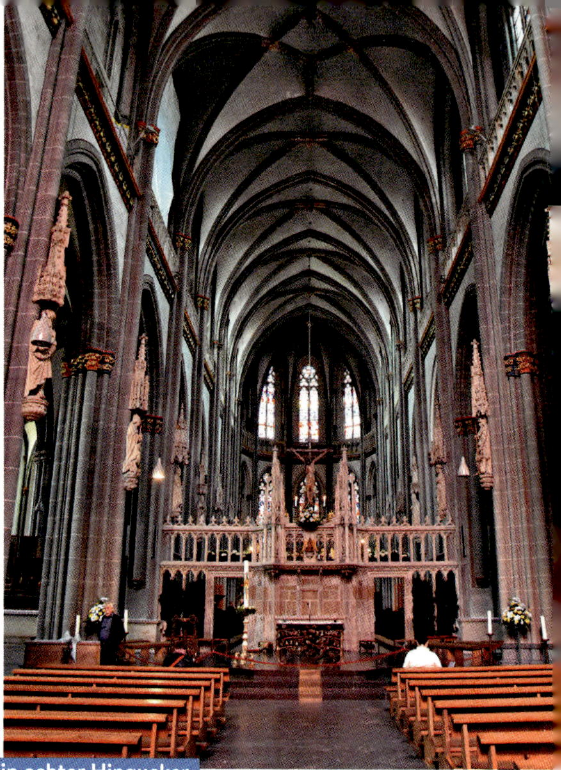

↑ Die Kriemhildmühle an der Xantener Altstadt ist ein echter Hingucker.
↗ Aber auch in das Innere des Doms sollte man blicken.

zum Fuhrweg. An einer T-Kreuzung biegen wir rechts in den Paßweg ein und erreichen nach rund 100 Metern die Kronemannstraße. Auf dieser wenden wir uns halb rechts und biegen schon nach kurzer Zeit links in den Alter-Rhein-Weg. Die Straße bringt uns durch ein ruhiges Wohnviertel, in dem wir an einem kleinen Kreisverkehr weiter geradeaus gehen und am Ende einer Sackgasse auf einen Fußweg wechseln.

DER KLEINE WEG BRINGT UNS zum Rad- und Fußweg, der parallel zur Gelderner Straße verläuft. Auf diesem biegen wir nach links ab und wandern unter einigen Baumkronen hindurch auf dem breiten Weg. Zu unserer linken Seite breitet sich das Naturschutzgebiet Reeser Schanz, Rheinaue zwischen Obermörmter und Vynen, bei Gut Grindt und Haus Lüttingen aus. Mit den Ausblicken über die Rheinauen wandern wir geradeaus, bis die Straße am Flussufer ihr Ende findet. Hier folgen wir dem Eyländer Weg am Rhein entlang. Zwar wandern wir weiterhin auf einem Asphaltweg, doch dieser bringt uns geradewegs zu der vogelreichen Auenlandschaft namens Bislicher Insel.

DIE FELDER UND AUEN rechts und links des Weges werden an ihren Flurrändern von einigen Kopfweiden gerahmt, während wir einen Hof erreichen, hinter dem wir rechts auf einen kleinen Weg abbiegen. Zwischen den Seen in der Auenlandschaft des Alten Rheins wandern wir bis zum Ende des Weges, wo uns eine hölzerne Vogelbeobachtungshütte erwartet. Aber schon auf dem Weg dorthin erblicken unsere Augen immer wieder Gänse, Kormorane und gelegentlich auch Störche. Wachtelkönige, Nachtigallen, Schwarzmilane, Wiesenpieper, Zwergtaucher und Bekassinen sind nur eine Auswahl weiterer Vögel, denen wir begegnen können.

DA ES SICH bei der Bislicher Insel um eine Sackgasse handelt, kehren wir nach einer ausgiebigen Beobachtung der Tiere wieder um und wandern den gleichen Weg zurück bis zum Hof, wenden uns nach links und gehen zurück bis zur Rheinfähre. Dort folgen wir dem bereits bekannten Rad- und Fußweg entlang der Geldener Straße und erreichen nach einiger Zeit die Kreuzung zum Beekschen Weg. Hier halten wir uns rechts und gehen am folgenden Kreisverkehr geradeaus in die Straße Bennendör.

DURCH DAS WOHNVIERTEL wandern wir auch hier in eine Sackgasse, können aber an ihrem Ende über einen Fußweg zur Rheinberger Straße gelangen. Diese überqueren wir und sehen bereits auf der rechten Seite die Grünanlage, die sich rund um die Altstadt von Xanten legt. Auf den Wegen der Grünanlage gelangen wir zum Südwall, wo wir schon bald den Schweineturm sehen. Er war einst Teil der Stadtbefestigung und ist uns heute Zeichen, auf dem Südwall bis zur Kreuzung Marsstraße und Viktorstraße weiterzugehen. Ein letztes Mal biegen wir ab und spazieren durch die Marsstraße in die Altstadt von Xanten, wo wir durch die Fußgängerzone mit ihren vielen Geschäften wieder den Marktplatz und halb links den Weg zu unserem Ausgangspunkt an der Tourismusinformation finden.

INFO

TOURENCHARAKTER

Leichte Wanderung auf befestigten Wegen und ohne Steigungen

AUSGANGS-/ENDPUNKT

Marktplatz in Xanten

ANFAHRT

Mit der Regionalbahn nach Xanten oder mit dem Auto auf der A57 und B58 und B57 in das Zentrum von Xanten.

GEHZEITEN

Bis Kriemhildmühle 0.20 Std. – Xantener Südsee 0.40 Std. – Rheinfähre 1.30 Std. – Naturschutzgebiet Bislicher Insel 2.00 Std. – Markplatz in Xanten 4.00 Std.

BESTE JAHRESZEIT

April–Oktober

EINKEHR

Verschiedene Einkehrmöglichkeiten in der Altstadt von Xanten; Restaurant Zur Rheinfähre, Bislicher Insel 1, 46509 Xanten, Tel. 02801/13 34, www.rheinfaehre-xanten.de

Leicht	4.00 Std	13 km	9/13 Hm

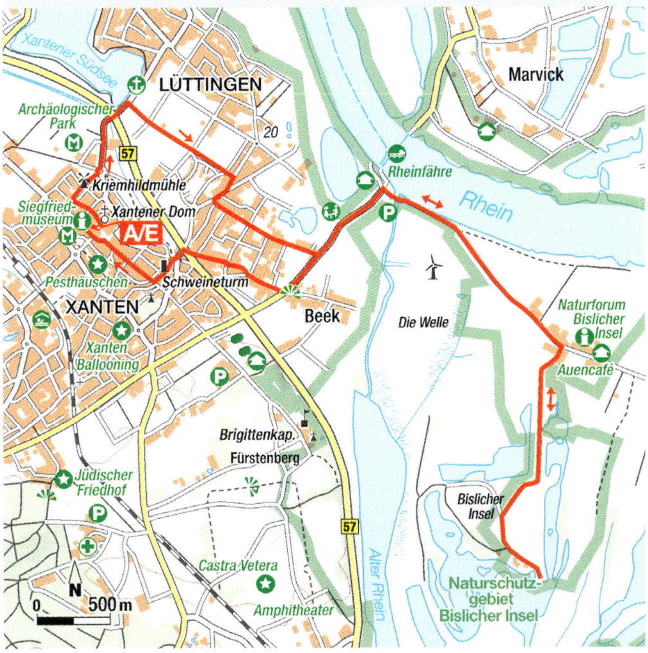

Vom brodelnden Stahl zum plätschernden Wasser

Städtewanderung zum Phoenix-See

Noch vor wenigen Jahrzehnten wären wir nicht auf den Gedanken gekommen, hier zu wandern, wo einstmals Stahl gekocht wurde. Heute erinnern Hinweistafeln an diese Arbeit. Kein Stahlwerk, kein Schornstein und kein Lärm erwarten uns – sondern ein idyllischer See mit einer naturnahen Emscher.

9

Hier stand einst eine Hütte, jetzt lebt man am Ufer des Phoenix-Sees.

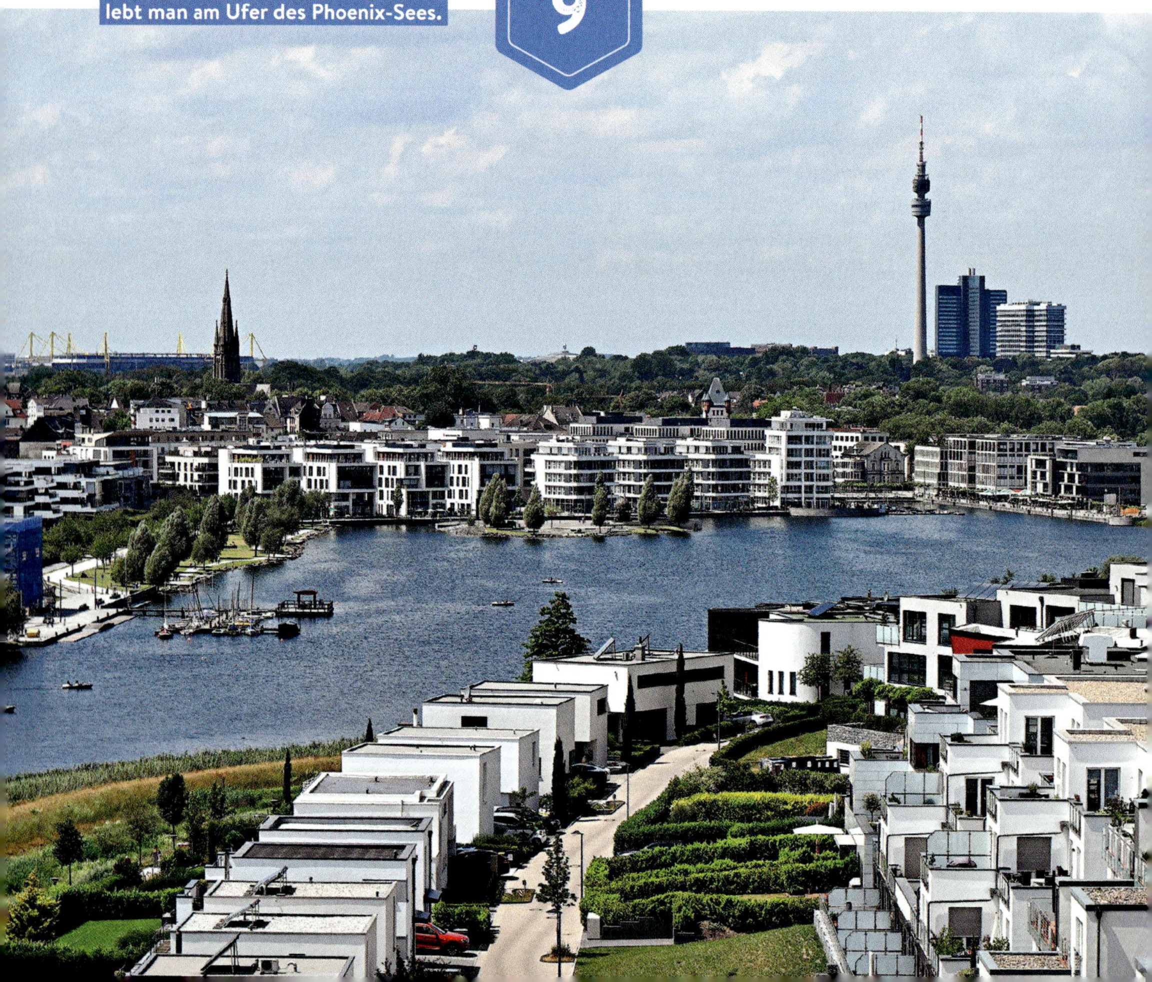

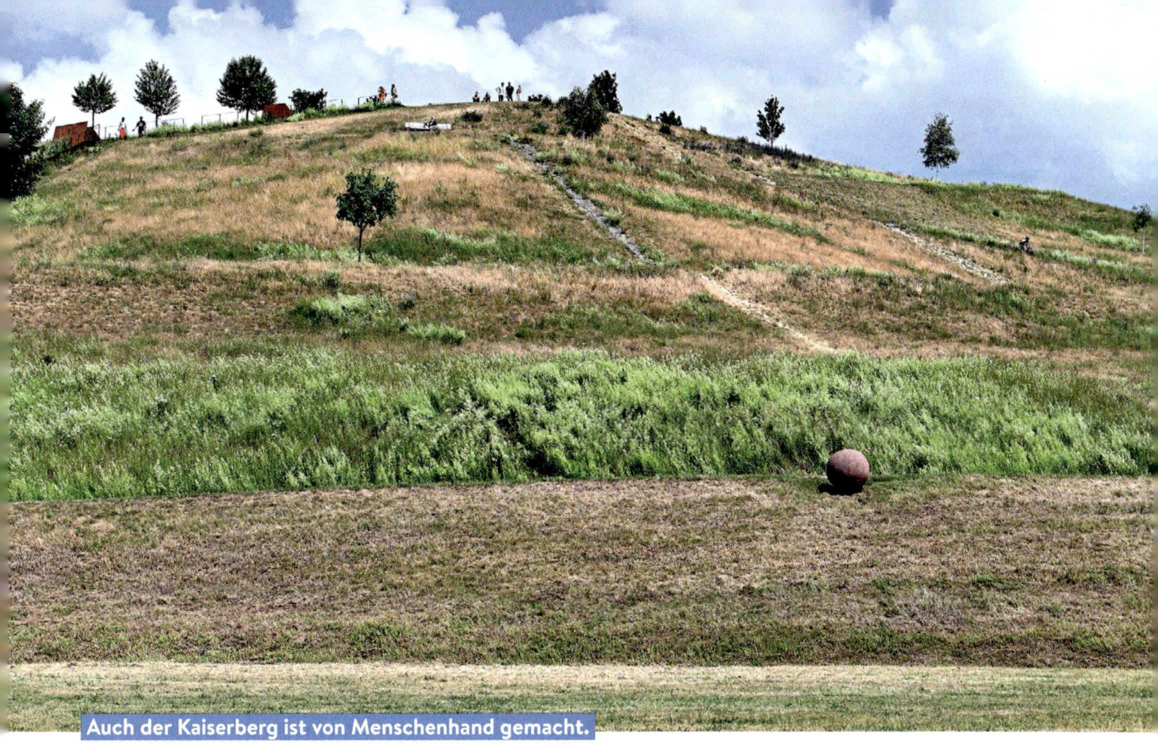

Auch der Kaiserberg ist von Menschenhand gemacht.

ÜBER DEN FUSSWEG am südwestlichen Ende des Parkplatzes erreichen wir die Haltestelle an der Rodenbergstraße, von wo aus wir einen ersten schönen Blick auf Haus Rodenberg werfen können. Ritter Diederich von dem Rodenberg war der erste nachweisliche Bewohner des Hauses Rodenberg, das zum ersten Mal im ausgehenden 13. Jahrhundert erwähnt wurde. Die damalige Burg wurde jedoch zu Beginn des 15. Jahrhunderts im Rahmen des Clevisch-Märkischen Erbfolgestreits zerstört und durch einen Nachfahren Diederichs wieder aufgebaut, womit es gleichzeitig den Wohnturm erhielt. Zu einem barocken Wasserschloss baute man es erst Ende des 17. Jahrhunderts um, wenige Jahrzehnte, bevor die Stammlinie der von Rodenbergs ausstarb. Mitte der 1980er-Jahre wurde das mittlerweile verfallene Wasserschloss von der Stadt Dortmund erworben und umfangreich renoviert. Neben einer Märchenbühne sind im Wasserschloss auch Unterrichtsräume als Außenstelle der Volkshochschule Dortmund untergebracht. Der ehemalige Parkbereich von Haus Rodenberg dient heute als öffentliche Grünanlage und steht allen Besuchern offen.

Tipp

THOMAS-KONVERTER

Der Thomas-Konverter, auch Thomas-Birne genannt, hat eine Höhe von 7 Metern und ist stolze 64 Tonnen schwer. Er diente zur Stahlerzeugung, wobei beim sogenannten Thomas-Verfahren Luft durch Bodendüsen des Konverters in das flüssige Roheisen geblasen wurde. Der dadurch gewonnene Thomasstahl wurde Mitte des letzten Jahrhunderts hauptsächlich für Schienenstränge verwendet. Doch durch das Prinzip des Luft-Einblasens werden auch viel Stickstoff und Wasserstoff im Stahl gelöst, was diesen spröder macht.

AM HAUS RODENBERG überqueren wir die Rodenbergstraße und wandern zunächst mit etwas Abstand parallel zur Emscher an ihrem linksseitigen Ufer. Schon nach 300 Metern nähern wir uns dem Fluss und unterqueren die historische **Feldchenbahnbrücke**. Errichtet wurde sie im Jahr 1870 und war gerade einmal 55 Jahre als Eisenbahnbrücke im Dienst. Anschließend nutzte man das Brückenbauwerk mit seinen fünf Bogen als Rad- und Fußweg. Auffällig an der 25 Meter langen Brücke sind die verschlossenen Öffnungen, auch Ochsenaugen genannt, die sich an den Gewölbeübergängen befinden und ursprünglich zur Belüftung dienten.

HINTER DER FELDCHENBAHNBRÜCKE überqueren wir die Emscher und lassen die Emscheraue in einem Linksbogen hinter uns. Hinter einer Kleingartenanlage gelangen wir zur Gevelsbergstraße, wenden uns nach links und biegen gleich an der ersten Möglichkeit rechts ab. Auf einem ruhigen Asphaltweg spazieren wir durch eine grüne Landschaft aus Feldern, Wiesen und einem schmalen Gehölz, in dem die kleine und kaum sichtbare Archenbecke mäandert. 800 Meter wandern wir bis zu einer T-Kreuzung, an der wir nach links einkehren und wenig später die Möglichkeit haben, auf einer der dortigen Sitzbänke eine kleine Pause einzulegen.

AN DEM RASTPLATZ sehen wir eine Gabelung, an der wir halb links und damit parallel zum kleinen Bach Schnaukskuhle entlangwandern. Zu unserer Rechten breiten sich Felder aus, die den Blick nach Norden freigeben, während wir uns auf der linken Seite der Wohnbebauung nähern. Der Weg, auf dem wir uns befinden, besteht aus einer alten Bahntrasse, die Ende des 19. Jahrhunderts errichtet wurde und Dortmund-Asseln mit dem Stahlwerk Phoenix-Ost verband. Bis auf einige noch vorhandene Brückenbauten, die wir glücklicherweise als Wanderer nutzen können, ist von der einstigen Schwerindustrie an dieser Stelle nichts mehr zu sehen. Wir erreichen nach einer Linkskurve die Straße Am Remberg, die wir überqueren,

Haus Rodenberg ist ein idealer Punkt, um zwischendurch einzukehren.

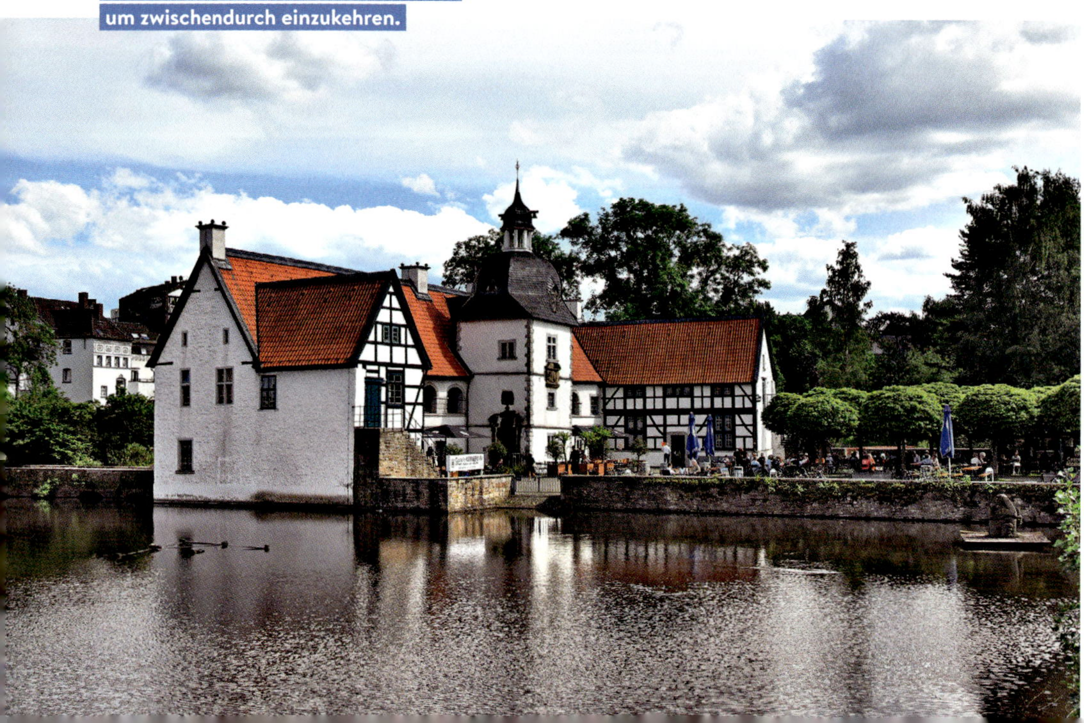

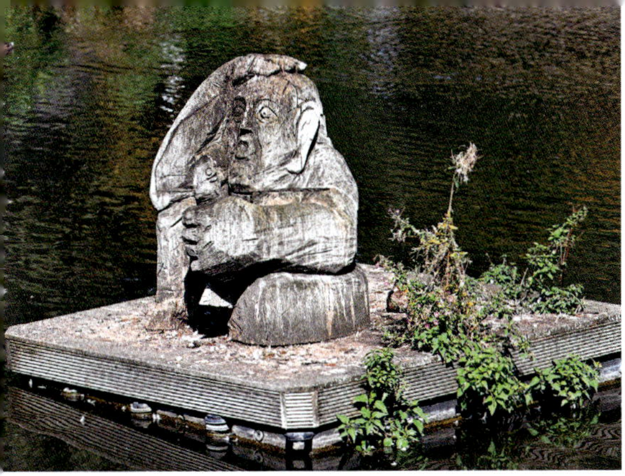

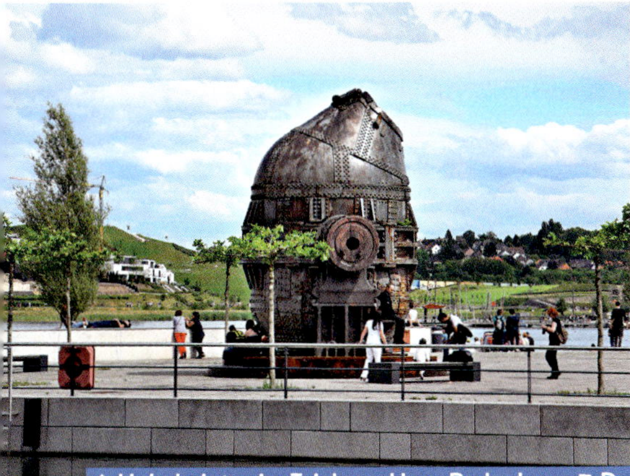

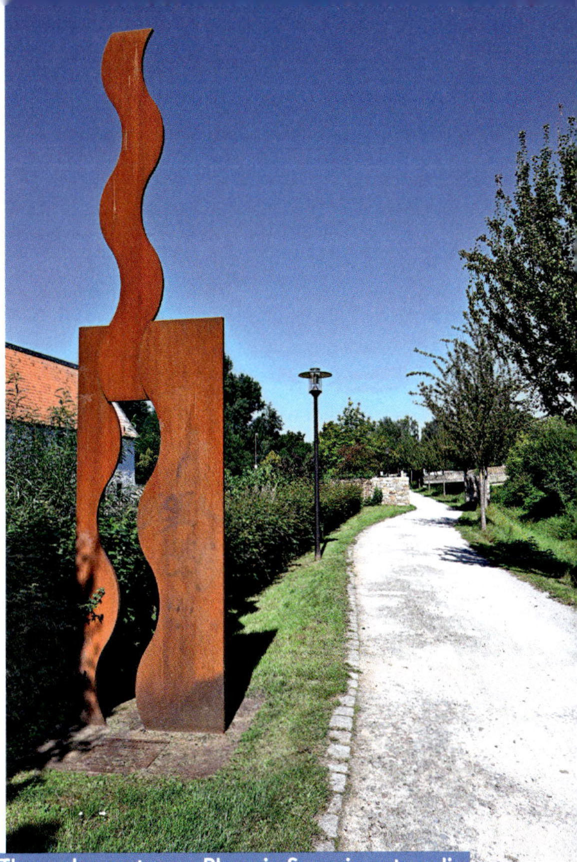

↑ Holzskulptur im Teich am Haus Rodenberg ↗ Der Thomaskonverter am Phoenix-See erinnert an die Geschichte. ↗ Symbol für die Wanderung entlang der Emscher

und gleich rechts neben dem Haus Nummer 138 finden wir die Fortsetzung unseres Fuß- und Radwegs. Dieser mündet in die Röhrenstraße, auf der wir parallel zur Bundesstraße 236 geradeaus weiterwandern und erst an der Meinbergstraße rechts abbiegen, um die Brücke zu unterqueren.

AUF DER LINKEN SEITE sehen wir sogleich den Neuen Kaiserberg, den wir über eine Treppe besteigen können, und der uns einen wunderbaren Ausblick über Dortmund ermöglicht. So können wir zum Beispiel in Richtung Westen das Wahrzeichen Dortmunds, den Florian genannten Fernsehturm, sehen. Doch so weit müssen wir gar nicht schauen, denn schon zu unseren Füßen erstreckt sich eine der jüngeren Sehenswürdigkeiten der Stadt Dortmund – der Phoenix-See. Wenn man heute am Ufer des Phoenix-Sees unterwegs ist, kann man sich kaum vorstellen, wie es noch vor wenigen Jahren ausgesehen hat. Die Hermannshütte ragte in die Höhe und dominierte den gesamten Dortmunder Stadtteil Hörde. Errichtet wurde das Stahl- und Eisenwerk Mitte des 19. Jahrhunderts und noch bis in das 21. Jahrhundert war die Schwerindustrie an diesem Standort tätig. Nach der Stilllegung wurden Teile der Hütte nach China verkauft, andere Werksgebäude riss man ab. Gleichzeitig wurde südlich des Flusses der neu entstandene Phoenix-See geflutet.

WIR GEHEN DEN NEUEN KAISERBERG hinab und teilen uns den Wanderweg mit anderen Spaziergängern und Radfahrern auf der Nordseite des Phoenix-Sees. Zu unserer Rechten sehen wir die moderne und noch junge Wohnbebauung, und auf der linken Seite haben wir die Emscher und gleich dahinter den Phoenix-See mit seinen zwei Inseln. Geradeaus gelangen wir zur Hafenpromenade und zum Hörder Burgplatz, wo sich die gleichnamige **Hörder Burg** erhebt. Nicht weit von der Mündung des Hörder Baches in die Emscher wurde im 12. Jahrhundert die Hörder Burg errichtet. Im Lauf der Jahrhunderte wechselte sie mehrfach ihren Besitzer, jedoch nicht immer freiwillig. Später erwarb der Fabrikant Hermann Diedrich Piepenstock die Burg und große Teile des umliegenden Geländes, um die Hermannshütte zu errichten. Im letzten Jahrhundert diente das Bauwerk als Verwaltungsgebäude des Stahlwerks und wurde in der Folge wenig pfleglich behandelt. So kam es dann im Rahmen der Phoenix-Seeflutung zu einer umfangreichen Sanierung, nach der sich Burg Hörde heute am Westufer des Phoenix-Sees stolz präsentiert.

WIR BLEIBEN AM SEEUFER und haben an der Hörder Burg noch die Möglichkeit, eine kleine Insel zu betreten, auf der sich der sogenannte Thomas-Konverter befindet. Dem Weg am Seeufer folgen wir und erreichen nach einiger Zeit das südöstliche Ende des Phoenix-Sees, wo wir wieder auf die Emscherauen treffen, die im Zuge der Umbaumaßnahmen naturnah gestaltet wurden. Gleich hinter der sogenannten **Flüsterbrücke** unterqueren wir erneut die Bundes-

↓ Die einstige Vorburg vom heutigen Wasserschloss Haus Rodenberg in Aplerbeck

↘ Burg Hörde erhebt sich am Ufer des Phoenix-Sees.

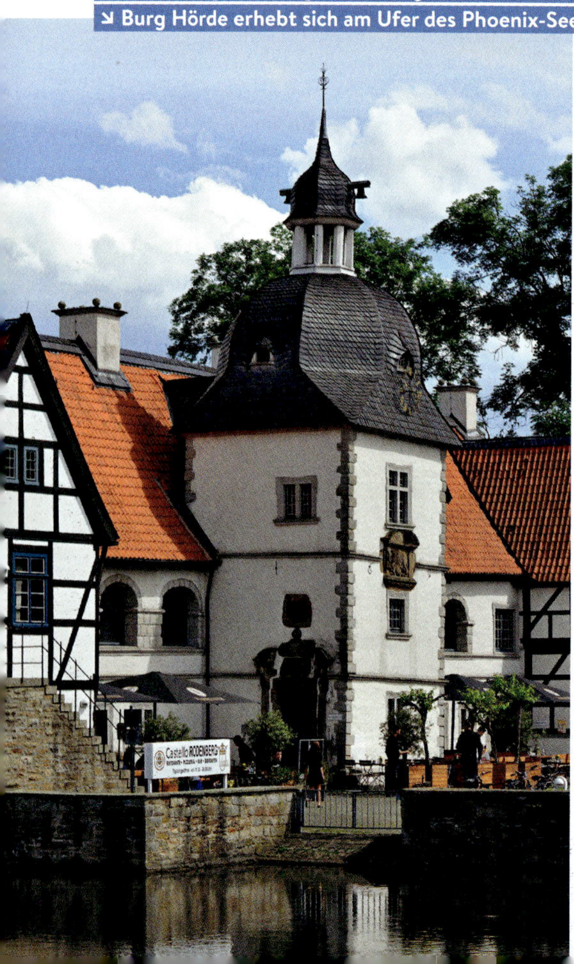

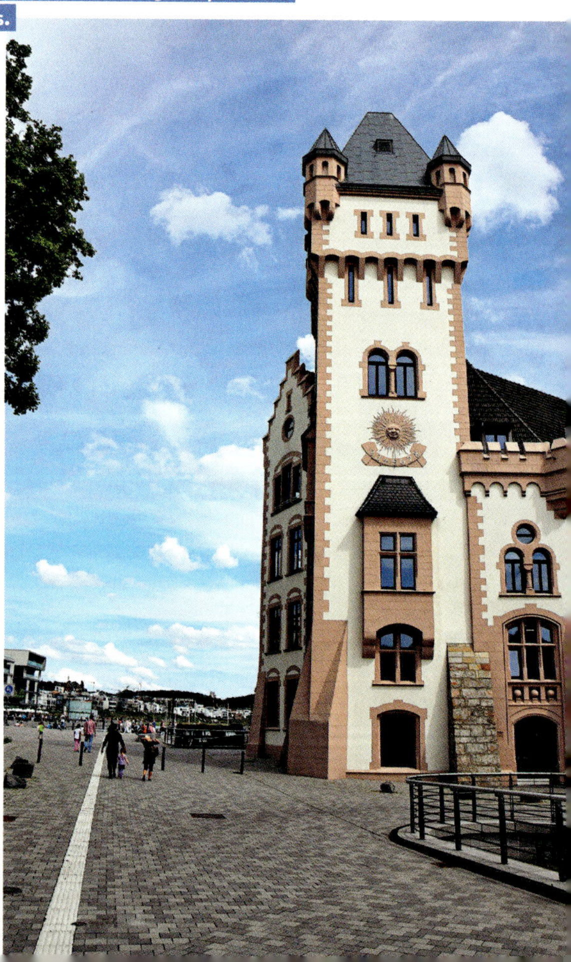

INFO

Leicht	3.30 Std.	ca. 10 km	24Hm

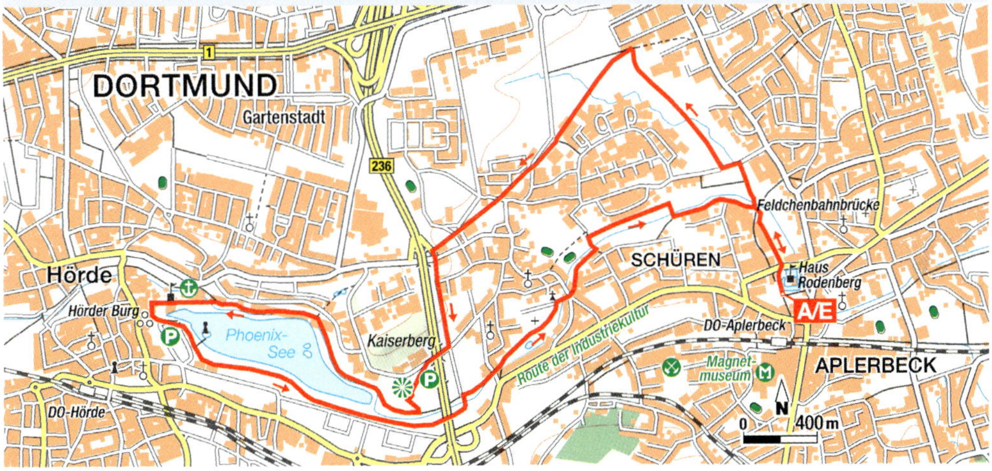

TOURENCHARAKTER
Ausschließlich befestigte Wege im Bereich der Emscher und rund um den Phoenix-See

AUSGANGS-/ENDPUNKT
Haus Rodenberg

ANFAHRT
Mit der U-Bahn bis zur Haltestelle Dortmund-Aplerbeck. Mit dem Auto auf der B1 oder der A1 bis zur B236. Dort weiter bis zur Schüruferstraße und rechts zum Haus Rodenberg

GEHZEITEN
Bis Feldchenbahnbrücke 0.20 Std. – Kaiserberg 1.15 Std. – Phoenix-See-Nordufer 1.30 Std. – Burg Hörde 2.00 Std. – Haus Rodenberg 3.30 Std.

BESTE JAHRESZEIT
Ganzjährig

EINKEHR
Verschiedene Einkehrmöglichkeiten am Haus Rodenberg und am Phoenix-See

straße 236 und lassen den Standort des ehemaligen Stahlwerks hinter uns. Wir überqueren die Emscher, wenden uns nach rechts und folgen dem Weg durch die Auen. Auf der linken Seite passieren wir einen Friedhof und sehen gleich dahinter die gelbe Fassade der evangelischen Kirche aus der ersten Hälfte des letzten Jahrhunderts.

ERNEUT ÜBERQUEREN WIR die Emscher und gehen auf der anderen Straßenseite in die Straße Schürener Vorstadt hinein. Dieser folgen wir an zwei Fachwerkhäusern vorbei, um wenig später wieder parallel zum Fluss zu wandern und abermals die Uferseite zu wechseln. Kurz hinter der Überquerung gehen wir nach rechts und wandern mit Blick auf die Emscherauen an mehreren Sitzgruppen vorbei, die uns kurz vor Ende der Wanderung nochmals Gelegenheit zu einer idyllischen Rast bieten. Vor einer Kleingartenanlage halten wir uns rechts, überqueren erneut den Fluss und wandern an seinem Ufer, bis wir die Feldchenbahnbrücke wiedererkennen. Gleich dahinter bleiben wir auf dem bereits bekannten Weg und gelangen zum Haus Rodenberg an der Rodenbergstraße.

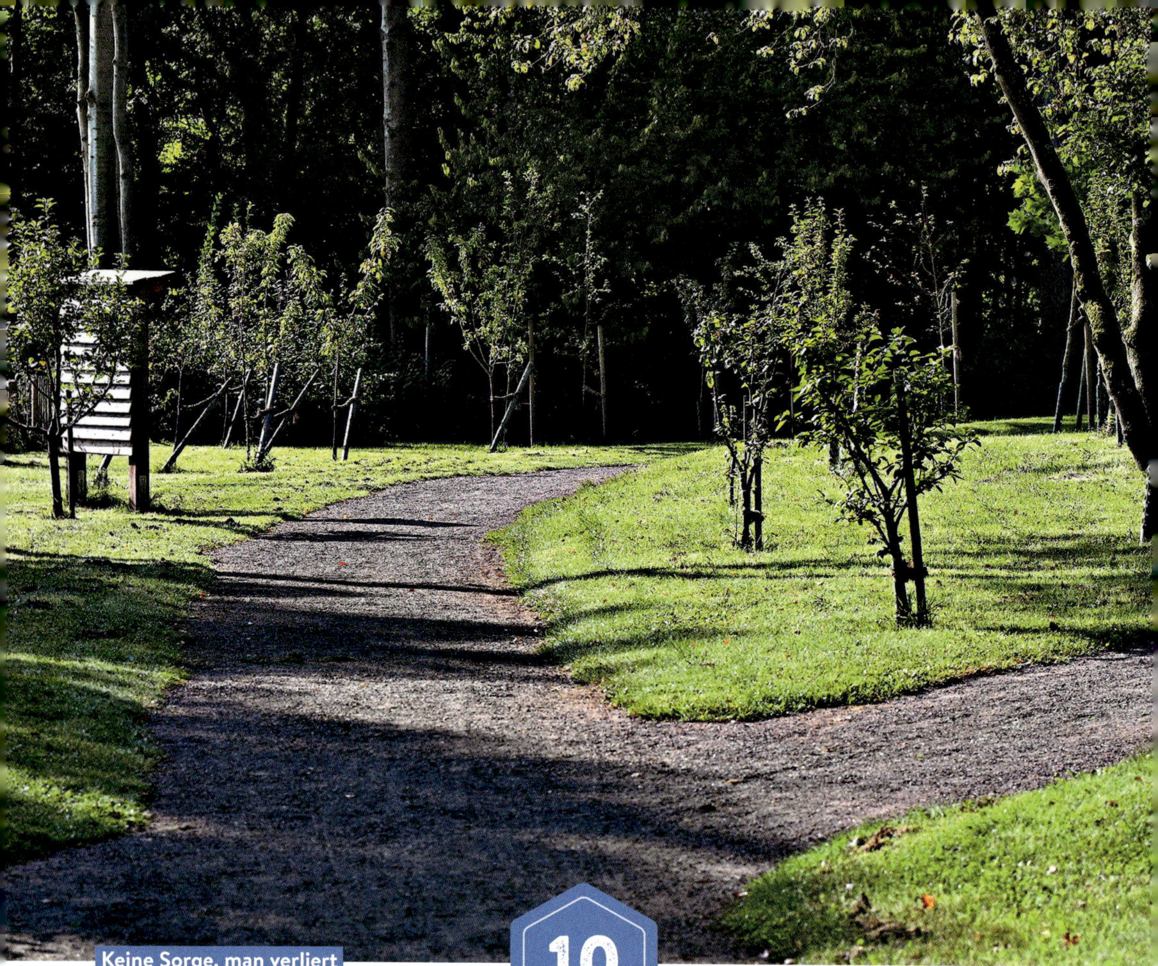

Keine Sorge, man verliert auch auf dieser Wanderung nicht den Überblick.

10

Wanderung auf ehemaligen Bahntrassen

Unterwegs vom Nienhauser Busch zur Schurenbachhalde

Sie sind aus dem Ruhrgebiet nicht mehr wegzudenken: zahlreiche Bahntrassen, auf denen früher überwiegend Güter und Kohle transportiert wurden. Heute sind sie zu einem wichtigen Bestandteil des Radverkehrs in der Region geworden. Aber sie können natürlich auch Langschläfern für eine bequeme Wanderung dienen.

STARTEN WIR IM NIENHAUSER BUSCH und gehen auf der anderen Straßenseite in die nächste Grünanlage hinein. Mit wenigen Schritten gelangen wir so zu einem idyllischen See. Der Revierpark Nienhausen wurde im Jahr 1972 angelegt und ist ein beliebtes Naherholungsziel mit zahlreichen Möglichkeiten der Freizeitgestaltung. Er bietet einen Minigolfplatz, Tennisplätze, Liegewiesen, Grillplätze und einen Teich, an dessen Ufer zahlreiche Vögel zu beobachten sind.

WIR GEHEN AM SEE ENTLANG und biegen am Ende des Gewässers rechts ab. Unter den dichten Baumkronen hindurch gelangen wir zu einem Parkplatz, auf dem wir Zugang zum Nordsternweg finden. Auf der alten Bahntrasse gehen wir geradeaus weiter und überqueren auf der blauen Brücke die Katernberger Straße, die nach dem Essener Stadtteil benannt ist und die beiden Ruhrstädte Essen und Gelsenkirchen miteinander verbindet. Zu unserer Linken blicken wir auf Essen, während sich rechts Gelsenkirchen befindet. Wenig später sind wir auf dem Gelände der ehemaligen Schächte 4/5/11 der Zeche Zollverein unterwegs – heute noch an dem einstigen Fördermaschinenhaus und der Protegohaube zu erkennen. Letztere besteht im Wesentlichen aus einer Armatur, wie man sie in der Regel über einem stillgelegten Bergwerksschacht montiert. Über diese Einrichtung kann noch anfallendes Grubengas sicher und kontrolliert an die Umwelt abgegeben werden.

WIR BLEIBEN AUF DER TRASSE der einstigen Werksbahn und überqueren schon bald auf der nächsten Brücke die Meerbrucher Straße, womit wir einen schönen Blick auf die Kolonie Hegemannshof haben – eine klassische Zechensiedlung des Ruhrgebiets. Im weiteren Verlauf ist die Strecke mit leichten Kurven gespickt, und die Aussichten werden weniger. Fast scheint es, als wären wir in einem Hohlweg unterwegs, da sich das Gelände rechts und links ein wenig erhebt. Wir durchschreiten mehrere Unterführun-

Tipp

BRAMME FÜR DAS RUHRGEBIET

Sie ist 15 Meter hoch und wurde vom amerikanischen Bildhauer Richard Serra aufgestellt, der auch in anderen Städten mit Stahlskulpturen Aufmerksamkeit erregte. So zum Beispiel im Guggenheim-Museum in Bilbao und auf dem Federal Plaza in New York.

Sehenswert, wie die Bäume hier etwas unentschlossen in die Höhe wachsen.

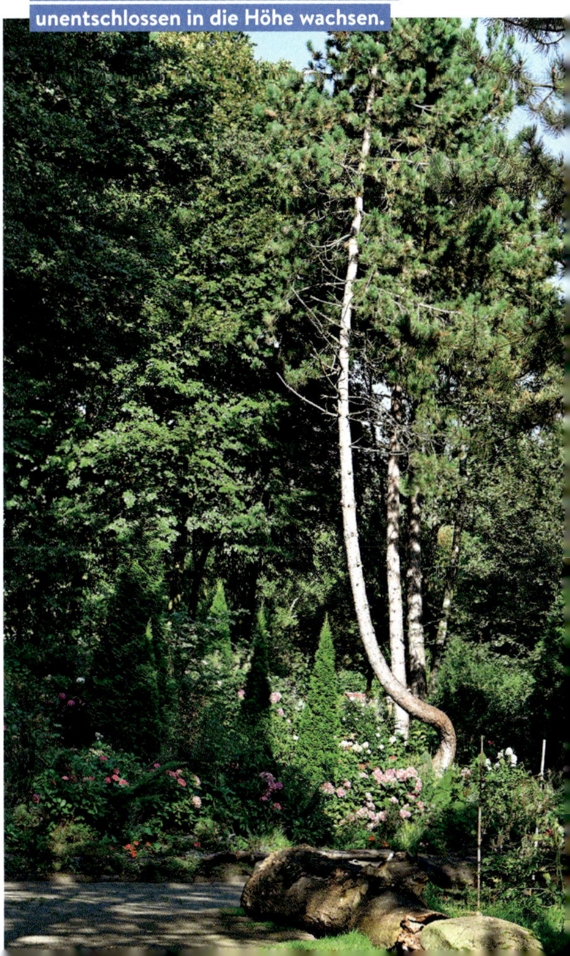

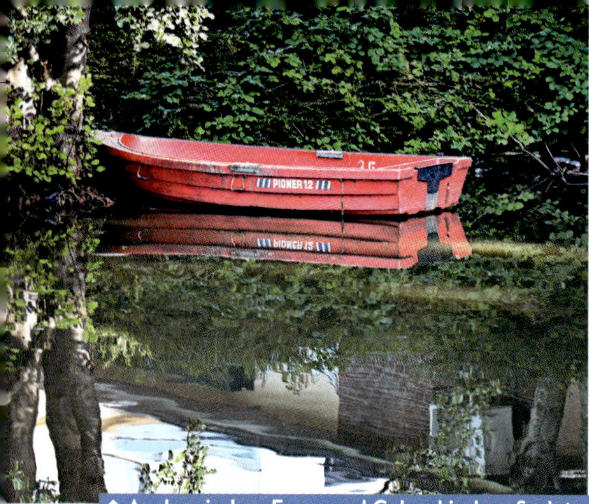

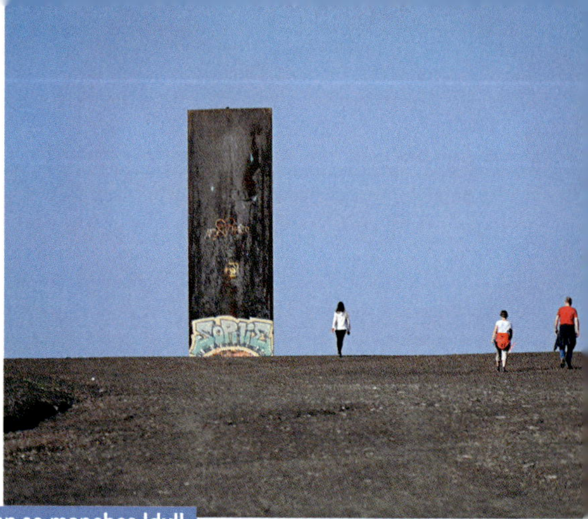

↑ Auch zwischen Essen und Gelsenkirchen findet man so manches Idyll.
↗ Die Bramme für das Ruhrgebiet steht auf der Schurenbachhalde.

gen und unterqueren dabei eine Bahntrasse, kleine Straßen und zu guter Letzt die Autobahn 42. Wir biegen halb links ab und machen uns daran, die hoch aufragende Schurenbachhalde zu unserer Linken zu erklimmen.

50 METER ragt die Schurenbachhalde in die Höhe. Sie entstand überwiegend durch den Abraum der Zeche Zollverein. Im Fall der Schurenbachhalde ist es, anders als bei anderen Halden im Ruhrgebiet, ausdrücklich gewollt, dass das Gipfelplateau nicht bepflanzt ist, sondern wie eine karge Mondlandschaft wirkt. Neben dem herrlichen Rundumblick, der bis zur Skyline von Essen, zum Tetraeder in Bottrop und über den Nordsternpark in Gelsenkirchen reicht, fällt eine aufrecht stehende Stahlplatte auf – die sogenannte Bramme für das Ruhrgebiet.

AN DEM LEICHT AUFSTEIGENDEN WEG wandern wir auf einer alten Betonpiste, die an den einstigen Industriestandort erinnert. Kurz darauf wird es ein wenig steiler und der Schotter knirscht unter unseren Schuhen, während wir Höhenmeter für Höhenmeter erklimmen. Wir bleiben auf dem Hauptweg und durchqueren eine weite Linkskurve, bis das Grün der Halde der kargen Mondlandschaft auf dem Gipfelplateau weicht und sich vor uns die angerostete Landmarke Bramme für das Ruhrgebiet erhebt.

WIR GENIESSEN DEN RUNDUMBLICK auf der Schurenbachhalde und sehen im Süden die unverkennbare Hochhausskyline von Essen (Luftlinie 7 km). Drehen wir uns in Richtung Nordost, blicken wir auf Gelsenkirchen, das gut an der Veltins-Arena (5,5 km) zu erkennen ist. Jetzt noch ein bisschen weiter nach links, und wir sehen auf einer weiteren Halde den Tetraeder (4,5 km) in Bottrop. Wir verlassen die Schurenbachhalde nicht über denselben Weg, sondern behalten unsere ursprüngliche Gehrichtung bei. Dabei gelangen wir zu einer Treppe, die uns bis zur Emscherstraße hinabbringt. Vor der Autobahnbrücke biegen wir links ab und folgen dem Weg, bis wir die Kreuzung kurz vor dem Rhein-Herne-Kanal wiedererkennen. Hier gehen wir zweimal scharf rechts und befinden uns wieder auf der Bahntrasse des Nordsternwegs. An dem Gebäude des ehemaligen Stellwerks verlassen wir die Bahntrasse nach links und machen uns an den deutlich geringeren Aufstieg auf die Halde Zollverein.

AN DER ERSTEN MÖGLICHKEIT wenden wir uns nach rechts, biegen wenige Meter darauf erneut rechts ab und folgen dem Weg in einem weiten Linksbogen, bis wir nicht nur den weiten Ausblick genießen können, sondern auch die Halde überqueren. Wir halten uns rechts, gehen durch eine weitere Rechtskurve und biegen an der ersten Möglichkeit beim Abstieg links ab. Es dauert nicht lange, bis wir auf der rechten Seite eine Fußgängerbrücke sehen. Sie bringt uns über den Schwarzbach, und wir biegen gleich dahinter rechts ab. Durch die weiterhin grüne Landschaft wandern wir bis zur Feldmarkstraße, überqueren diese und bleiben stets geradeaus. Erst vor den gepflegten Häuschen einer Kleingartenanlage wenden wir uns nach rechts, überqueren erneut den Schwarzbach und passieren unmittelbar darauf das Freibad des Revierparks Nienhausen, womit wir unseren Ausgangspunkt wieder erreichen und uns von der Wanderung im Schatten der Bäume erholen können.

INFO

Leicht | 3.30 Std. | ca. 12 km | 96 Hm

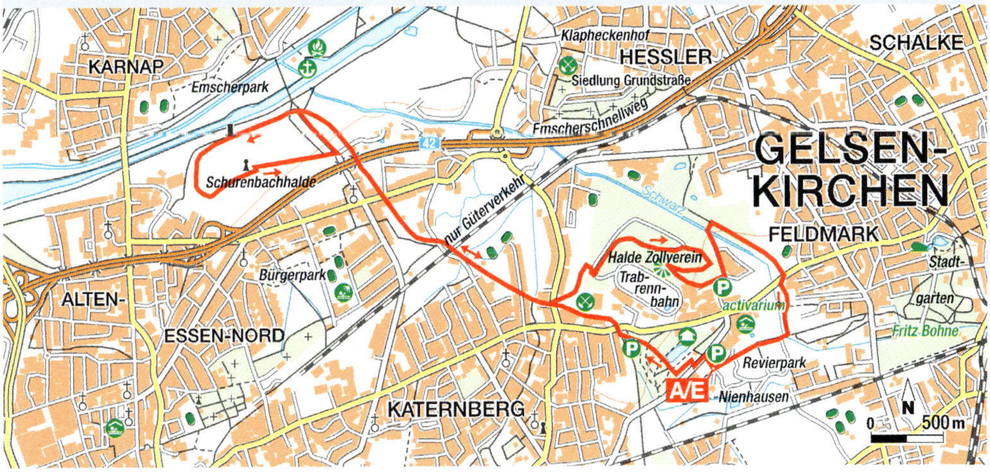

TOURENCHARAKTER

Mix aus asphaltierten Bahntrassen und geschotterten Wegen sowie Anstiegen auf die Halden

AUSGANGS-/ENDPUNKT

Revierpark Nienhausen/Nienhauser Busch

ANFAHRT

Mit der Straßenbahnlinie 107 zwischen Essen Hbf. und Gelsenkirchen Hbf. bis zur Haltestelle Revierpark Nienhausen. Mit dem Auto die A42 an der Ausfahrt Gelsenkirchen-Heßler verlassen und auf dem Lehrhovebruch bis zur Katernberger Straße, dort links bis zum Nienhauser Busch

GEHZEITEN

Bis Schurenbachhalde 1.30 Std. – Halde Zollverein 3.00 Std. – Revierpark Nienhausen 3.30 Std.

BESTE JAHRESZEIT

Ganzjährig

EINKEHR

Restaurant Waldhaus am See, Nienhausenstraße 43, 45883 Gelsenkirchen, Tel. 0209/444 87, www.waldhaus-gelsenkirchen.de

Zwei Touren in einer

Genussvolle Tour am Schloss Raesfeld in der Hohen Mark

Diese Tour bietet sich für Langschläfer geradezu an, auch wenn die Kilometerangabe anderes vermuten lässt. Denn es handelt sich um zwei Rundwege, die einander berühren. Jeder kann einzeln für sich erwandert werden – oder man nimmt es sportlich und man lernt Schloss Raesfeld und den Dämmer Wald gleichzeitig kennen.

11

Schloss Raesfeld ist ein sehenswerter Ausgangspunkt für diese Tour.

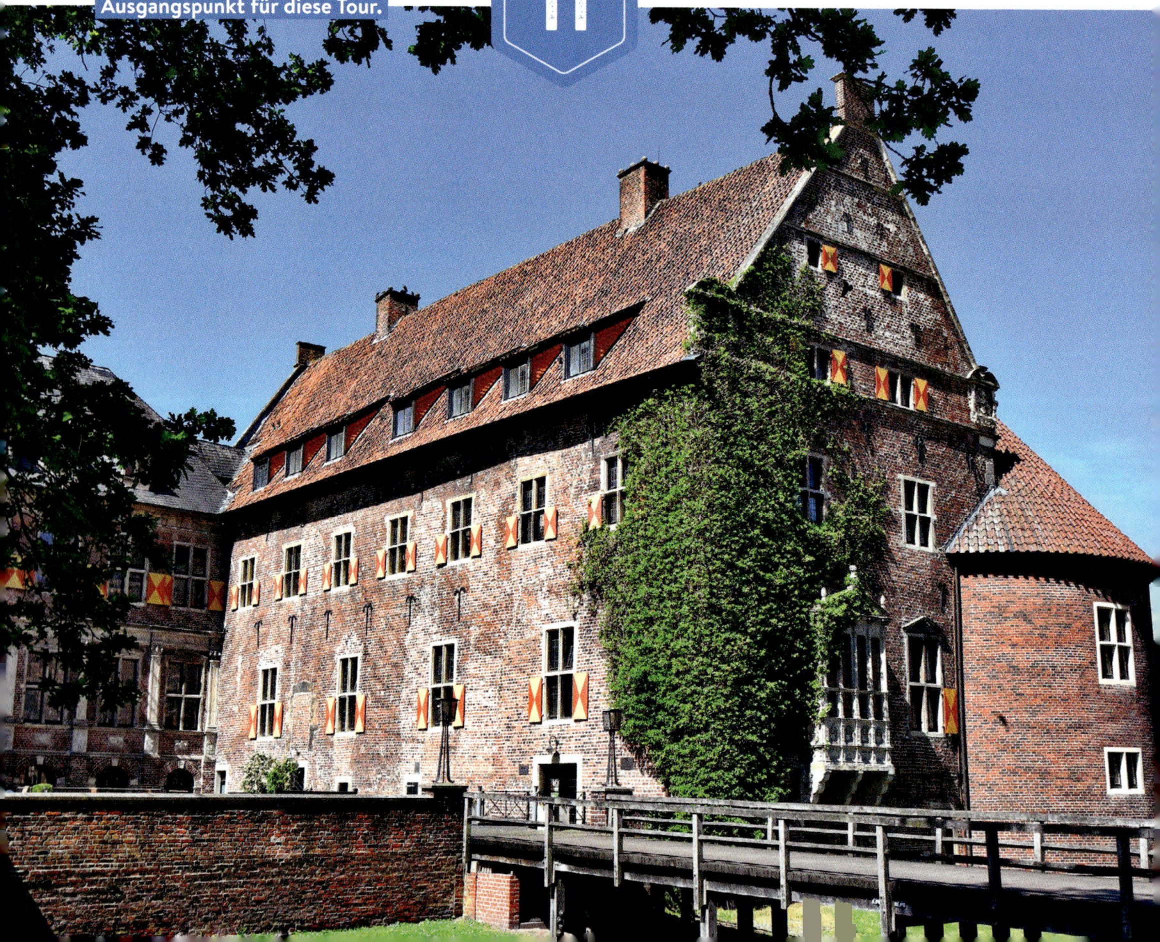

NACH DER BESICHTIGUNG von Schloss Raesfeld machen wir uns auf, in Richtung Dämmer Wald zu wandern. Auf der Südseite des Großen Teiches, der sich um das Schloss erstreckt, befindet sich das Naturparkhaus, dem wir noch einen Besuch abstatten und an dem wir neben dem Toilettenhäuschen in den Wald spazieren. An einer T-Kreuzung biegen wir links ab und halten uns an der ersten Gabelung halb rechts. Wir gelangen zu einer Kreuzung, an der wir geradeaus weitergehen, doch schon nach wenigen Metern macht uns der Abzweig zur Wellbrockquelle neugierig. Diesen kleinen Bogen schlagen wir noch ein und sehen schon bald einen Granitfindling, aus dem durch zwei Löcher das Wasser hervorquillt.

ZURÜCK AUF DEM HAUPTWEG halten wir uns rechts und wandern bis zur nächsten Kreuzung, an der wir wiederum nach links in Richtung Süden abbiegen. Der als Maxstraße bezeichnete Weg bringt uns durch den Wald und aus ihm heraus. Wir biegen nach rechts ab und wandern am Waldrand entlang, wo wir schon bald den Lehmbrockweg erreichen. Wer sich für die Kurztour am Schloss Raesfeld entscheidet, wandert hier nach rechts. Auf dem Lehmbrockweg erreichen wir nach kurzer Zeit die Überreste einer alten Wassermühle, die an einem Rastplatz malerisch in die Höhe ragen. Gleichzeitig betreten wir hier halb rechts wieder das Naturschutzgebiet Tiergarten am Schloss Raesfeld und wandern halb rechts in den Wald hinein.

AN MEHREREN LICHTUNGEN VORBEI, sehen auf der linken Seite ein Forsthaus und stehen wenig später vor einem von insgesamt zwei Fischteichen. Zwischen diesen beiden wandern wir hindurch, passieren ein weiteres kleines Gewässer und gelangen zum sogenannten Langen Teich, an dessen Ufer wir geradeaus durch den Wald wandern, bis dieser sich lichtet und wir wieder freien Blick auf das Schloss Raesfeld haben.

FÜR DIE LÄNGERE TOUR durch den Dämmer Wald halten wir uns an dem Abzweig am Lehmbrockweg links, gelangen zu einer Kreuzung mit Picknickplatz und Angelteich und gehen auf dem Sträßchen Elsfort geradeaus. Am Abzweig zum Mölmsfeld spazieren wir geradeaus am Rastplatz vorbei. Kurz darauf überqueren wir die Dämmerwaldstraße, passieren einen Hof und wandern auf dem Klusenweg geradewegs wieder in den Dämmer Wald hinein, womit wir das gleichnamige Naturschutzgebiet erreicht haben.

Tipp

NATURSCHUTZGEBIET DÄMMER WALD

Der Dämmer Wald ist ein beliebtes und wichtiges Naherholungsgebiet für die Bevölkerung im nördlichen Ruhrgebiet. Denn er ist eines der wenigen unzerschnittenen Waldgebiete der Region und bringt es immerhin auf eine Breite von fast 7 Kilometern. In Nord-Süd-Ausdehnung sind es immerhin noch über 3 Kilometer, die man zurücklegen muss, um den Dämmer Wald zu durchqueren. Die Bäume im Dämmer Wald sind teilweise über 100 Jahre alt. Bei den meisten handelt es sich um Eichen und Buchen. Gelegentlich sieht man aber auch Kiefern, Lärchen und Fichten. Um das Ursprüngliche des Forstes zu erhalten, wird Totholz in einigen Fällen stehen gelassen, um damit Lebensraum für Kleintiere zu erhalten. In den etwas feuchteren Bereichen im Nordosten des Waldes kann man auch den seltenen Moorfrosch erleben.

INFO

TOURENCHARAKTER
Fast ausschließlich Waldwege ohne nennenswerte Steigungen

AUSGANGS-/ENDPUNKT
Schloss Raesfeld

ANFAHRT
Mit dem Bus nur Verbindung bis zur Haltestelle Raesfeld-Kirche im Ortszentrum. Von dort erst noch Fußweg bis zum Schloss. Mit dem Auto über die B224 bis Raesfeld und weiter zum Schloss

GEHZEITEN
Bis Informationscenter 0.10 Std. – Dämmer Wald 1.30 Std.

BESTE JAHRESZEIT
Ganzjährig

EINKEHR
Restaurant Schloss Raesfeld, Freiheit 27, 46348 Raesfeld, Tel. 02865/204 40, www.restaurant-schloss-raesfeld.de und weitere Restaurants im Umfeld des Schlosses, Gasthof Pannebäcker, Malberger Str. 49, 46514 Schermbeck, Tel. 02853/23 43, www.gasthof-pannebaecker.de

Leicht	6.00 Std. (alternativ 2.30 oder 3.00 Std.)	ca. 20 km (alternativ ca. 9 km und 13 km)	32Hm

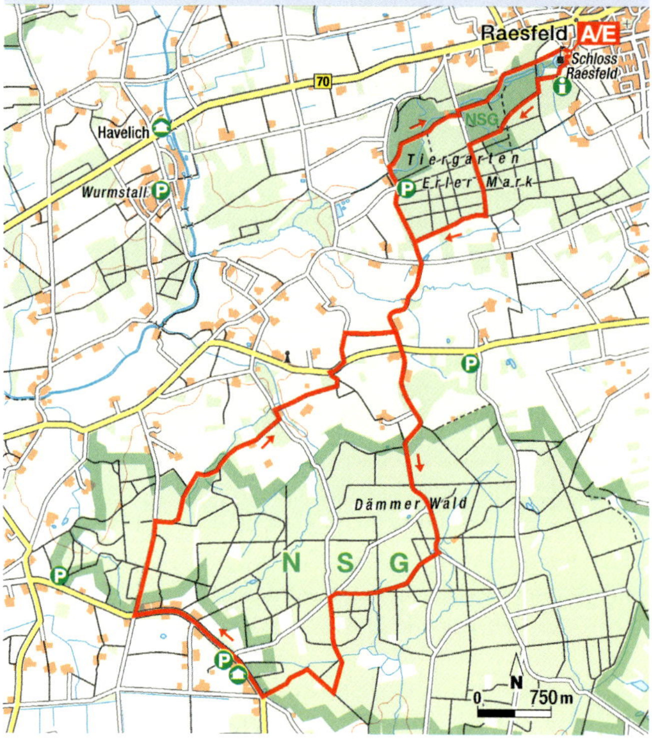

AUF DEM KLUSENWEG gehen wir tiefer in den idyllischen Wald, biegen an der ersten Möglichkeit nach links ab und passieren eine Schranke. Es folgt ein zunächst schnurgerade verlaufender Waldweg bis zu einer Kreuzung. Wir überqueren die Kreuzung und wandern weiter geradeaus bis zu einem überdachten Picknickplatz, wo wir rechts auf einen Weg namens Am Grünen Rock abbiegen.

AUCH DIESEM WEG folgen wir weiter durch das idyllische Naturschutzgebiet, in dem wir immer wieder Ausschau nach wild lebenden Tieren halten. Er mündet in den Querweg Zum Kuhschott, auf dem wir für wenige Meter nach links weiter gehen, um schon an der nächsten Kreuzung erneut nach links abzubiegen. Auf dem Hogefeldsweg gehen wir nun bis zu einer T-Kreuzung, wenden uns an dieser nach rechts und wandern durch eine Linkskurve bis zum Ende des Waldes, wo uns die Malberger Straße erwartet.

WIR WENDEN UNS NACH RECHTS und folgen dem Rad- und Fußweg neben der Malberger Straße bis zu einem Wanderparkplatz. Hier könnte man parken, wenn man nur die Runde durch den Dämmer Wald ohne die Tour im Bereich vom Schloss Raesfeld absolvieren möchte. An einer Schranke vorbei, wandern wir auf dem Schultenweg geradeaus durch den dichten und gemütlichen Wald und erreichen nach 950 Metern den dritten nach rechts abzweigenden Weg. Diesem folgen wir, halten uns aber gleich an der nächsten Möglichkeit wieder nach links, um weiter Richtung Norden zu wandern.

MIT ZAHLREICHEN EINDRÜCKEN der Natur erreichen wir den nördlichen Rand des Dämmer Waldes, wo wir an einem Feldrand halb rechts weiterwandern. Ein schmaler Pfad führt wenig später wieder rechts in den Wald, bis wir zu einer Gabelung gelangen. Hier biegen wir halb links auf den Hülsenweg ab, um den westlichen Bereich des Naturschutzgebietes vorläufig zu verlassen. An einer Schranke gehen wir vorbei, lassen die Häuser auf der rechten Seite unberücksichtigt und haben am Ende einer kleinen Lichtung die Möglichkeit, an einem Picknickplatz eine kurze Wanderrast einzulegen. Bei der folgenden T-Kreuzung biegen wir links in die Hogefeldstraße ein und wenden uns gleich nach dem Wohnhaus rechts in die kleine Straße Im Birkenschladt. Dieser folgen wir durch die Felder bis zu einer weiteren Querstraße, an der wir uns abermals nach links wenden.

DABEI UMRUNDEN WIR ein kleines Wäldchen und treffen auf die Dämmerwalder Straße. Diese kleine Straße ist glücklicherweise nicht stark befahren, und wir werden ihr nach rechts auch nur für 150 Meter folgen. Dann wenden wir uns schon wieder nach links in den Laurenzweg. Mit einem über die Felder schweifenden Blick will unser Zickzack-Kurs nicht enden. Gleich an der ersten Möglichkeit biegen wir schon wieder nach rechts in das Sträßchen Mölmsfeld ab, wo wir am Ende, genauer gesagt am Klusenweg, einen weiteren Rastplatz finden.

WIR WENDEN UNS NACH LINKS und wandern auf dem nun kurvigen Weg an einem Wohnhaus vorbei. Wenig später erkennen wir den Schnittpunkt beider Rundwege wieder und folgen entweder dem bereits bekannten Weg oder dem oben beschriebenen Weg weiter.

↓ Man fühlt sich beim Schloss Raesfeld schon beinahe ins Mittelalter versetzt.

↘ Mit viel Mühe entstand diese Dame aus Holz.

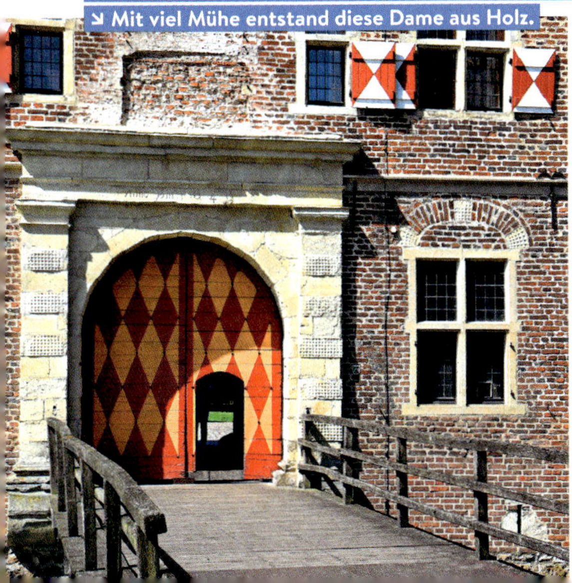

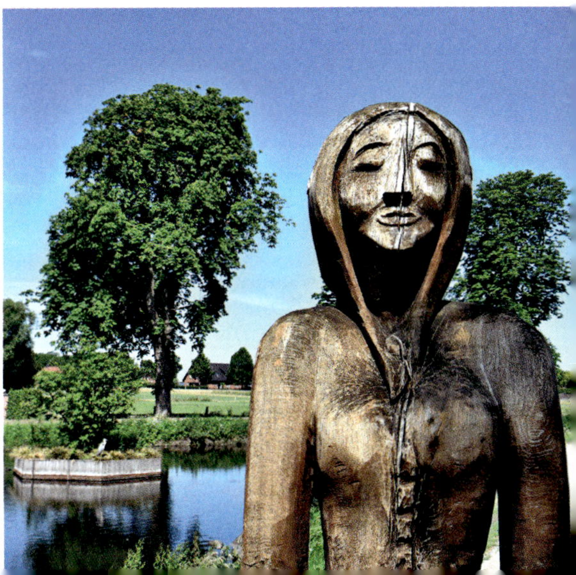

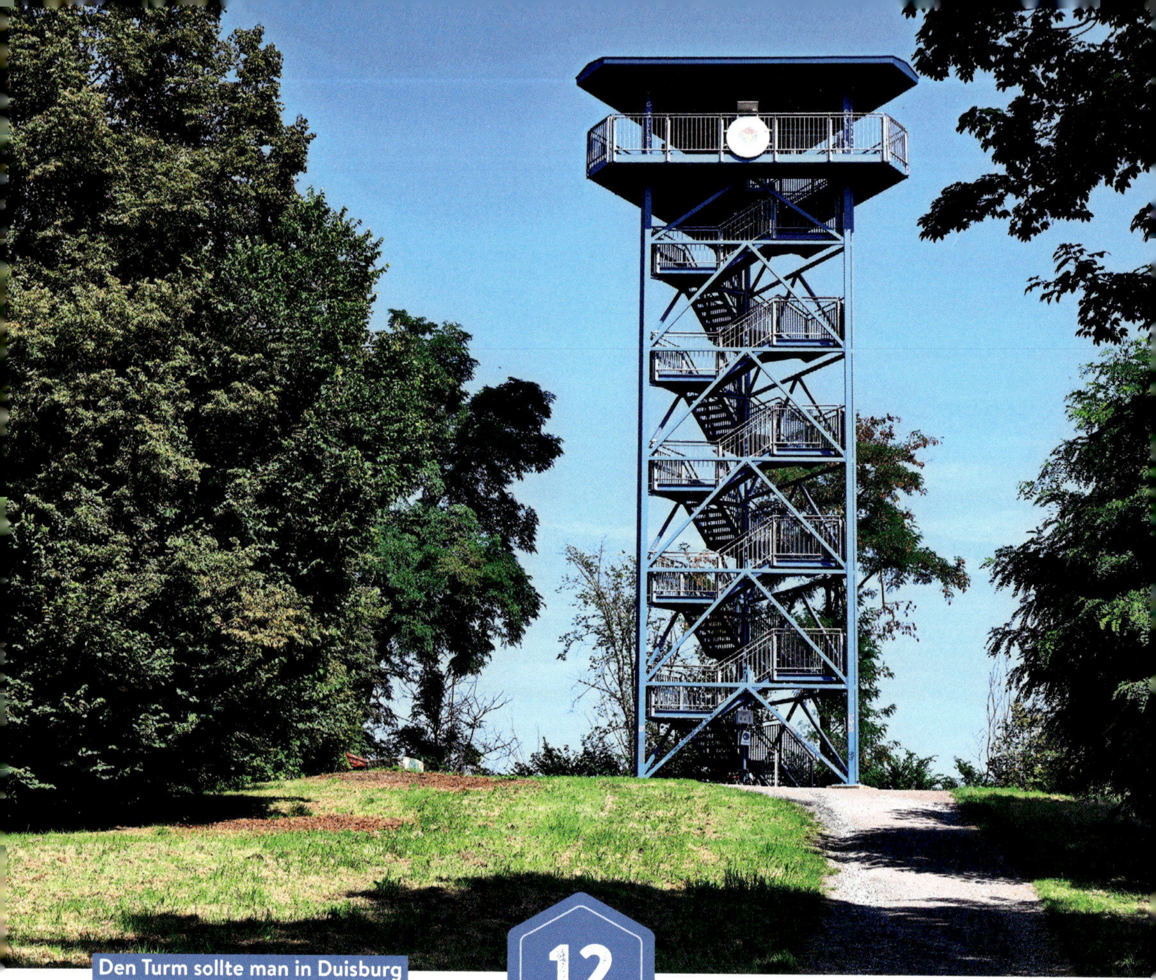

Den Turm sollte man in Duisburg ruhig mal besteigen.

12

Wasser, Wälder und Wandern

Naturgenuss auf der Duisburger Seenplatte

Gegen den Uhrzeigersinn geht es um die Seen der waldreichen Landschaft der Sechs-Seen-Platte im Duisburger Süden. Höhepunkt ist mittendrin die Besteigung des Aussichtsturmes, der Blicke über die Gewässer bis zum Düsseldorfer Fernsehturm ermöglicht.

DER PARKPLATZ befindet sich im Norden der Sechs-Seen-Platte in einer Sackgasse, die beinahe einer Landzunge zwischen Wambachsee und Masurensee ähnelt. Wir orientieren uns am Wambachsee und wandern an seinem Ufer in südlicher Richtung bis zum Eingang des Freibads.

VOR DEM FREIBAD biegen wir ab und haben den Wambachsee auf der rechten Seite. Auf diesem See ist das Segeln und Surfen nicht erlaubt, dafür können Taucher das bis zu 12 Meter tiefe Gewässer nutzen. An einer leichten Erhöhung treffen wir auf einen überdachten Picknickplatz. Direkt dahinter biegen wir links und an der nächsten Möglichkeit wieder rechts ab. Vor uns bzw. auf der linken Seite erstreckt sich nun der Böllertsee. Er ist einer der kleineren Seen und wir wandern zunächst an seinem Nord- und

Tipp

SECHS-SEEN-PLATTE

Die Sechs-Seen-Platte besteht aus dem Wambachsee, Masurensee, Böllertsee, Wolfssee, Wildförstersee und dem Haubachsee. Alle Seen sind miteinander verbunden, besonders der Wildförster- und der Wolfssee gehen so sehr ineinander über, dass man beim ersten, oberflächlichen Blick auf die Karte zunächst nur fünf Seen zählen wird. Entstanden sind die Seen der Reihe nach durch Sand- und Kiesausgrabungen. Dabei war das Areal vor rund 100 Jahren noch eine Sumpflandschaft mit einem entsprechend hohen Grundwasserspiegel. Ein ursprünglicher Plan, die Seen mit Industrieschutt aus Dortmund aufzufüllen, wurde zum Glück nicht umgesetzt. Vielmehr erwarb die Stadt Duisburg das Gelände vom damaligen Besitzer, dem Grafen von Spee, und schuf ein Naherholungsgebiet.

Über kleine Brücken wandert man an der Sechs-Seen-Platte.

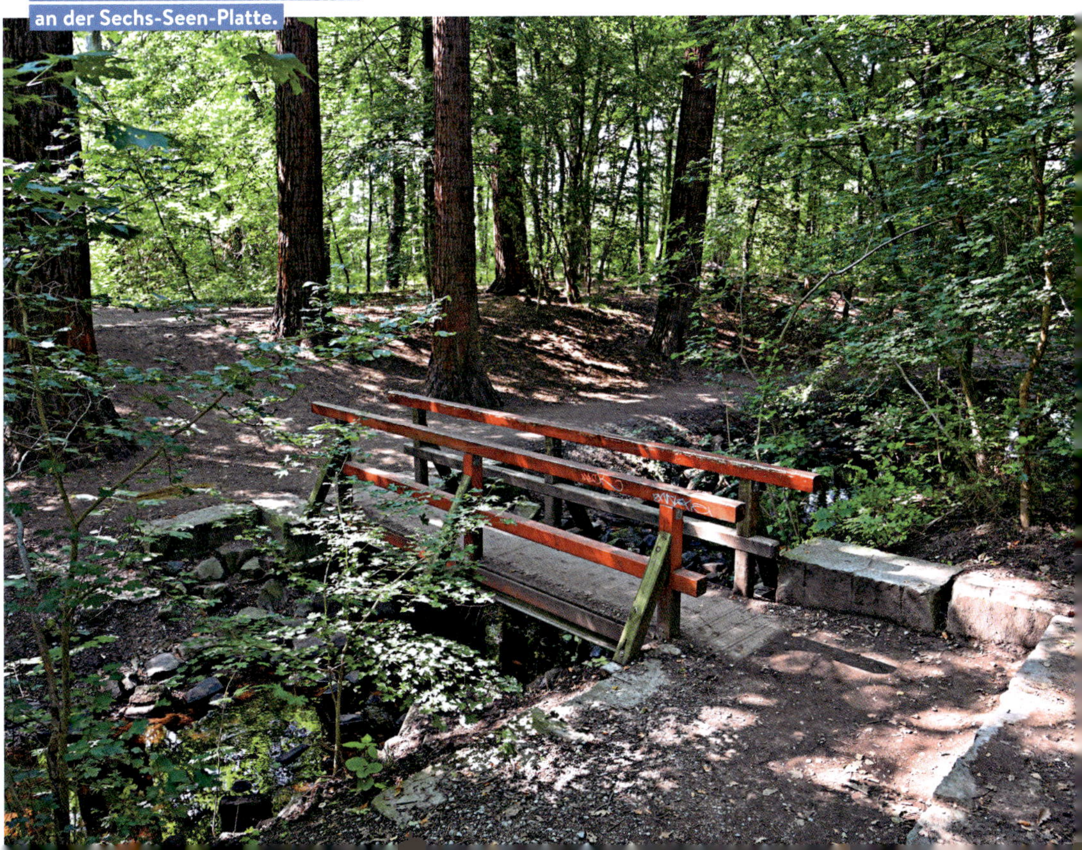

wenig später an seinem Westufer entlang. Dabei passieren wir einen Kinderspielplatz und erreichen wenig später einen neu angelegten und ebenfalls überdachten Rastplatz – unübersehbar wegen der leuchtend roten Steinstelen, die dort als Kunstprojekt aufgestellt wurden. Von diesem Rastplatz hat man auch einen ersten Blick auf den Aussichtsturm, der sich noch in einiger Entfernung befindet und auf unserem Weg liegt.

WIR GEHEN IN SÜDLICHER RICHTUNG, dabei entfernt sich unser Weg langsam vom Ufer und wird auf beiden Seiten von Baumbewuchs flankiert. Auf der rechten Seite können wir gerade so die Gebäudekomplexe der Duisburger Unfallklinik ausmachen, während wir uns erst halb rechts und sofort darauf halb links auf dem Hauptweg halten. Der kurvige Wanderweg schlängelt sich in Ufernähe des Wolfssees entlang. Dieser geht wenig später und fast unbemerkt in den kleineren Wildförstersee über. In beiden Seen leben Barsche und Hechte. Letztere können es auf über 20 Pfund bringen, was vor allem Angler freut, die ihre Rute auswerfen dürfen.

Als Wanderer kann man sich dem See aber nur an vereinzelten Stellen nähern, da die Uferzone mit Rohrkolben, Röhricht und Binsengras dicht bewachsen ist. Der Bewuchs bietet den zahlreichen Wasservögeln nicht nur einen Sichtschutz, sondern auch ideale Brutmöglichkeiten. Aber auch Amphibien wie Kröten, Frösche und Molche finden hier einen optimalen Lebensraum.

WIR UMRUNDEN den südlichsten Punkt des Wildförstersees und gelangen zu einem kleinen Landvorsprung mit einer ausführlichen Informationstafel, die über die Entstehung und Gestaltung des Sees unterrichtet. Wir bleiben auf dem Hauptweg, halten uns links und biegen erst an einer Kreuzung rechts ab, an der sich ein Transformatorhäuschen befindet. Damit verlassen wir den Wildförstersee und umwandern als Nächstes den Haubachsee. Allerdings bekommen wir diesen vorläufig nicht zu Gesicht, da der Wanderweg zu weit vom Ufer entfernt liegt und zunächst durch ein flaches Waldgebiet verläuft. Dabei gelangen wir zu einer T-Kreuzung, an der wir links abbiegen, um dem fast schnurgeraden Weg zu folgen. Von hier aus könnten wir weiter Richtung Süden

Steil hinauf geht es zwischen Wambachsee und Wolfssee.

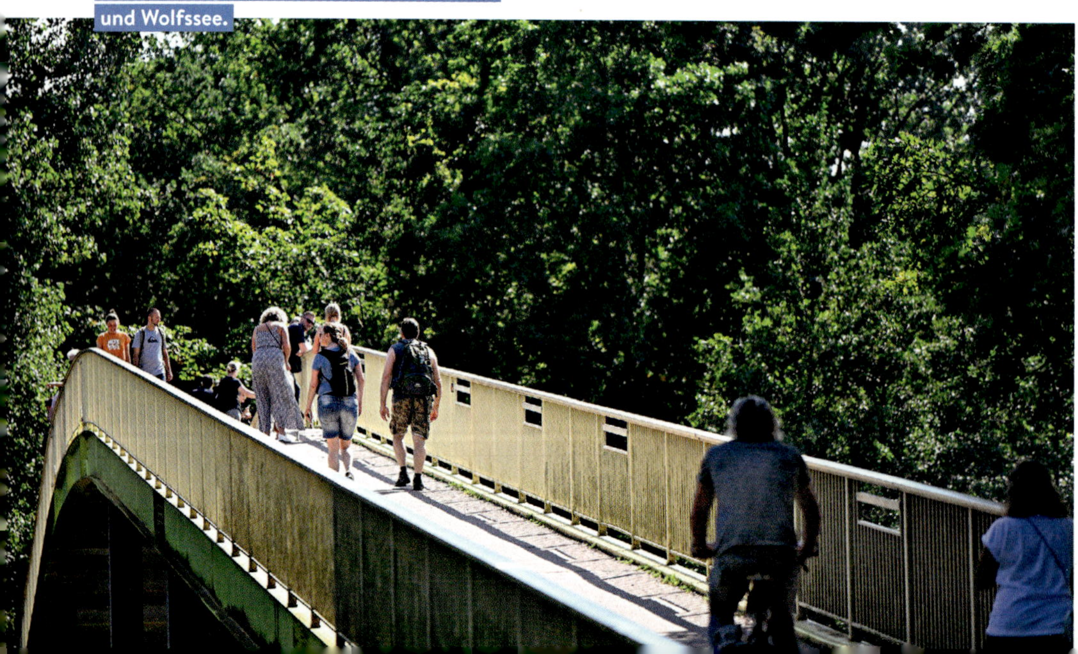

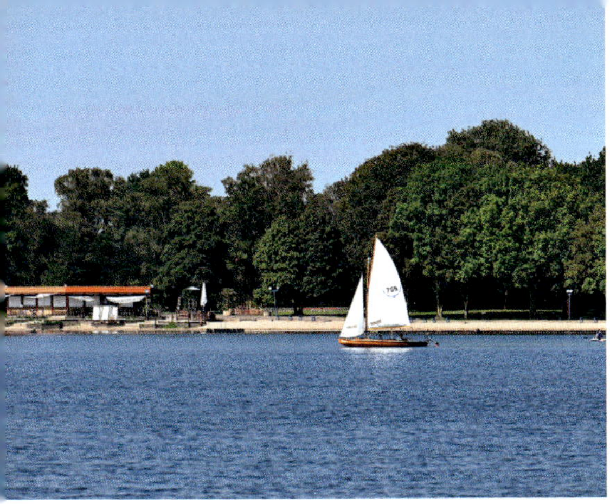

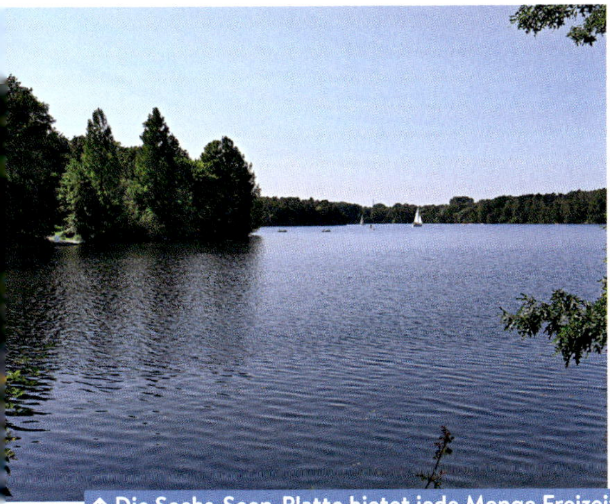

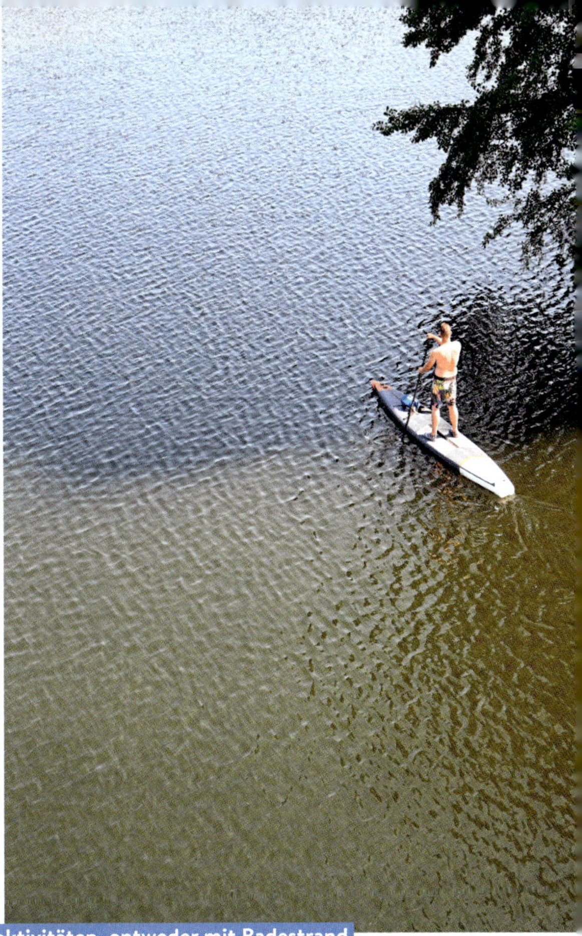

↑ Die Sechs-Seen-Platte bietet jede Menge Freizeitaktivitäten, entweder mit Badestrand ↑ oder mit Segelboot, ↗ oder stehend auf einem Paddle Board.

gehen und würden dabei ausschließlich durch die dichten Wälder wandern, bis wir schließlich urplötzlich vor dem Areal des Düsseldorfer Flughafens stehen.

DOCH FÜR HEUTE sollen die Seen im Duisburger Stadtteil Wedau reichen. Daher überqueren wir den Haubach und halten uns an einer Weggabelung links, wobei wir einem Rautensymbol folgen. Nach kurzer Zeit entdecken wir auf der linken Seite einen Zugang zum Haubachsee sowie einen Gedenkstein, der an die Rekultivierung des Gewässers erinnert. Der Haubachsee dürfte der schönste und »natürlichste« See der Region sein. Dabei ist auch er künstlich und sogar noch der jüngste von allen. Seine Ausbaggerung begann im Jahr 1994 und endete erst 2001. Bei der Auskiesung dachte man gleichzeitig schon an das, was aus dem See werden sollte. So wurden Mutterboden, Wurzelstöcke und Grobkies während der Arbeiten getrennt gelagert und für die spätere Rekultivierung genutzt. Sofort nach dem Abbau der Kiesförderanlagen begann man mit der Renaturierung. Dabei gestaltete man sowohl flache als auch steile Uferböschungen, in denen sich mehrere Biotope bilden konnten. Eigens angelegte Kiesflächen dienen seitdem als Lebensraum für Blindschleichen, Kröten und Eidechsen und im angrenzenden Wald wurden Kiefern, Erlen und Wildkirschen gepflanzt sowie Totholzhaufen angelegt. Sogar eine Insel befindet sich im Haubachsee, die dem Vogelschutz dient. Am nördlichsten Punkt, dort, wo wir uns jetzt befinden, hat man extra zur Vogelbeobachtung eine überdachte Plattform angelegt.

WIR GEHEN WEITER auf dem Wanderweg und biegen in der Folge dreimal links ab. Der Weg steigt leicht an und bringt uns auf den Wolfsberg. Dieser liegt genau zwischen Wolfssee und Haubachsee und ist, genau wie die Gewässer, künstlichen Ursprungs. Auf der rechten Seite sehen wir etwas weiter oberhalb eine Parkbank. Über den Trampelpfad vor dieser Bank gehen wir die Böschung hinauf und folgen dem dortigen Wanderweg weiter bergauf. Der steile Schotterweg bringt uns hinauf bis zum Gipfel, wo ein **Aussichtsturm** auf uns wartet.

IM AUGUST 1994 errichtete man auf dem Wolfsberg einen 21 Meter hohen Aussichtsturm, der einen wunderbaren Blick über das westliche Ruhrgebiet bis nach Düsseldorf bot. Der Blick nach Osten ist durch den Ausläufer des Kaiserbergs mit dem angrenzenden Duisburger Stadtwald versperrt. Im Juli

INFO

TOURENCHARAKTER

Fast ausschließlich Schotter- und Uferwege ohne nennenswerte Steigungen

AUSGANGS-/ ENDPUNKT

Parkplatz Kalkweg

ANFAHRT

Mit dem Bus zur Haltestelle Duisburg Wolfssee. Mit dem Auto die A59 an der Ausfahrt 13 (Duisburg-Wanheimerort) verlassen, unter den Gleisen bis zum Stadion und rechts auf den Kalkweg. Diesen bis zum Ende fahren

GEHZEITEN

Bis Wambachsee 0.10 Std. – Böllertsee 0.30 Std. – Wildförstersee 0.45 Std. – Haubachsee 1.30 Std. – Wolfsberg 2.00 Std. – Parkplatz Kalkweg 3.00 Std.

BESTE JAHRESZEIT

Ganzjährig

EINKEHR

Restaurant Haus Seeblick, Strohweg 12, 47279 Duisburg, Tel. 0203/720 00 29, www.haus-seeblick-duisburg.de

Leicht | 3.00 Std. | ca. 8 km | 17 Hm

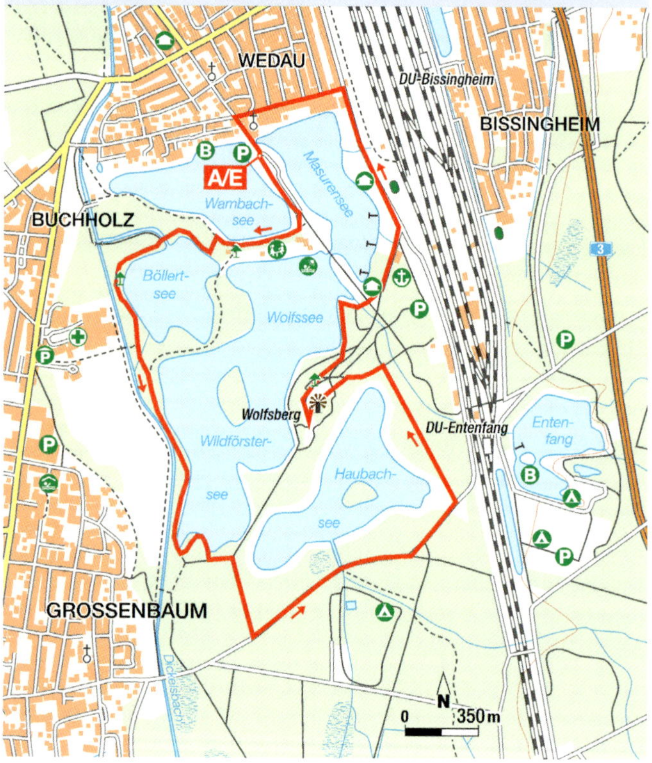

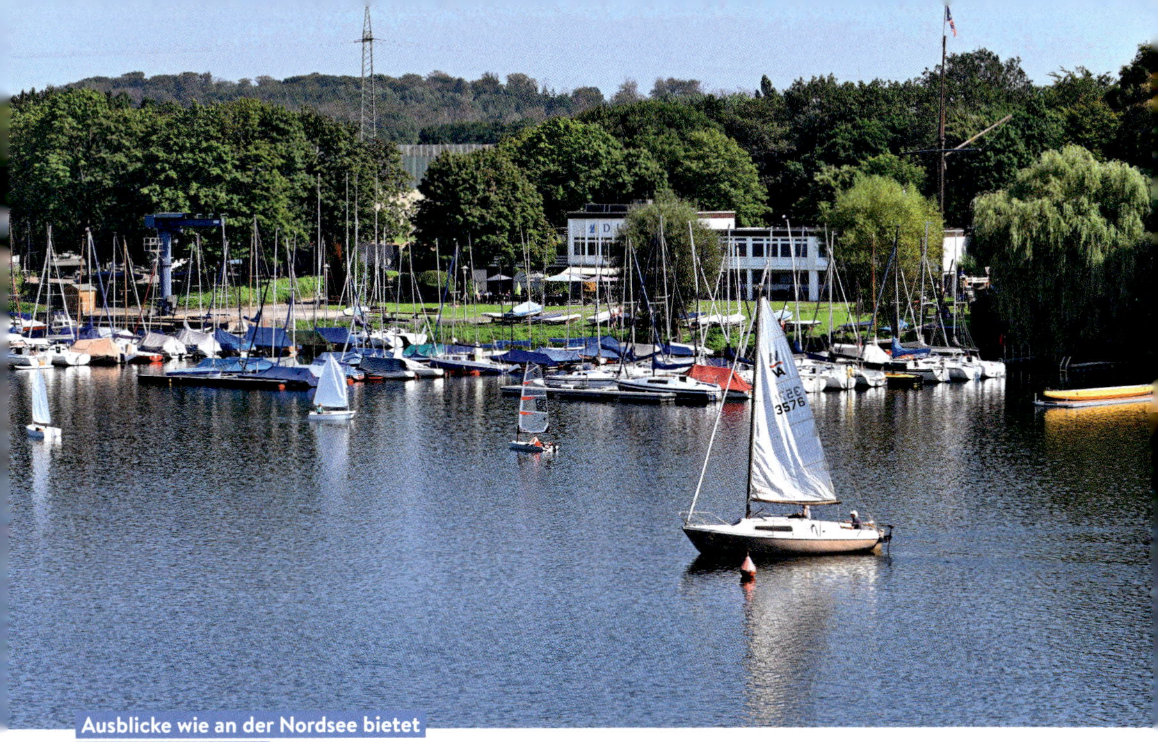

Ausblicke wie an der Nordsee bietet die Stadt Duisburg.

2002 wurde der Turm jedoch Opfer eines Brandstifters, der bis heute nicht gefasst werden konnte. Der Turm brannte bis auf zwei Stümpfe nieder, und es war fraglich, ob die Versicherungssumme ausreichen würde, einen neuen aufzustellen. Doch die Unternehmen ThyssenKrupp und die Hüttenwerke Krupp Mannesmann sprangen glücklicherweise als zusätzliche Sponsoren ein. Dies dürfte mit ein Grund sein, warum der neue Turm nicht mehr aus Holz, sondern vielmehr aus Stahl besteht. Im Frühjahr 2006 konnte der neue Turm, ebenfalls mit einer Höhe von 21 Metern, offiziell eingeweiht werden. Wer das Panorama genießen möchte, muss 102 Stufen überwinden. Von oben ist die Seenlandschaft gut zu erkennen.

WIEDER UNTEN ANGEKOMMEN, gehen wir geradeaus und folgen dem Hauptweg, der uns in einer Rechtskurve vom Wolfsberg hinabführt. An der nächsten Kreuzung biegen wir links ab und gelangen so zum Südufer des Wolfssees. An seinem gepflasterten Uferweg gehen wir rechts entlang, die kleine Treppe hinauf, und bleiben weiter am Ufer. Über eine kleine Holzbrücke verlassen wir den Wolfssee, überqueren den Wambach und gehen halb rechts an der Gaststätte vorbei. Bei einem Blick nach links sehen wir die steile Fußgängerbrücke aus dem Jahr 1976. Unter ihr verbindet sich der Wolfssee mit dem Masurensee, den wir als letztes Gewässer nun umrunden werden. Er ist der älteste der Seen und trug ursprünglich den Namen Fixsee und später Wambachsee. Heute befinden sich an seinem Ufer verschiedene Vereine, die sich dem Wassersport widmen.

HINTER DEM PARKPLATZ an der Gaststätte biegen wir links ab, wandern auf dem Uferweg und erreichen am Nordufer die Straße Am See. Wir biegen links ab, passieren die dortige Schule und die Kirche und kommen an unserem Ausgangspunkt, dem Kalkweg, heraus.

Auf Gipfeltour im nördlichen Ruhrgebiet

Über die Halden Hoppebruch und Hoheward

Ein wenig Kraft und Kondition erfordern die Wanderungen auf die Berge der Region. So auch die Halden Hoppenbruch und Hoheward mit ihren interessanten und sehenswerten Landmarken. Auf dieser Wanderung stellen wir fest, dass die Aufstiege auch im Ruhrgebiet Schweiß treibend sein können.

13

Die Zeche Ewald erinnert an die Tradition des Bergbaus.

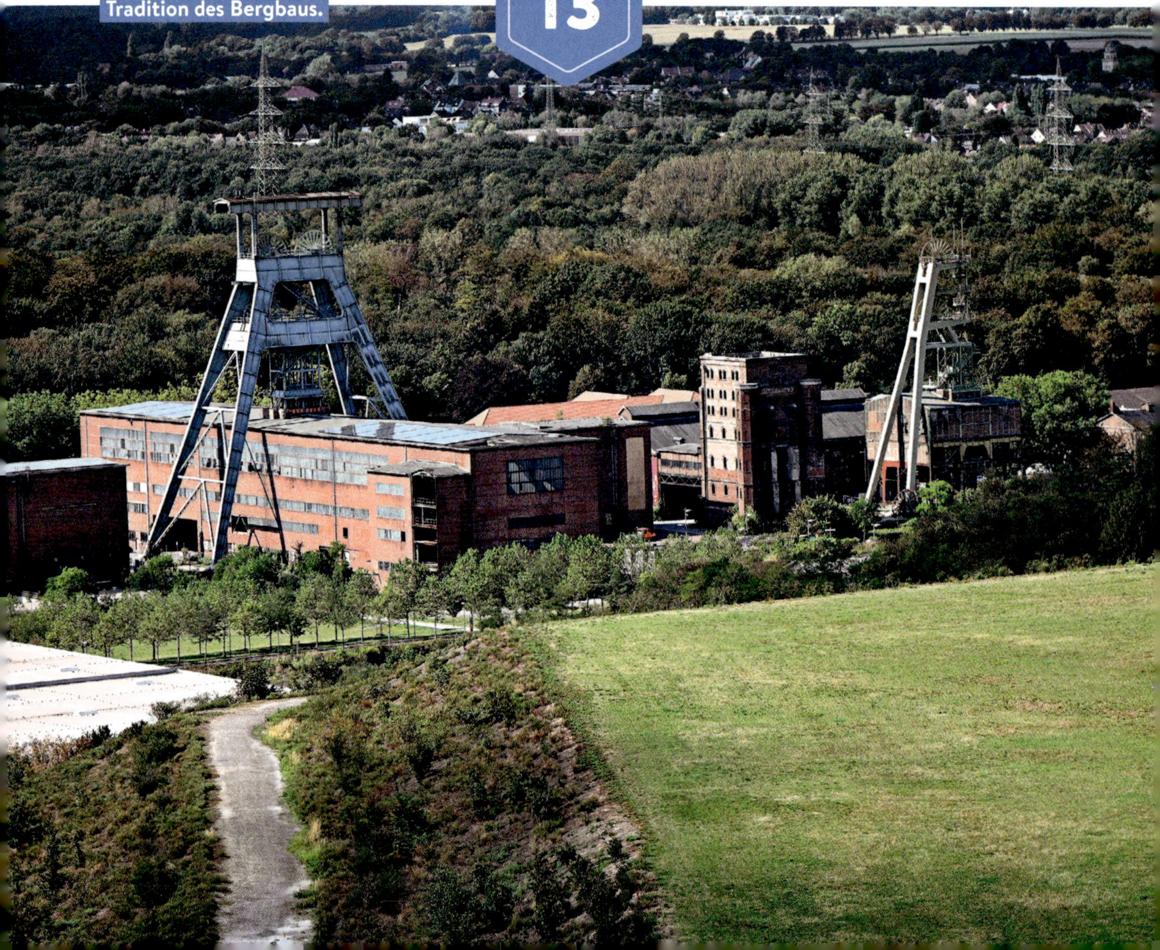

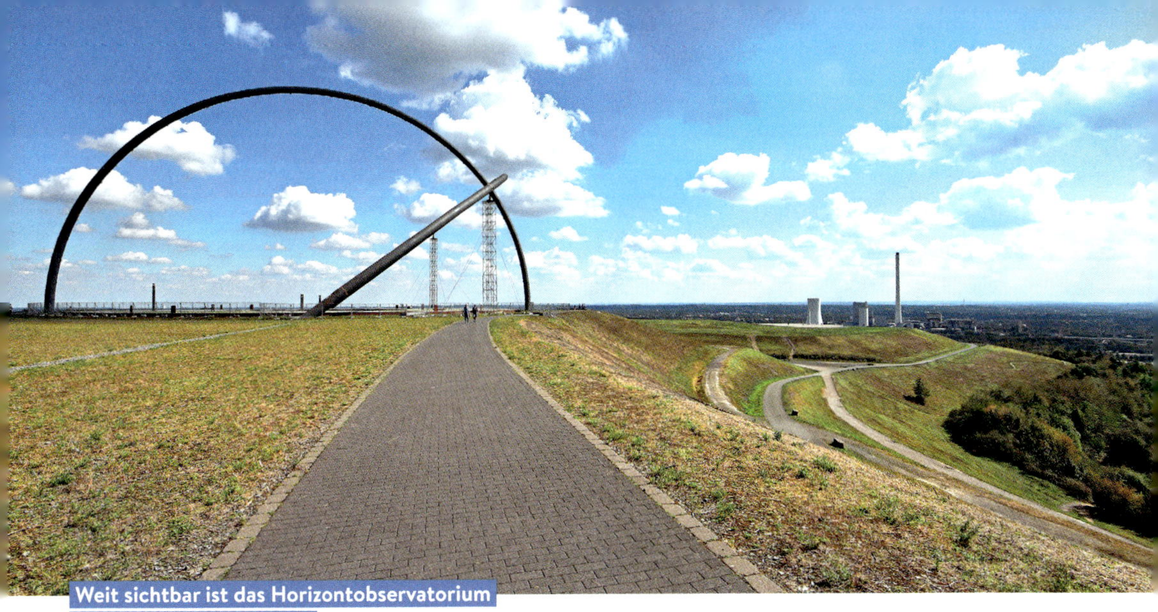

Weit sichtbar ist das Horizontobservatorium auf der Halde Hoheward.

VOM PARKPLATZ an der psychiatrischen Klinik sind es nur wenige Schritte bis in den Schlosspark, in dem wir uns rechts halten und zunächst dem dortigen **Schloss Herten** einen Besuch abstatten. Die im 16. und 17. Jahrhundert errichteten Gebäude des Schlosses ersetzten einen mittelalterlichen Wohnturm, der bereits im 14. Jahrhundert erstmals erwähnt wurde, und von dem noch einige spärliche Überreste zu sehen sind. Heute präsentiert sich das aus Ziegelstein errichtete Schloss Herten mit einer zweiteiligen Anlage, die von einem breiten Wassergraben umgeben ist. Das Ensemble erhebt sich auf zwei Inseln und besteht aus der Hauptburg auf der kleinsten Insel und der Remise und einer Kapelle auf der größeren Insel. See und Schloss Herten werden von einem großen Landschaftspark im Stil eines Englischen Gartens umgeben.

AUF DEN PLATANENALLEEN wandern wir durch den Schlosspark bis zum Tabakhäuschen. Dieses wurde Ende des 18. Jahrhunderts von zwei französischen Grafen errichtet, die nach Herten kamen und das damals noch unbekannte Rauchen einführten.

Tipp

HALDE HOHEWARD

Die Halde Hoheward ist über 150 Meter hoch und bildet zusammen mit der Halde Hoppenbruch den Landschaftspark Hoheward. Die beiden benachbarten Halden werden auch als die größte Haldenlandschaft des Ruhrgebiets bezeichnet. Begrüßt wird man am Fuße der Halde Hoheward von der roten Drachenbrücke, die die Halde mit dem Stadtteilpark Hochlarmark verbindet und an ein Drachenskelett erinnert. Als Landmarke befindet sich auf dem Gipfelplateau neben einer Sonnenuhr ein weithin sichtbares Horizontobservatorium, von dem aus man an astronomisch wichtigen Kalendertagen, wie zum Beispiel der Sommersonnenwende, den Sonnenaufgang und -untergang an einem künstlichen Horizont beobachten kann. Leider hat man kurz nach Fertigstellung des Observatoriums Mängel am Bogen festgestellt, weshalb er gesperrt ist. Auch nach zahlreichen Gutachten ist noch immer nicht absehbar, wann das Horizontobservatorium je eröffnet wird.

Allerdings waren sie damit im Schloss nicht erwünscht und benötigten dieses etwas abseits gelegene Raucherzimmer. Vor dem Tabakhäuschen wenden wir uns nach rechts und folgen dem Hauptweg durch den Schlosspark für rund 2 Kilometer. Der fast gerade Weg beschreibt nur nach 1 Kilometer eine leichte Linkskurve, ansonsten ignorieren wir sämtliche Abzweige.

WIR ÜBERQUEREN die Gelsenkirchener Straße, gehen wieder in den Wald und halten uns halb links, um nach kurzer Zeit an der Ewaldstraße herauszukommen. Hier biegen wir rechts ab, unterqueren die Autobahn 2 und halten uns direkt an der ersten Möglichkeit erneut rechts. Auf einem schmalen Pfad neben einem kleinen Wasserlauf gehen wir wieder in den Wald hinein und folgen dem Weg, uns immer rechts haltend, bis wir den **Ewaldsee** erreichen.

IM EMSCHERBRUCH umrunden wir den Ewaldsee einmal gegen den Uhrzeigersinn. An seinem Südufer lassen wir ihn zurück, unterqueren eine Hochspannungsleitung und biegen auf einem geschotterten Rad- und Fußweg links ab. Auf dieser ehemaligen Bahntrasse wandern wir geradeaus durch den Emscherbruch und erkennen bald schon auf der rechten Seite ein Feuchtbiotop. Wenig später überqueren wir auf einer Fußgängerbrücke die Ewaldstraße und halten uns gleich dahinter halb rechts. Der Begriff Hertener Schweiz wäre hier nicht fehl am Platz, da sich halb links vor uns die Halde Hoheward erhebt und zu unserer Rechten die Halde Hoppenbruch zu einem kleinen Auf-

↓ Der Malakow-Turm der Zeche Ewald wirkt auch heute noch beeindruckend.
↘ Skulptur im Schlosspark Herten

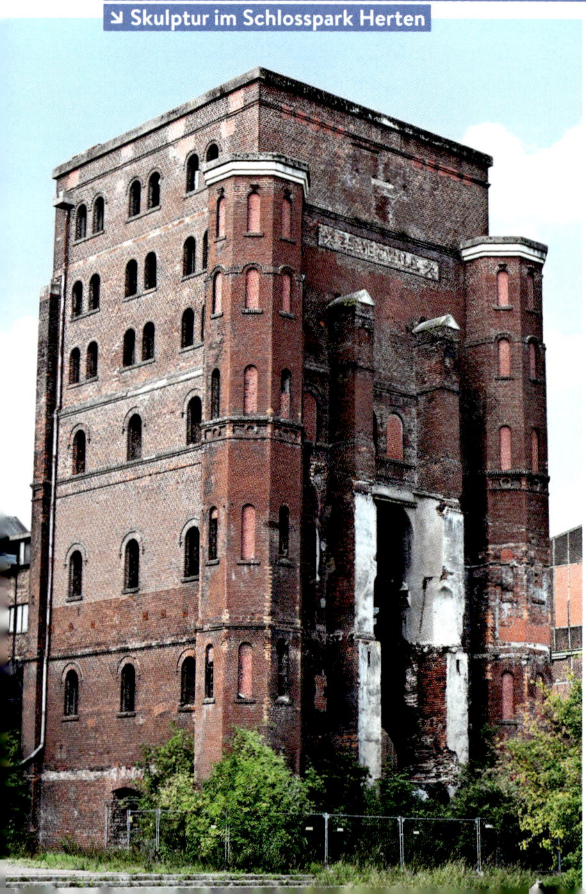

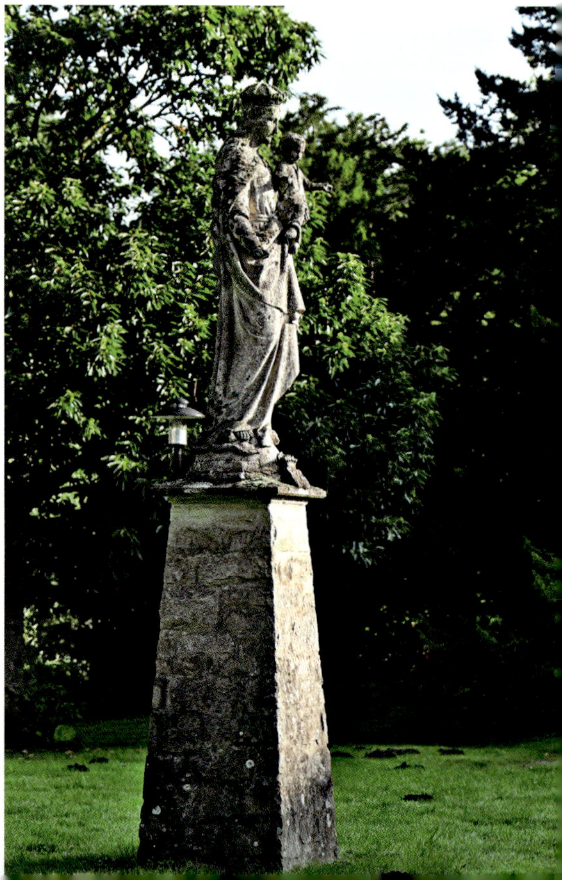

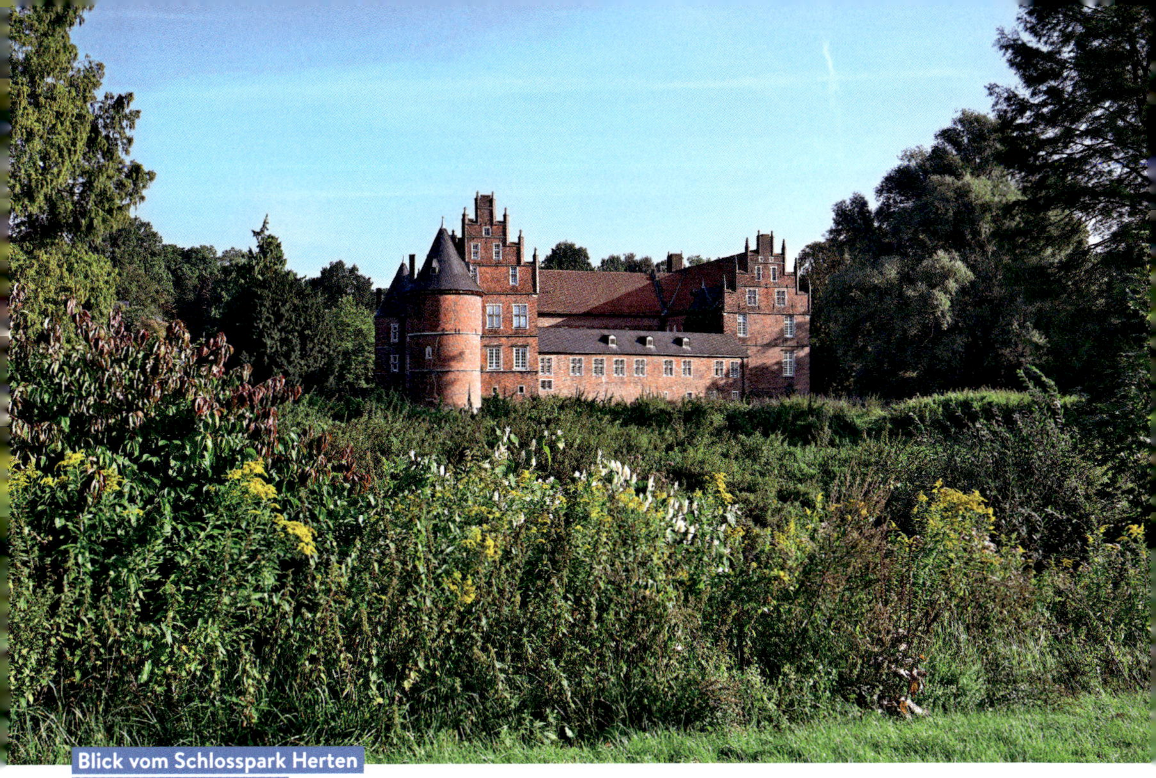

Blick vom Schlosspark Herten auf das Wasserschloss

stieg einlädt. Beginnen wir also mit der Wanderung auf die Halde Hoppenbruch, deren Gipfel wir nach mehreren Kurven erreichen.

AUS DEN ZECHEN Ewald/Schlägel & Eisen und General Blumenthal/Haard stammt der Abraum, der bis 1992 die Halde Hoppenbruch entstehen ließ. Wie bei den meisten Halden des Ruhrgebiets dient auch Hoppenbruch als Naherholungsziel und bietet einen wunderbaren Rundumblick über das nördliche Ruhrgebiet. Allerdings ist ihre Landmarke kein weithin sichtbares Kunstprojekt, sondern ein 67 Meter hohes Windrad. Der angrenzende Skulpturengarten Windkraft stellt das Thema Windenergie künstlerisch dar und erläutert es.

NACH EINEM RUNDUMBLICK verlassen wir die Halde in südliche Richtung parallel zur Ewaldstraße und erreichen nach Überquerung einer kleinen Fußgängerbrücke die Straße Im Emscherbruch. Wir biegen links ab, folgen der Straße an zwei Kreisverkehren vorbei und überqueren nach einiger Zeit eine Bahntrasse und die darauffolgende Cranger Straße. Wir gehen weiter geradeaus, in die Wanner Straße hinein, in der wir nach gut 200 Metern die Möglichkeit haben, rechts abzubiegen.

DEN WALDFRIEDHOF RECKLINGHAUSEN lassen wir links liegen, überqueren erneut ein Bahngleis und biegen gleich dahinter links in einen schmalen Weg ab. In einem weiten Rechtsbogen führt uns dieser automatisch zum Stadtteilpark Hochlarmark und zur ehemaligen Zeche Recklinghausen II. Vor dem Förderturm halten wir uns links, wandern an dem Bike- und Skatepark vorbei und betreten an der Cranger Straße die **Drachenbrücke**, die uns zum Fuße der Halde Hoheward bringt.

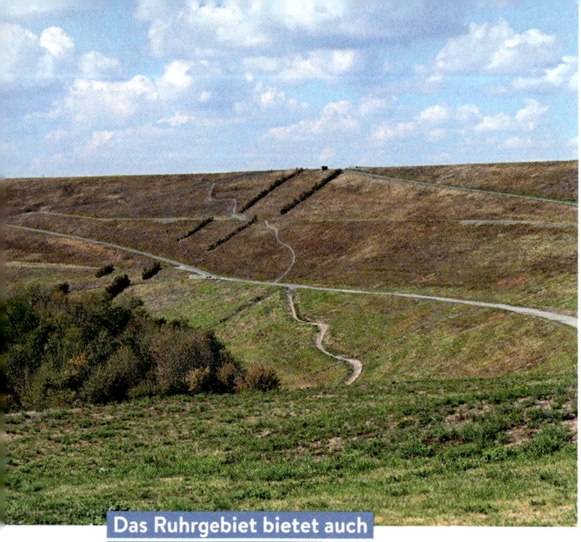

Das Ruhrgebiet bietet auch Bergwanderungen an.

IN ZAHLREICHEN SERPENTINEN wandern wir hoch hinaus und blicken immer wieder über das westliche Ruhrgebiet zurück, während der Förderturm der Zeche Recklinghausen II immer kleiner zu werden scheint. Doch auch der längste Aufstieg ist irgendwann geschafft und schon haben wir den höchsten Punkt dieser Wanderung erreicht, sodass wir uns an der Sonnenuhr mit Blick auf das Horizontobservatorium eine kleine Pause gönnen und den Ausblick genießen.

MIT DER SONNENUHR und dem Observatorium zu unserer Linken wandern wir am Rande des Gipfelplateaus entlang, bis nach einer Linkskurve eine Treppe erscheint. Alternativ können wir auch knapp unterhalb des Plateaus auf dem breiten Weg wandern und dabei die Ausblicke in Richtung Süden genießen. So oder so gelangen wir zu mehreren Aussichtspunkten und erkennen am Horizont die Skyline von Essen, die Schalke-Arena in Gelsenkirchen und mit einem Fernglas erblicken wir sogar den Tetraeder in Bottrop. Am westlichen Hang der Halde Hoheward lohnt sich auch der Abstieg zur **Zeche Ewald** und den dortigen gastronomischen Angeboten. Doch an der Treppe beim Horizontobservatorium beginnen wir mit dem eigentlichen Abstieg von der Halde Hoheward und gehen hinab bis zum Parkplatz an der Herner Straße, wo eine weitere Einkehrmöglichkeit auf uns wartet. Hinter dem gleichnamigen Parkplatz biegen wir links ab und folgen der Herner Straße, auf der wir bald die Autobahn 2 überqueren.

AN DER KREUZUNG mit der Hohewardstraße werfen wir einen Blick nach rechts auf die griechisch-orthodoxe Kirche des heiligen Dimitrios. Hinter der Kirche biegen wir rechts ab, liebäugeln mit der Parkgaststätte Katzenbusch, die in einem beinahe schon schlossähnlichen Gebäude untergebracht ist. Dieses wurde im Jahr 1908 als Gemeindegasthaus errichtet und war von Beginn an ein Teil des sich dahinter erstreckenden Volksparks Katzenbusch. In diesen wandern wir hinein, folgen dem Hauptweg bis zu einer Sportanlage, vor der wir links abbiegen und wandern bis zur Nimrodstraße. Dort biegen wir vor dem Waldfriedhof links ab und lassen die Grünanlage schon bald hinter uns. Auf der Nimrodstraße durchqueren wir Herten und bald schon wieder die Ewaldstraße. Gleich dahinter passieren wir ein Denkmal zu Ehren der Kriegsgefallenen und gehen geradeaus durch eine weitere Grünanlage bis zur Straße In der Feige. Zunächst wenden wir uns nach links, aber schon nach wenigen Schritten gehen wir vor Hausnummer 44 wiederum nach rechts. Schon nach weiteren 70 Metern verlassen wir die nach rechts abknickende Straße und gehen geradeaus in den Wald. Es dauert nicht lange, bis wir erkennen, dass wir uns wieder im Park vom Schloss Herten befinden. Geradeaus erreichen wir nach kurzer Zeit den Wassergraben des Schlosses, halten uns links und folgen dem Hauptweg zurück bis zu unserem Ausgangspunkt.

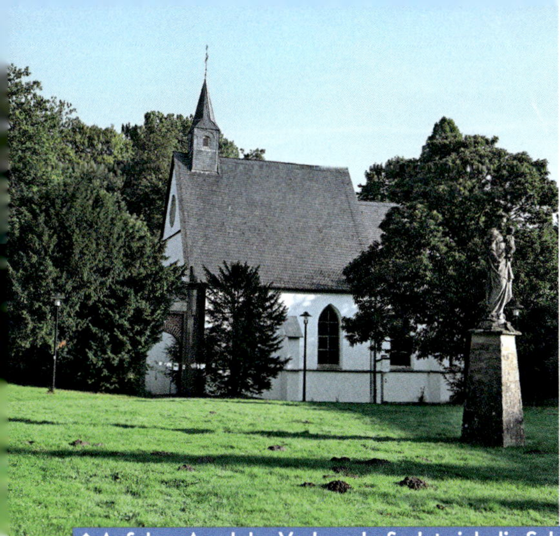

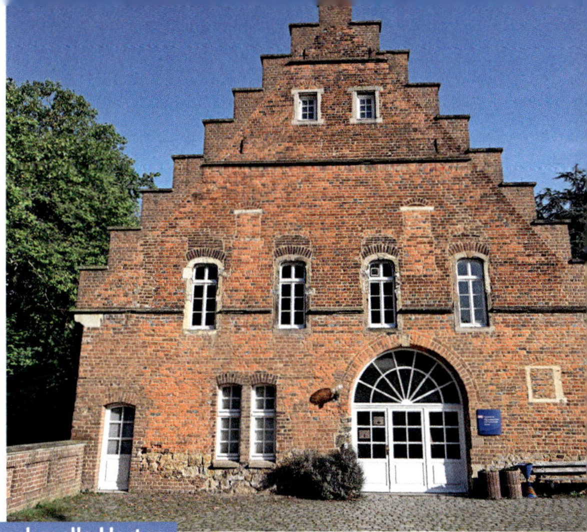

↑ Auf dem Areal der Vorburg befindet sich die Schlosskapelle Herten.
↗ Dazu gehört auch die Remise der Anlage.

INFO

TOURENCHARAKTER

Viele Schotterwege, insbesondere im Bereich der Halden, die mit steilen Aufstiegen zu erklimmen sind.

AUSGANGS-/ENDPUNKT

Schloss Herten

ANFAHRT

Mit dem Bus zur Haltestelle Schloss Herten. Mit dem Auto auf der A2 bis zur Ausfahrt 7 (Herten), dann links und über die Ewaldstraße in Richtung Schloss

GEHZEITEN

Bis Schloss Herten 0.10 Std. – Zeche Ewald 1.00 Std. – Ewaldsee 1.15 Std. – Halde Hoppenbruch 2.00 Std. – Drachenbrücke 2.45 Std. – Obelisk auf Halde Hoheward 3.00 Std. – Schloss Herten 4.30 Std.

BESTE JAHRESZEIT

Ganzjährig

EINKEHR

Ewald-Café, Doncaster Pl. 2, 45699 Herten, Tel. 02366/50 28 44, www.ewald-cafe.de; Parkgaststätte Katzenbusch, Herner Str. 67, 45699 Herten, Tel. 02366/938 28 38.

Mittel | 4.30 Std | 18 km | 221 Hm

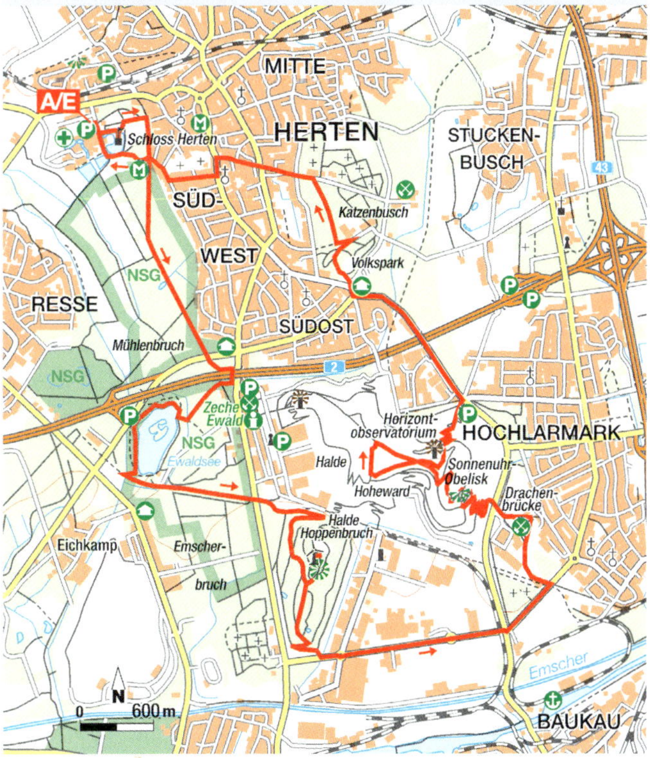

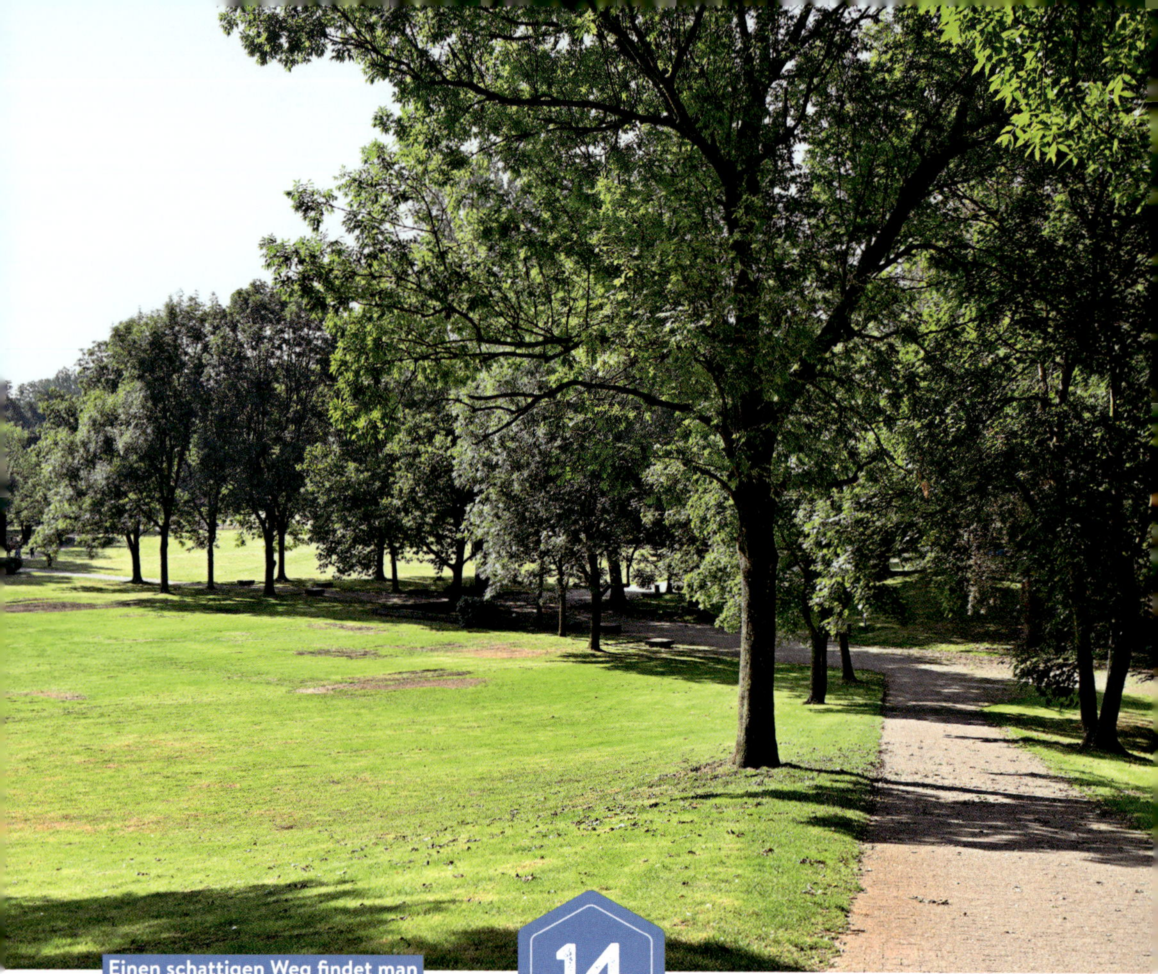

Einen schattigen Weg findet man im Revierpark Vonderort.

14

Zwischen Gehölzen, Gleisen und Grünanlagen

Wanderung zwischen Oberhausen und Bottrop

Diese abwechslungsreiche Wanderung beginnt mit einem Besuch im Revierpark Vonderort. Von dort sind es wenige Schritte zum Gleispark Frintrop, der eine ganz eigene Geschichte hat. Gemütlich wandern wir zurück bis zur Stadtgrenze von Bottrop und Oberhausen, wo wir im Revierpark ausspannen können.

UNSERE WANDERUNG STARTET mit einem Spaziergang durch den südlichen Bereich des Revierparks Vonderort, der sich auf Oberhausener Stadtgebiet erstreckt. Wir lassen den Kinderspielplatz zu unserer Rechten und gehen zu den beiden Seen, wo wir unsere Wanderung auf dem etwas größeren Gewässer mit einer Tretbootfahrt pausieren können. Wir gehen auf dem schmalen Weg zwischen den beiden Seen hindurch, biegen an der ersten Möglichkeit hinter dem Tretbootverleih rechts ab und folgen dem Weg durch den bewaldeten Teil des Revierparks rechtsherum bis zur Hochstraße. Dann wenden wir uns nach rechts und wandern entlang der Hochstraße parallel zum Rangierbahnhof, bis wir am Ende der Hochstraße auf die Bottroper Straße treffen und nach links abbiegen. Um einen Parkplatz wandern wir komplett herum, gehen in die Osterfelder Straße und unterqueren nach einer Linkskurve mehrere Eisenbahnunterführungen. Nach den Gleisen biegen wir links in die Arminstraße ein, bleiben weiterhin in der Nähe der Bahngleise, dieses Mal jedoch auf der Südseite der Anlage, und folgen der Schloßstraße nach links bis zu ihrem Ende.

Tipp

REVIERPARK VONDERORT

Genau an der Grenze zwischen Bottrop und Oberhausen befindet sich der Revierpark Vonderort, der im Jahr 1974 eröffnet wurde und neben einem Freizeitbad eine Eislaufhalle beherbergt. Darüber hinaus gibt es zwei kleine Teiche, umgeben von weitläufigen Wiesen. Gleich nebenan geht der Revierpark Vonderort in den Gesundheitspark Quellenbusch über, der mit einer hölzernen Pyramide und einer sogenannten Gesundheitsspirale glänzt.

ÜBER EINEN SCHMALEN PFAD gelangen wir nicht nur in eine Grünanlage, sondern gleichzeitig in den Park rund um **Burg**

Stolz wird die Renaturierung der Emscher erläutert.

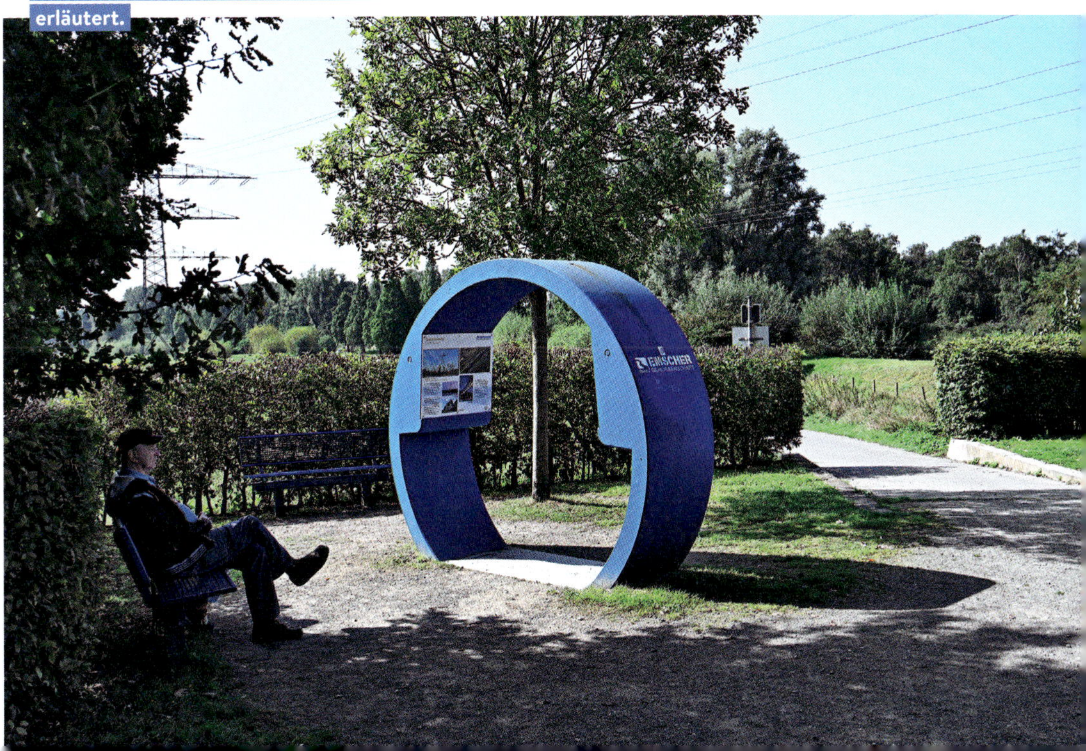

Vondern. Völlig überraschend, zwischen Wohnsiedlung und Autobahn, taucht plötzlich mitten in einer Grünanlage die Burg auf. Die zweiteilige Anlage wurde zum ersten Mal im 13. Jahrhundert erwähnt und besteht aus einem Herrenhaus und einer Vorburg. Von den einstigen Wassergräben, die früher um die Burg herum lagen, ist heute nicht viel mehr als ein kleiner Teich auf der Südseite geblieben. Betritt man den Innenhof der Burg durch das Eingangsportal, blickt man direkt auf das im 17. Jahrhundert im barocken Stil errichtete Herrenhaus. Der ehemalige Stall zur Rechten steht für Seminare zur Verfügung, während in der Vorburg eine kleine Ausstellung zur Burg untergebracht ist. Richtig mittelalterlich wird es im August, wenn während eines Mittelaltermarktes die Ritterspiele veranstaltet werden.

NACH EINER BESICHTIGUNG DER BURG gehen wir einmal um das Bauwerk herum und an einem kleinen Weiher vorbei bis zur Arminstraße, biegen rechts ab und sehen gegenüber von Hausnummer 41 eine Unterführung unter der Autobahn 42. Nach Durchquerung der Unterführung befinden wir uns in einer Grünanlage, gehen geradeaus weiter und überqueren die Emscher, um auf die Emscherinsel zu gelangen. Von hier erkennen wir gut, wie nah die Emscher und der Rhein-Herne-Kanal sind und wie schnurgerade sie nebeneinander verlaufen. Der Abstand zwischen den beiden Wasserläufen ist so gering, wie der Kanal breit ist, nämlich weniger als 60 Meter. Wenn wir genau hinschauen, sehen wir noch einen dritten Wasserlauf. Der Läppkesmühlenbach unterquert nämlich, von Süden kommend,

↓ Kein verwackeltes Bild, sondern Kunst im Ruhrgebiet

↘ Auch im Revierpark gibt es einen kleinen See.

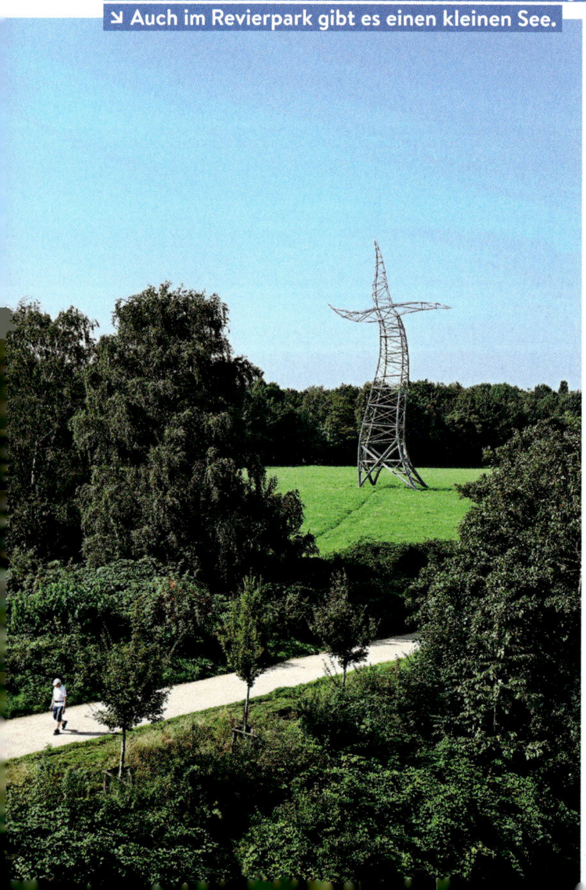

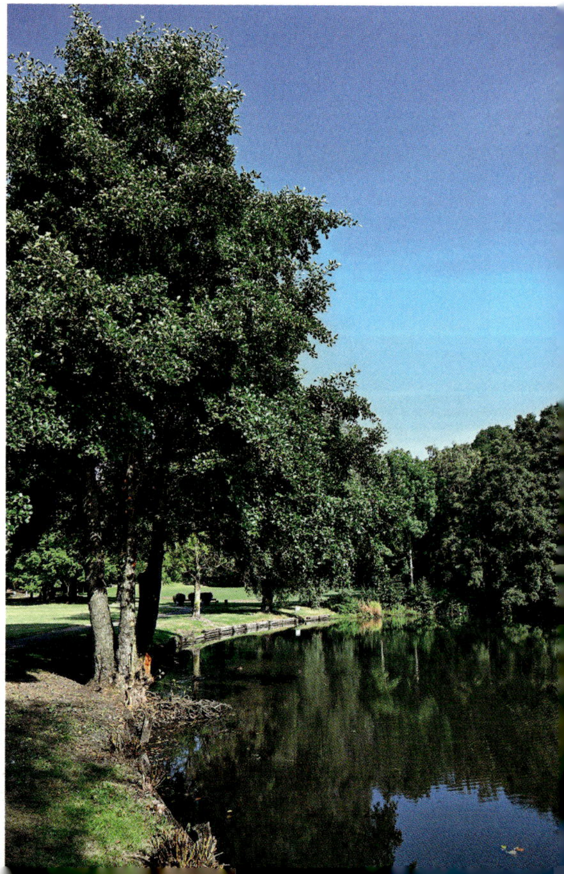

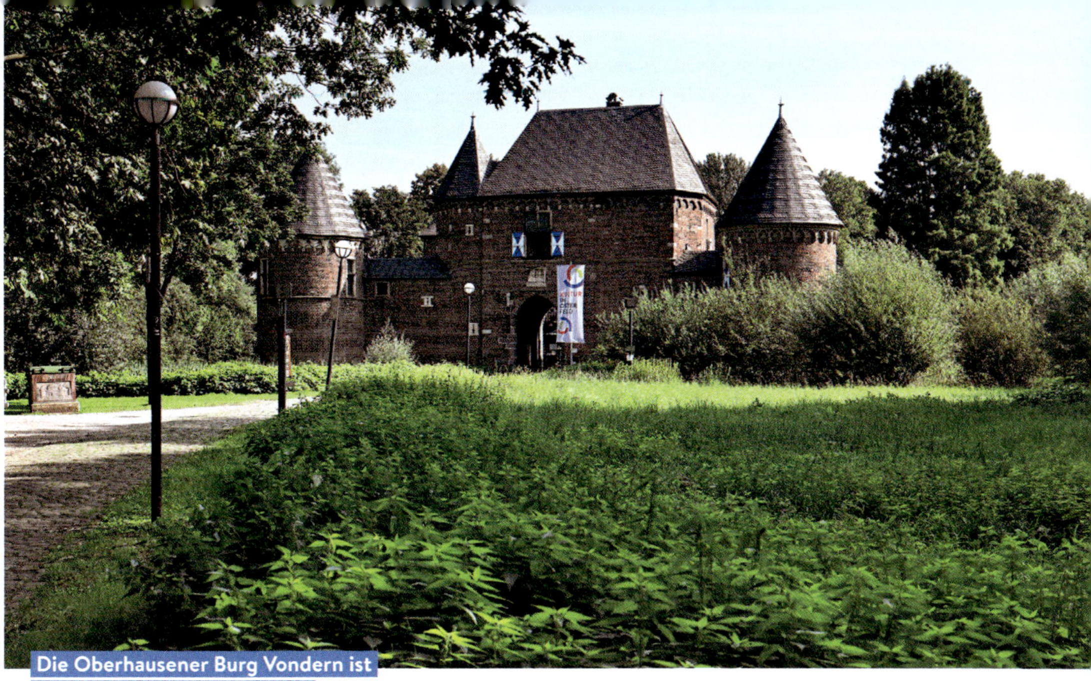

Die Oberhausener Burg Vondern ist eine beeindruckende Anlage.

den Rhein-Herne-Kanal und mündet auf der Emscherinsel in die Emscher.

ÜBER DIE RIPSHORSTBRÜCKE überqueren wir den Kanal und gehen halb rechts durch die Grünlandschaft auf das Haus Ripshorst zu. Von dort sind es nur wenige Meter über den Spazierweg in den gleichnamigen Gehölzgarten Ripshorst. Einer Zeitreise kommt der Spaziergang durch den Gehölzgarten Ripshorst gleich. Ein 2 Kilometer langes Band, bestehend aus bis zu 6000 Gehölzen, umschließt den rund 40 Hektar großen **Gehölzgarten**, in dessen Zentrum sich das **Haus Ripshorst** befindet. Der historische Hof entstand vermutlich im 14. Jahrhundert und beherbergt heute ein Informationszentrum zum Emscher Landschaftspark. Zudem haben im Haus Ripshorst verschiedene Naturschutzverbände ihre Büros und geben zahlreiche Informationen aus.

AUF EINEM SCHMALEN PFAD am Parkplatz von Haus Ripshorst wandern wir weiter, überqueren die Sühlstraße und halten uns rechts, wo wir über eine Treppe die Ripshorster Straße erreichen und uns nach links wenden. Nach kurzer Zeit folgt eine weitere Treppe, auf der wir links in den **Gleispark Frintrop** gelangen. Auch hier lässt sich der Wandel von der Industrie zur Natur gut erkennen. Das gesamte Areal war bis Mitte des letzten Jahrhunderts ein großer Rangierbahnhof der Köln-Mindener Eisenbahn. Zum letzten Jahrhundertwechsel wurden die Gleise und Bahnanlagen entfernt und das Gelände renaturiert. Ein Teil des heutigen Parks ist beinahe steppenartig, was durch eine starke Trockenlegung für die Nutzung als Bahngelände entstand. In einem anderen Abschnitt hat sich ein kleiner Wald, überwiegend mit Birken, gebildet. Zahlreiche Vögel, Schmetterlinge und Insekten haben mit dem Gleispark einen Lebensraum gefunden.

WIR GEHEN LINKS, gleich darauf sofort nach rechts und wandern auf dem Hauptweg durch den dichten Birkenwald, bis wir

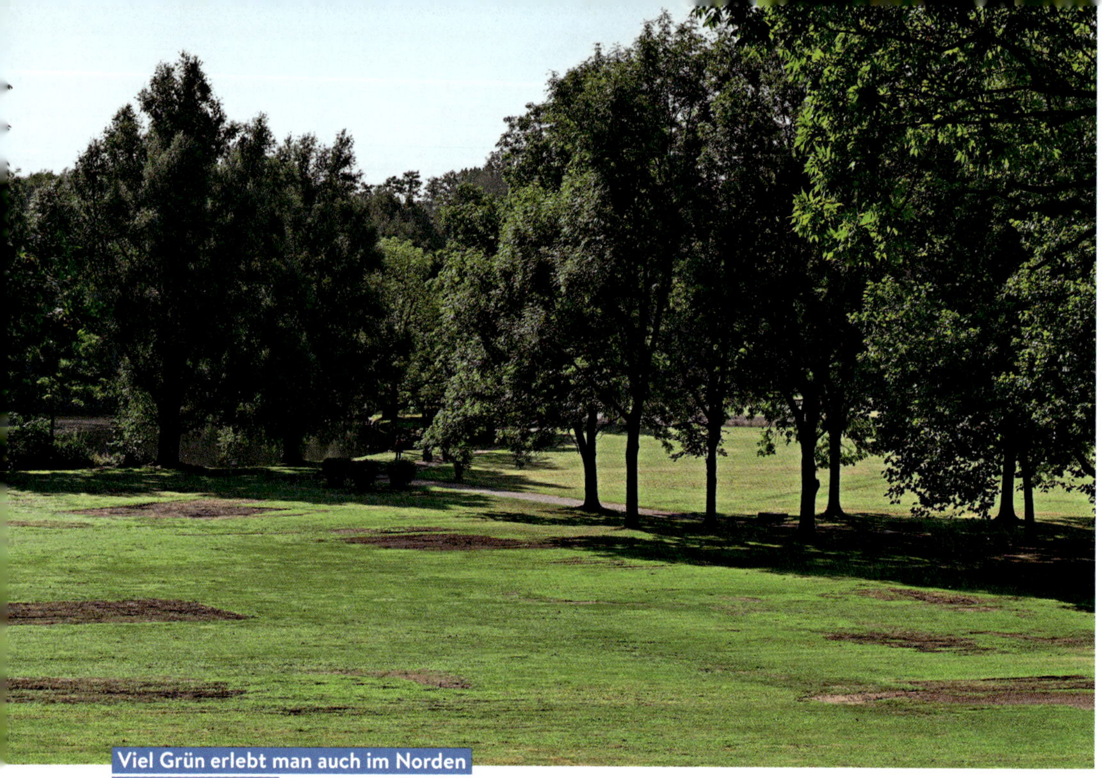

Viel Grün erlebt man auch im Norden des Ruhrgebiets.

INFO

TOURENCHARAKTER
Überwiegend Asphalt und Bürgersteig, gelegentlich Schotterwege im Bereich vom Gleispark

AUSGANGS-/ENDPUNKT
Revierpark Vonderort

ANFAHRT
Mit dem Bus zur Haltestelle Vonderort. Mit dem Auto auf der A42 bis zur Ausfahrt Oberhausen-Neue Mitte (Ausfahrt 11). Dort über Osterfelder Straße und Bottroper Straße Richtung Revierpark

GEHZEITEN
Bis Burg Vondern 1.00 Std. – Haus Ripshorst 1.30 Std. – Gleispark 1.45 Std. – Revierpark Vonderort 3.30 Std.

BESTE JAHRESZEIT
Ganzjährig

EINKEHR
Rucksackverpflegung

Leicht | 3.30 Std. | ca. 11 km | 50 Hm

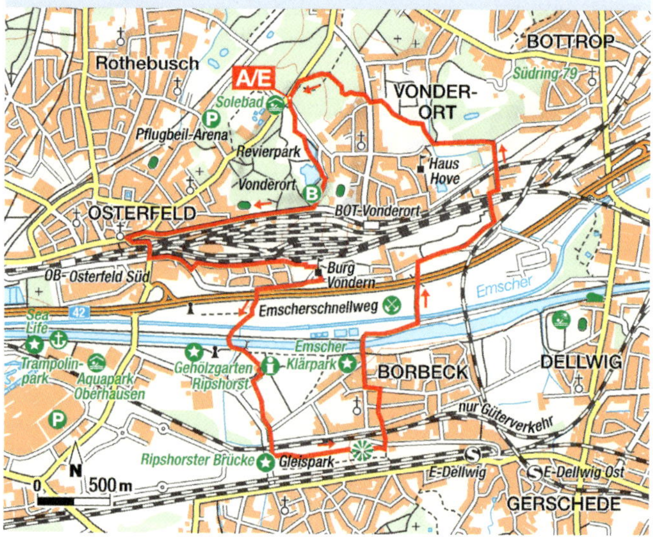

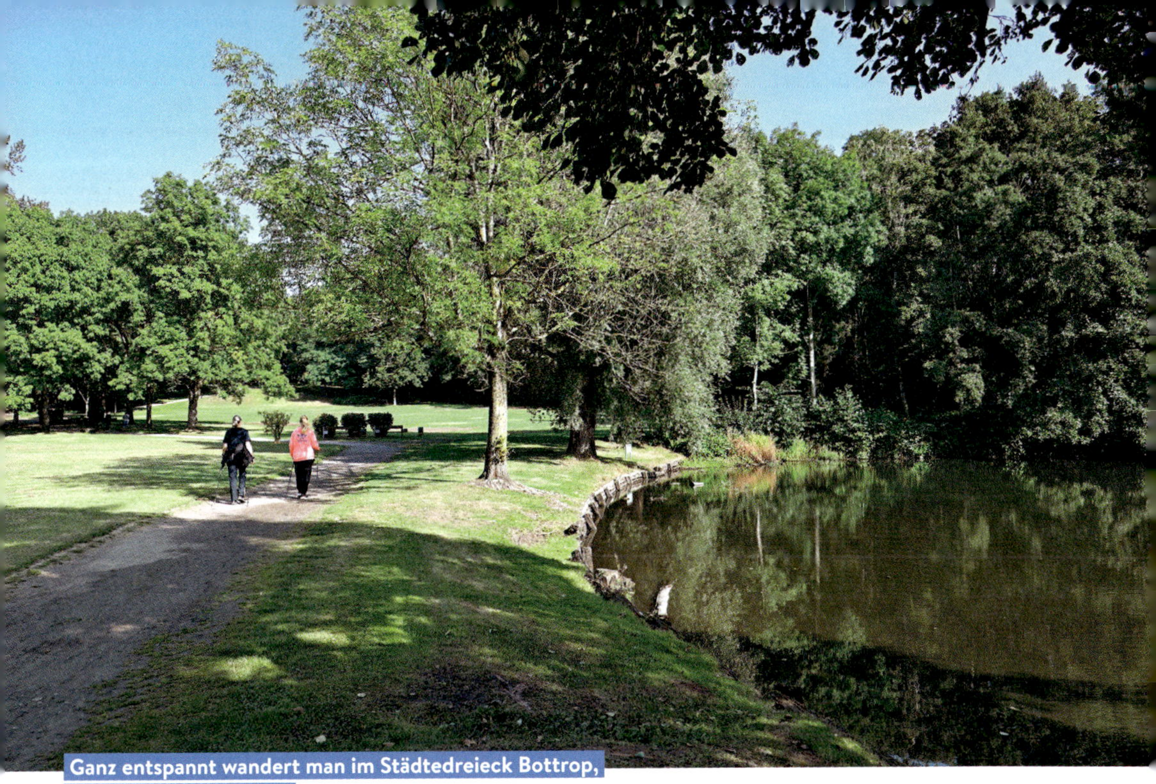

Ganz entspannt wandert man im Städtedreieck Bottrop, Essen und Oberhausen.

hinter einem hügelförmigen und begehbaren Kunstobjekt nach links abbiegen. Dabei lassen wir den Gleispark hinter uns, gehen geradeaus auf der Ripshorster Straße weiter und unterqueren eine Gleisanlage, die, im Gegensatz zum Gleispark, noch in Betrieb ist. Unser weiterer Weg führt uns durch eine Wohnsiedlung bis zu einer T-Kreuzung, an der wir links in die Quellstraße einbiegen. Aber schon nach 100 Metern wandern wir nach rechts in die Einbleckstraße, auf der wir wenig später wieder den Rhein-Herne-Kanal überqueren und einige Zeit auf der Emscherinsel genießen, bis wir bei der ersten Gelegenheit auch die Emscher zurücklassen. Auf der Breilstraße unterqueren wir kurz darauf die Autobahn 42, biegen gleich dahinter rechts ab und wandern durch eine Grünanlage, um auf der Arminstraße wenig später wieder die Eisenbahnunterführung zu unterqueren.

IN DER FOLGENDEN WOHNSIEDLUNG wandern wir nach rechts, folgen der Wissmannstraße und biegen erst in der Armeler Straße hinter einem freistehenden Haus nach links ab. Hinter einem Feld halten wir uns rechts, gehen in einen kleinen Wald hinein und folgen der ersten Möglichkeit nach links. Der Osselbruchweg führt uns an einem Parkplatz vorbei zur Straße Am Quellenbusch, wo wir rechts abbiegen und gleich hinter einem Garagenhof auf dem Sebastian-Kneipp-Weg in den nördlichen Abschnitt des **Revierparks Vonderort** gelangen. Markantes Wahrzeichen ist die Pyramide aus Zedernholz, an der wir vorbei gehen und die Osterfelder Straße erreichen. Nach links kämen wir innerhalb weniger Augenblicke wieder zurück zu unserem Ausgangspunkt, haben jedoch geradeaus noch die Möglichkeit für einen kurzen Abstecher zur sogenannten Energiespirale im Gesundheitspark Quellenbusch.

Wald, Wasser und weite Blicke

Genusstour an Hengsteysee und Hohensyburg

Im Zentrum von Herdecke starten wir eine Wanderung in das Ruhrtal hinab, wo die Volme in die Ruhr mündet, und stoßen auf den Hengsteysee. An seinem nördlichen Seeufer erreichen wir nach einem kurzen, knackigen Aufstieg die Ruine der Hohensyburg. Auf waldreichen Pfaden wandern wir bis Herdecke zurück.

Die Lenne (rechts im Bild) mündet hier in die Ruhr.

15

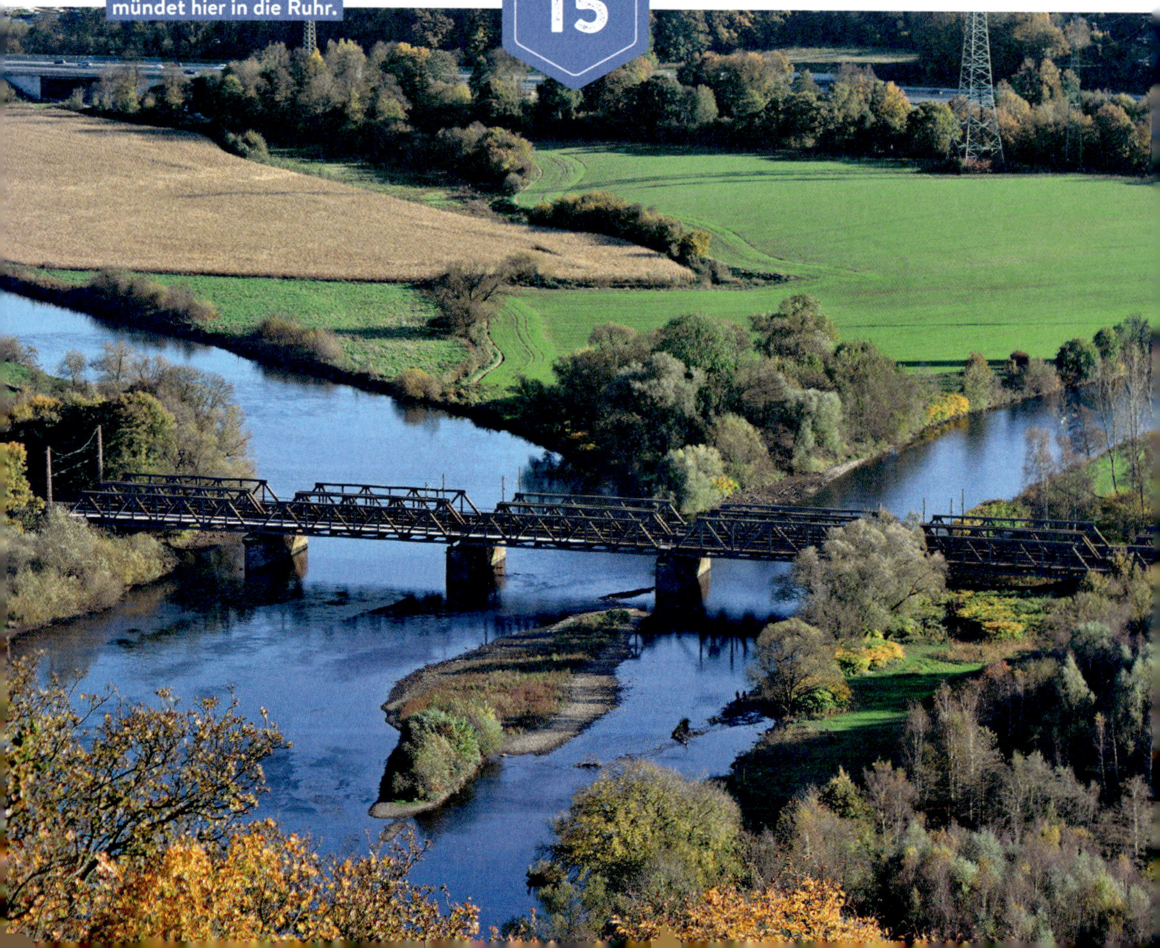

AM HERDECKER BAHNHOF betreten wir den Bahnhofsvorplatz und wenden uns nach rechts, um die Bahnhofstraße zu durchqueren. Hinter der Ladestraße gehen wir halb rechts bzw. nutzen die wenige Meter entfernten Treppenstufen, um an einem Parkplatz vorbeizugehen. Die kleine Grünanlage mit ihrem Kriegerdenkmal lassen wir auf der rechten Seite und gehen bis zur Goethestraße weiter. Wir wenden uns nach links und folgen der Straße mit ihrem sanften Gefälle. Bis zu einem Kreisverkehr wandern wir bergab und biegen dann links ab in die Wetterstraße, wo sich zu unserer Rechten die Kirche St. Philippus und Jakobus erhebt. Mit einem Blick auf die Kirche umrunden wir sie einmal und gehen hinter ihr auf einem schmalen Weg hinab zu einem Parkplatz in der Wallstraße, biegen links ab und an der folgenden T-Kreuzung wiederum nach rechts. Es bleibt nur noch ein Einkaufszentrum, an dem wir rechts vorbeigehen, bis wir die Ruhr erreichen.

219 KILOMETER fließt der Namensgeber einer ganzen Region ausschließlich durch Nordrhein-Westfalen. Die Ruhr entspringt bei Winterberg im Sauerland, schlängelt sich zum südlichen Ruhrgebiet und streift kurioserweise die meisten Ruhrstädte nur. Das führt dazu, dass das Ruhrtal kaum bebaut und sehr grün ist – meist zur Überraschung auswärtiger Besucher. Auf ihrem Weg nach Duisburg nimmt sie nicht nur das Wasser zahlreicher anderer Flüsse auf, sondern wird auch mehrmals zu Seen wie dem Hengsteysee, dem Kemnader See oder dem Baldeneysee in Essen gestaut. Ihre Bedeutung als Transportmittel, insbesondere für die früheren Kohletransporte, hat sie schon lange verloren, und wird heute in der Bevölkerung meistens als Naherholungsgebiet genutzt. Ausflugsschiffe der Weißen Flotte laden zu Fahrten ein und parallel zum gesamten Flussufer verläuft der Ruhrtalradweg, während auf den hügeligen Gebirgen am Ruhrtal der Ruhrhöhenweg als Wanderweg verläuft.

Tipp

KAISER-WILHELM-DENKMAL

Im Sommer 1902 wurde das Kaiser-Wilhelm-Denkmal feierlich eröffnet, das an Kaiser Wilhelm I. erinnert. Während es ihn in der klassischen Figur eines Reiters zeigt, befinden sich neben dem Kaiser noch weitere kleinere Denkmäler, die Otto von Bismarck und Graf von Moltke darstellen. Das Denkmal steht unter Denkmalschutz und ist alleine wegen des herrlichen Panoramas auf das Ruhrtal ein beliebtes und lohnenswertes Ausflugsziel.

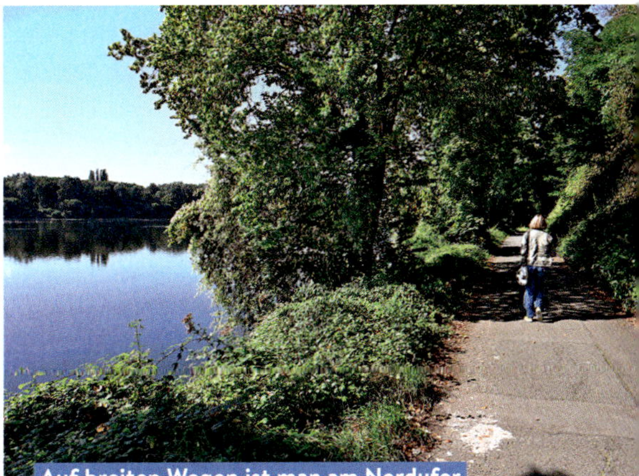

Auf breiten Wegen ist man am Nordufer des Hengsteysees unterwegs.

AM RUHRUFER wenden wir uns nach links und überqueren als Erstes den Herdecker Bach, der hier friedlich in die Ruhr mündet. Gleich dahinter können wir uns im Biergarten des Zweibrücker Hofes entspannen und uns für die weitere Tour stärken. Wir unterqueren anschließend die Bundesstraße 54, passieren eine Skulptur und erreichen die Bleichsteinterrassen neben dem gleichnamigen Freizeitbad, wo wir die Möglichkeit zur Einkehr haben. An den Bleichsteinterrassen sehen wir nicht nur das Wasserkraftwerk Stiftsmühle, sondern auf der anderen Flussseite die Volme, die hier ihr Wasser in die Ruhr entlässt. Die Volme entspringt im westlichen Sauerland, genauer gesagt in Meinerzhagen im Märkischen Kreis. Sie war vor der Industrialisierung ein wichtiger Fluss für Mühlen und Hammerwerke, doch heute ist sie ein eher unbedeutender Nebenfluss der Ruhr und mündet auf dem Gebiet von Hagen nach insgesamt 50 Kilometern in die deutlich größere Ruhr.

WIR BLEIBEN AM UFER DER RUHR, während sich zu unserer Linken die Ruhrhöhen erheben und wir ein weiteres Wasserkraftwerk entdecken. Dabei handelt es sich gleichzeitig um die Staustufe des **Hengsteysees**. Die Ruhr wird auf ihrem Weg vom Sauerland bis zur Mündung in den Rhein in Duisburg insgesamt sechs Mal zu Seen gestaut. Eines dieser Gewässer ist der Hengsteysee, der im Jahr 1929 fertiggestellt wurde. Wie auch bei seinen fünf Pendants sieht man dem See seine Eigenschaft als solcher kaum an, da sämtliche Stauseen der Ruhr sehr in die Länge gezogen sind und stellenweise eher einem breiten Fluss ähneln. Der Hengsteysee alleine bringt es auf 4 Kilometer Länge, die knapp unterhalb der Lennemündung beginnen und an der Staumauer des Laufwasserkraftwerks in Hengstey enden. Letzteres wurde vor wenigen Jahren mit einer Fischwanderstufe ausgestattet, damit die Fische der Ruhr auch stromaufwärts gelangen können. Zudem ist der See ein beliebtes Ausflugsziel und kann auf einem sechseinhalb Kilometer langen Wanderweg komplett zu Fuß umrundet werden.

WIR WANDERN ZWAR WEITER AM UFER, doch nun ist es nicht mehr die Ruhr zu unserer Rechten, sondern der lang gestreckte See, der auch für sein Pumpspeicherkraftwerk bekannt ist, welches den See dominiert und bereits vor uns zu erkennen ist. Das Pumpspeicherkraftwerk Koepchen war eines der ersten seiner Art und wurde 1930 in Betrieb genom-

Das Kaiser-Wilhelm-Denkmal erhebt sich auf den Ruhrhöhen in Hohensyburg.

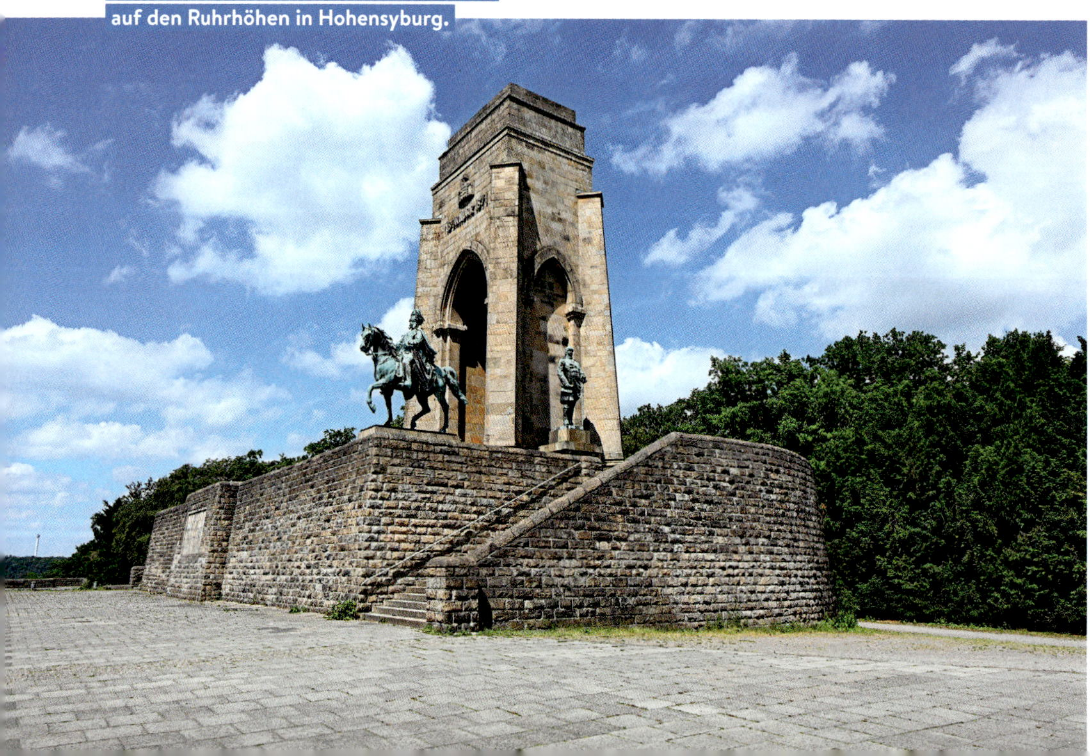

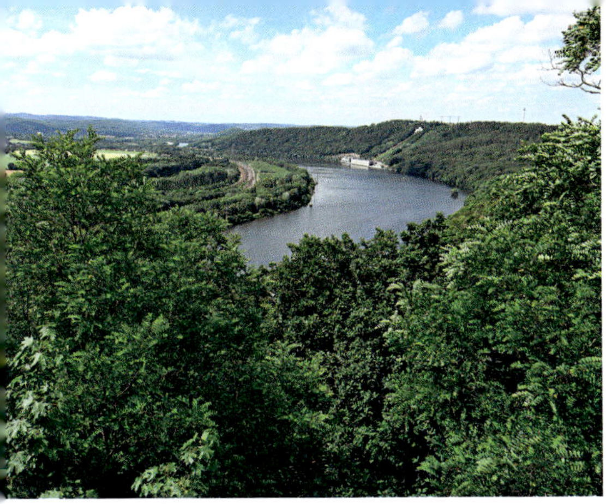

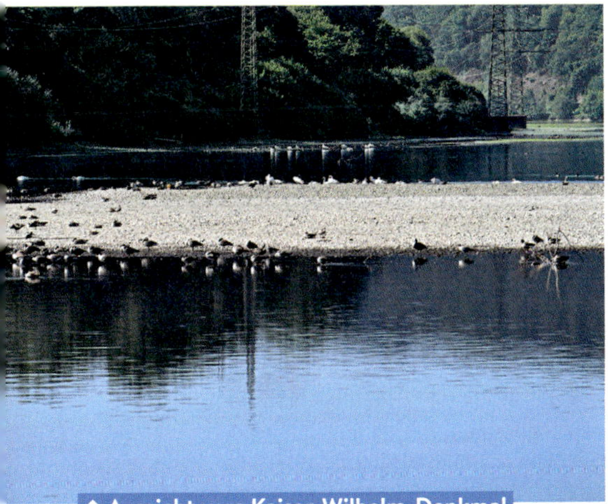

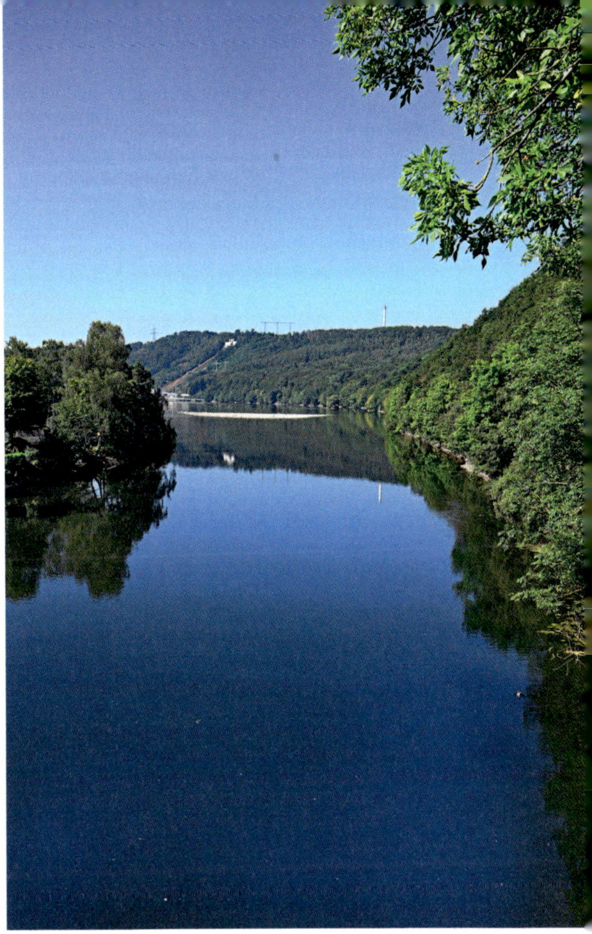

↑ Aussicht vom Kaiser-Wilhelm-Denkmal
↑ Vogelparadies an der Ruhr ↗ Der Hengsteysee in seiner fast vollen Länge

men. Es produzierte ungezählte Megawattstunden Strom, bis es im Jahr 1994 außer Betrieb genommen, durch ein moderneres Kraftwerk gleich nebenan ersetzt und unter Denkmalschutz gestellt wurde. Unter den zahlreichen Hochspannungsleitungen und vorbei am Kraftwerk Koepchen ist unser nächstes Ziel das Türmchen auf einer kleinen Insel gegenüber dem **Seeschlösschen**. Beim sogenannten Seeschlösschen handelt es sich um die Villa Niedernhofen, die vom Schraubenfabrikanten Wilhelm Funke erbaut wurde und daher auch unter dem Namen Funkenburg bekannt ist. Gleich gegenüber sieht man eine kleine Insel im Hengsteysee, auf der sich der sogenannte Mäuseturm erhebt. Es handelt sich um einen verbliebenen Brückenkopf einer Brücke, die einstmals an dieser Stelle die Ruhr überspannte. Nach der Fertigstellung des Hengsteysees existierte die Brücke nicht mehr, der Turm ist jedoch bis heute geblieben.

HINTER EINER BRÜCKE nehmen wir Abschied vom Seeufer und gehen an einem Abzweig nach links hoch auf die Ruhrhöhen. Durch den dicht bewaldeten Hang wandern wir auf einem schmalen Pfad, der sich mit engen Haarnadelkurven nach oben windet und uns auf die Ruhrhöhen bringt. Oben angekommen, werfen wir natürlich zuerst einen Blick zurück und genießen die Aussicht. Doch dann biegen wir nach links ab und gehen ein kurzes Stück bis zum mächti-

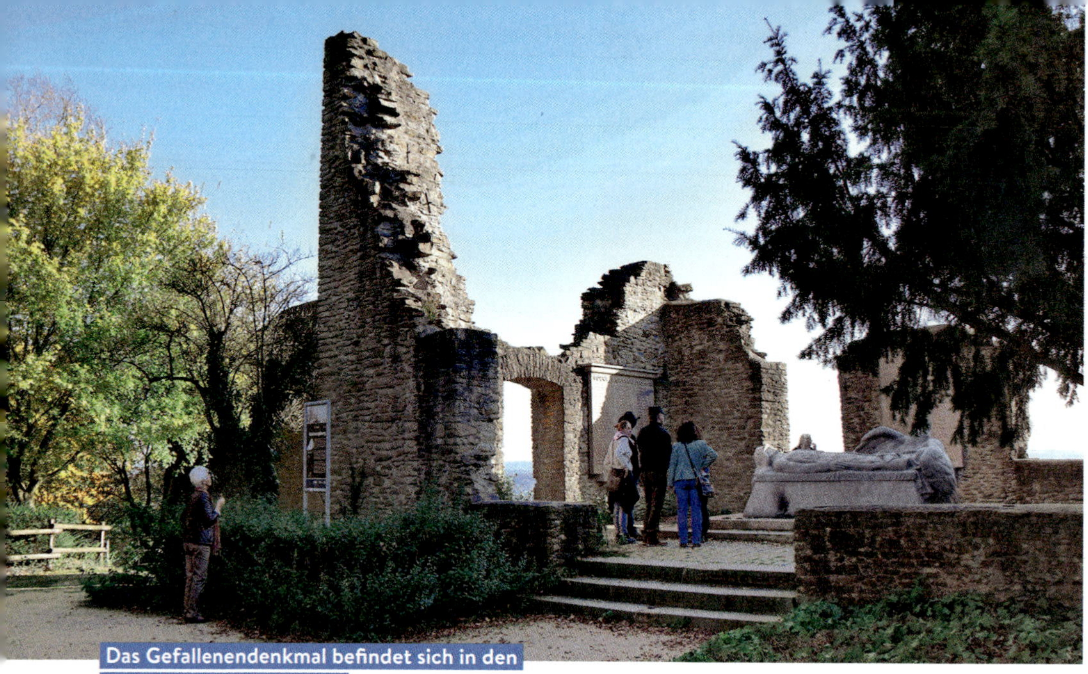

Das Gefallenendenkmal befindet sich in den Ruinen der Hohensyburg.

gen Kaiser-Wilhelm-Denkmal. Auch vom Denkmal aus bietet sich ein wunderbarer Blick über das Ruhrtal, doch es wartet die nächste Sehenswürdigkeit auf uns. Hierfür gehen wir an dem ersten Aussichtspunkt vorbei und treffen auf die Mauern der Ruine Hohensyburg mit ihrem Vincketurm.

IM DORTMUNDER STADTTEIL SYBURG befindet sich die Ruine der Burg Hohensyburg, die vermutlich Mitte des 12. Jahrhunderts erbaut wurde. Vieles aus den Anfängen der Burg ist noch unklar, so wird zum Beispiel auch gemutmaßt, dass es sich bei der Ruine um Überreste von zwei Burgen handeln könne. Genauere Angaben bestehen zum benachbarten **Vincketurm**. Dieser 26 Meter hohe Turm wurde nämlich erst im Jahr 1857 eingeweiht und diente als Aussichtsturm. Auch das Kriegerdenkmal innerhalb der alten Burgmauern ist natürlich deutlich jüngeren Datums und wurde erst 1930 enthüllt. Seither erinnert es an die gefallenen Soldaten des Ersten Weltkriegs.

MIT DEM RUHRTAL und der Ruine im Rücken spazieren wir durch die kleine Grünanlage leicht bergab zu einem Wäldchen, wenden uns am Waldrand nach links und wandern an einem Fachwerkhaus vorbei wieder in Richtung Kaiser-Wilhelm-Denkmal. Doch noch vor dem Denkmal tauchen wir nach rechts in den Wald ab und steigen deutlich bergab. An einer T-Kreuzung wenden wir uns nach rechts, um kurz darauf wiederum nach links abzubiegen. In engen Serpentinen kommen wir zu einem verschlossenen Stolleneingang der ehemaligen Zeche Graf Wittekind und halten uns dort rechts. An einer Landstraße biegen wir nach links ab, folgen dem Verlauf durch eine weite Linkskurve und gehen hinter der Kurve wieder rechts in den Wald, um schon nach wenigen Metern wieder nach links abzubiegen. Nun bleiben wir etwas oberhalb der Straße und wandern gemütlich im leichten Auf und Ab durch den Wald.

AUF DEM HÖHENWEG nähern wir uns wieder dem Ruhrtal, bleiben im Hang und wandern oberhalb des Hengsteysees in Richtung

Kraftwerk Koepchen. Immer wieder genießen wir die Blicke über den See hinweg bis nach Hagen, treffen dann auf die Wohnsiedlung Am Klusenberg und halten uns halb rechts, um der Straße bergauf zu folgen. An einer Einmündung gehen wir vorbei bis zum Ende der Straße, umrunden eine Lichtung und folgen auf einem Waldweg der Wanderwegmarkierung X. Zwischen Feldern stoßen wir auf eine T-Kreuzung, an der wir uns nach links wenden. Auf dem Hauptweg bleibend, gehen wir wieder in einen Wald, wandern auf dem Ruhrhöhenweg und ignorieren alle Abzweige nach rechts und links. Hochspannungsleitungen sind uns ein Zeichen, dass wir uns nun oberhalb des Kraftwerks befinden und an einer T-Kreuzung links abbiegen. Das Oberbecken des Pumpspeicherwerks befindet sich hinter den Bäumen versteckt auf der linken Seite.

NACH WENIGEN AUGENBLICKEN biegen wir rechts in die Altenbergstraße ein und wandern auf ihr mit einem deutlichen Gefälle zunächst über eine Kreuzung durch den Wald und an einigen Wohnhäusern vorbei. Später erreichen wir ganz automatisch die Unterführung unter der Bundesstraße 54 und wandern an einer kleinen Wohnstraße weiter geradeaus. Zum Abschluss überqueren wir die Hauptstraße, gehen geradeaus in die Bahnhofstraße und erreichen nach wenigen Momenten den Ausgangspunkt dieser Wanderung.

INFO

Mittel | 4.00 Std. | ca. 14 km | 269 Hm

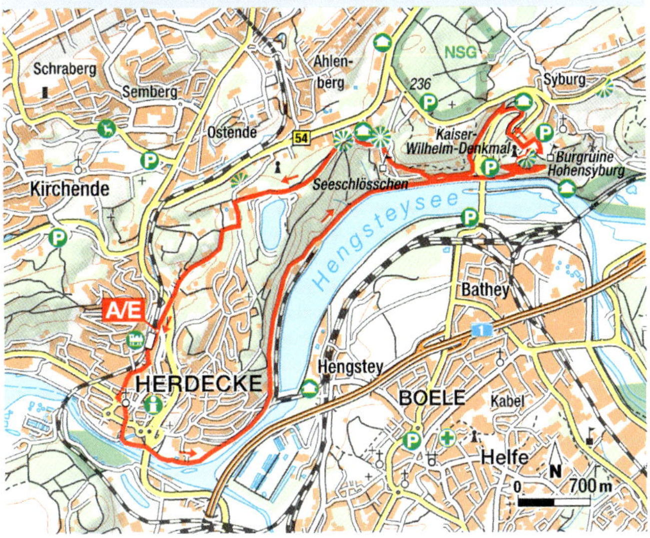

TOURENCHARAKTER

Gut ausgebauter Uferweg; später wurzeliger Waldboden.

AUSGANGS-/ENDPUNKT

Stadtzentrum Herdecke

ANFAHRT

Mit der Regionalbahn bis Herdecke. Mit dem Auto auf der A1 bis zur Ausfahrt 88 (Hagen-West) und weiter auf der B54 bis in das Zentrum von Herdecke

GEHZEITEN

Bis Hengsteysee 0.45 Std. – Seeschlösschen 1.30 Std. – Kaiser-Wilhelm-Denkmal 2.15 Std. – Ruine Hohensyburg 2.30 Std. – Stadtzentrum Herdecke 4.00 Std.

BESTE JAHRESZEIT

Ganzjährig

EINKEHR

Zweibrücker Hof, Zweibrücker Hof 4, 58313 Herdecke, Tel. 02330/60 50, www.riepe.com; Proto im Schiffwinkel, Im Schiffwinkel 35, 58313 Herdecke, Tel. 02330/21 55 und verschiedene Einkehrmöglichkeiten in Herdecke

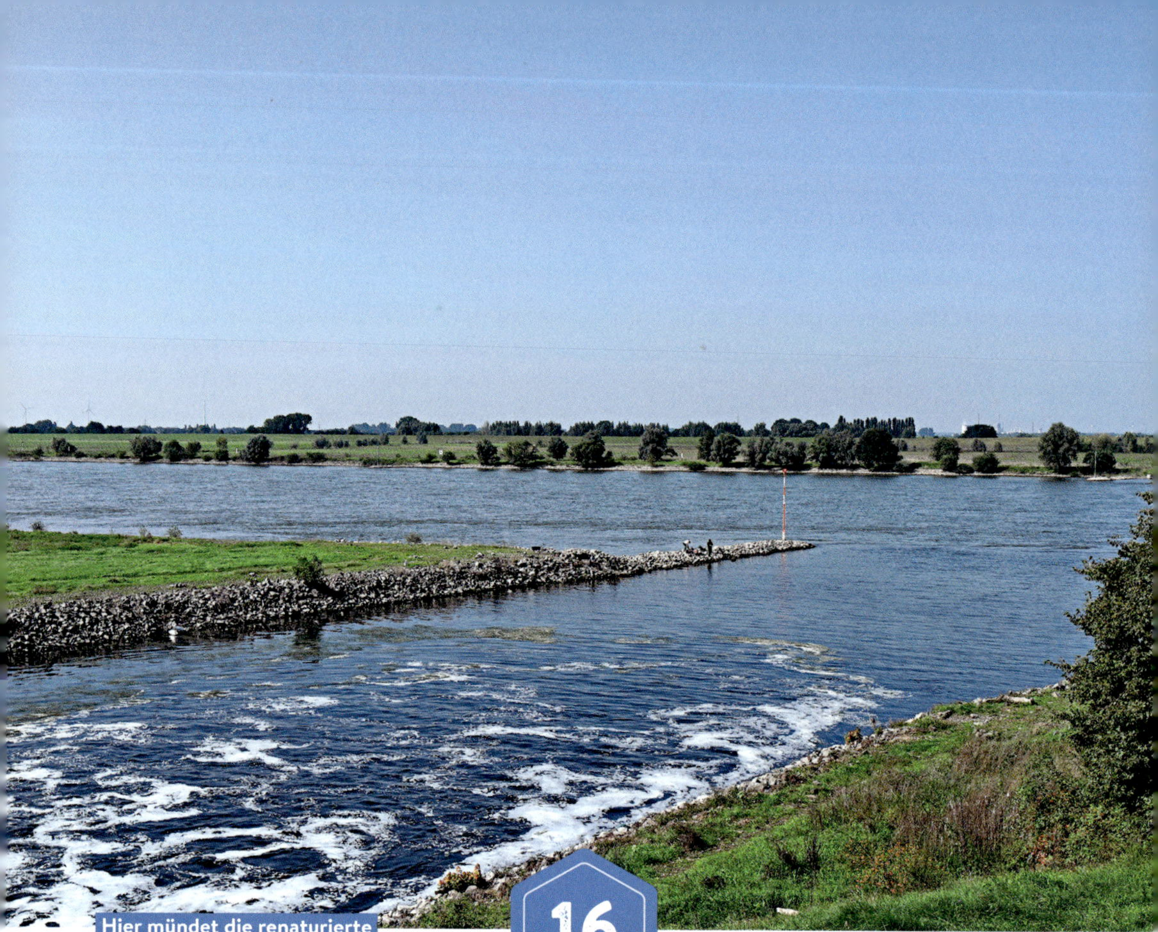

Hier mündet die renaturierte Emscher in den Vater Rhein.

16

Treffpunkt von Emscher und Rhein

Rheinauen-Wanderung bei Duisburg und Dinslaken

Es ist nicht nur die Emscher, die bei Dinslaken in den Rhein mündet. Auch den Rotbach lernen wir kurz vor seiner Mündung noch kennen. Doch mit den beiden Flüssen ist es bei dieser Wanderung nicht getan, denn in der Uferlandschaft von Duisburg-Walsum blicken wir natürlich auch auf Vater Rhein und genießen die Wanderung zwischen Schloten und Schafen.

WIR BEGINNEN UNSERE WANDERUNG durch die Rheinauen und zur Mündung der Emscher ausgerechnet an einem ganz anderen Fluss, nämlich am Rotbach. Auf eine Länge von rund 22 Kilometern bringt es der Rotbach, der im Oberhausener Norden entspringt und zunächst als Vennbach bezeichnet wird. Nach Überquerung der Stadtgrenze zu Bottrop trägt er den Namen Ebersbach. Seinen endgültigen Namen erhält der Rotbach dort, wo er das Wasser des Pötteringsbachs aufnimmt. Wie in der Region und besonders bei der Emscher üblich, ist der Rotbach ebenfalls von Bergsenkungen betroffen und kann seinen jetzigen naturnahen Lauf nur mithilfe von mehreren Pumpwerken erreichen. Hat das Gewässer in seinem Oberlauf zwar eine andere Bezeichnung, so ist er jedoch Namensgeber für den Rotbachsee und den Radrundweg Rotbachroute, auf der man nicht nur den Rotbach, sondern auch Teile der Lippe, der Emscher und des Rheins kennenlernt.

NACH DEM PARKPLATZ biegen wir an der Hans-Elfing-Sporthalle links ab und folgen dem Fluss in Fließrichtung bis zu einer Brücke, an der wir das Ufer wechseln, dem Fluss aber weiter folgen. An der Eppinkstraße wird unsere Flussreise kurz unterbrochen, und wir wenden uns nach links, um wenig später auf dem Küstermannsweg durch eine Wohnsiedlung wieder zum Rotbach zu gelangen. An seinem linken Ufer gehen wir an einem Feldhandballplatz und mehreren Tennisplätzen vorbei und in einen dichten Wald. An einer Kreuzung biegen wir rechts ab, überqueren den Rotbach, wenden uns anschließend nach links und genießen die Waldwanderung, bis wir schließlich an einem Schützenheim die Friedrichstraße erreichen.

WIR WENDEN UNS NACH LINKS, biegen gleich hinter einer Bahnunterführung wieder nach links ab und folgen dem Leitgraben

Tipp

EMSCHER

Nachdem wir den Beginn der Emscher bei Holzwickede kennenlernen durften, wandern wir hier am Ende des Flusses durch die Auen am Rheinufer. Dazwischen liegen 83 Kilometer Flusslauf, auf dem die Emscher einen ungewöhnlichen Wasserlauf bildet. Wurde der Fluss einst als Abwasserkanal genutzt, so ist er in den letzten Jahren von der in Essen ansässigen Emschergenossenschaft umfangreich naturnah umgestaltet worden. So wurde aus der halboffenen, schnurgeraden und optisch wenig attraktiven Betonröhre ein grünes Flussbett, durch das die Emscher nun stellenweise malerisch mäandert.

Auch der deutlich schmalere Rotbach findet sein Ende im Rhein.

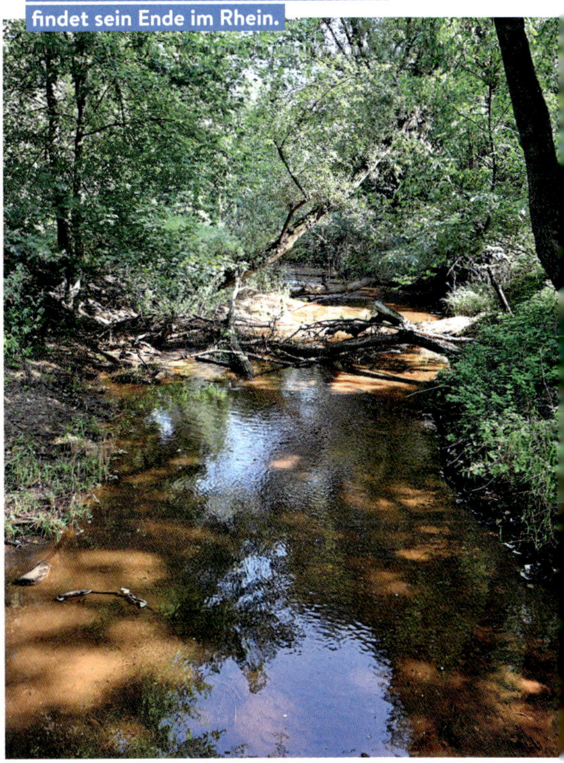

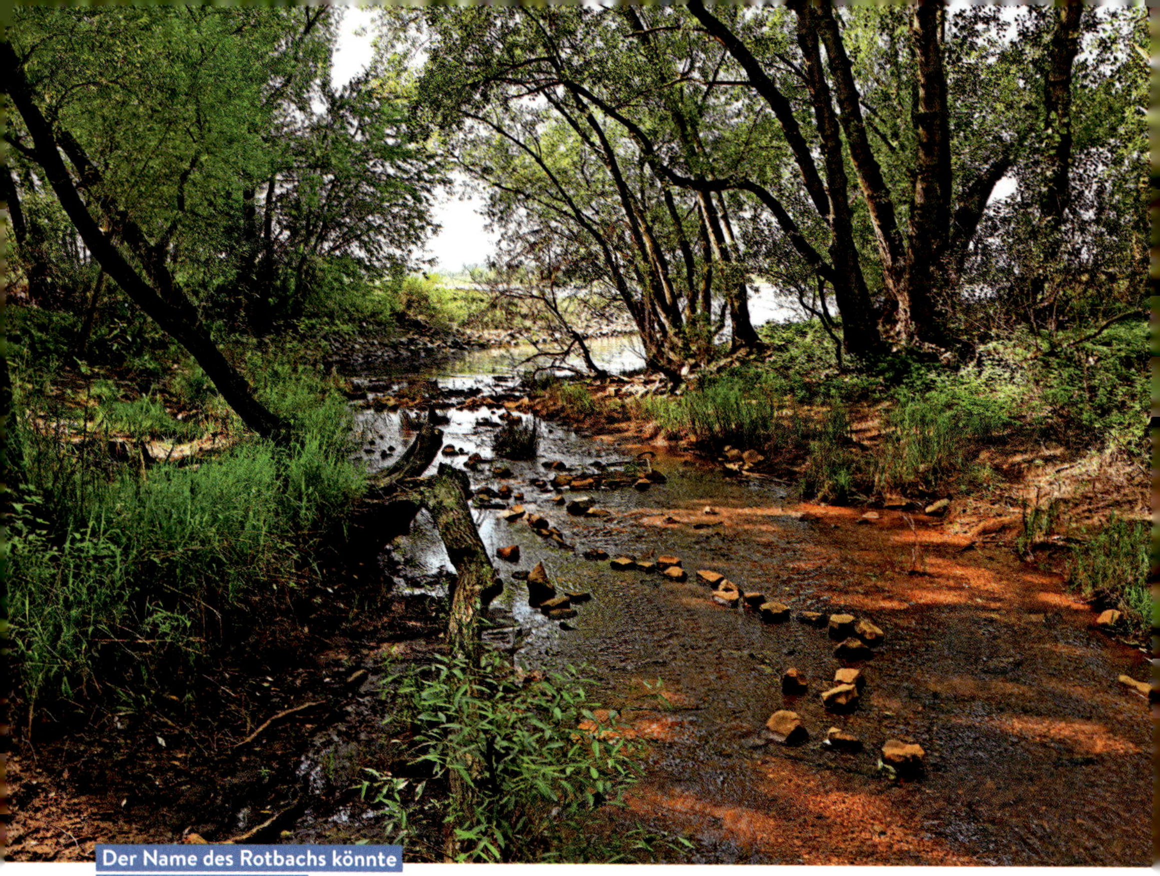

Der Name des Rotbachs könnte kaum treffender sein.

bis kurz vor seine Mündung in den Rhein. An der Mündung dieses Entwässerungsgrabens überqueren wir ihn und erreichen am Rheinufer entlang in wenigen Augenblicken die Mündung des Rotbaches, der sich hier von uns verabschiedet. Nach dem Rotbach haben wir zu unserer Rechten nun mit dem Rhein einen deutlich größeren und bekannteren Fluss neben uns, genießen die Wanderung auf dem Deich und gelangen ganz automatisch zur Mündung der Emscher, wo der Fluss sein Ende findet und wir im Haus Stapp eine Einkehrmöglichkeit gefunden haben. Auf der Südseite der Emscher bleiben wir parallel zum Rheinufer, schauen ein paar blökenden Schafen beim Fressen zu und wandern nun durch das grüne Naturschutzgebiet Rheinaue-Walsum.

DER RHEIN hat seit seinem Nullkilometer am Bodensee rund 793 Kilometer Strecke hinter sich gebracht, bis er auf der rechten Seite gleich hinter dem Nordhafen Walsum das Naturschutzgebiet Rheinaue-Walsum erreicht. Doch selbst diese schöne Grünfläche, die zahlreichen Tieren eine Heimstätte bietet, ist nicht rein natürlichen Ursprungs, sondern entstand durch Bergsenkungen. Von verschiedenen Schutzhütten aus hat man mehrere Möglichkeiten, Vögel zu beobachten, was besonders in den Wintermonaten eine wahre Freude ist, wenn bis zu 10 000 Gänse das Naturschutzgebiet als Zwischenquartier auf ihren weiten Wanderungen nutzen.

UNSER WEG führt uns geradewegs bis zur Königstraße, wo wir links abbiegen und am Ortsrand von Duisburg-Walsum auf der folgenden Kaiserstraße wiederum links abbiegen und weiterwandern. Vor einer Eisenbahnunterführung wenden wir uns nach links und genießen weiterhin die Route durch die Rheinauen. Hinter wenigen Wohnhäusern biegen wir rechts in die Konrad-Adenauer-Straße ein, unterqueren eine Eisenbahnlinie und treffen ein letztes Mal in diesem Buch auf die Emscher, die hier gemächlich auf die nahe Mündung zufließt. Nach der Emscherüberquerung biegen wir rechts auf die Willy-Brandt-Straße ein, verlassen diese aber schon an der nächsten Ampelkreuzung nach links und wandern auf der Alleestraße an der Trabrennbahn Dinslaken entlang.

AUF DER BÄRENKAMPALLEE erreichen wir das Zentrum von Dinslaken, biegen auf der Wiesenstraße links ab und gehen rechts in die Duisburger Straße, wo sich wenig später am Altmarkt die Kirche Sankt Vincentius erhebt. Auf der Marktstraße überqueren wir wieder den bekannten Rotbach, halten uns rechts und folgen dem kleinen Fluss an der Kreuzstraße entlang bis zu unserem Ausgangspunkt.

INFO

TOURENCHARAKTER
Abwechslungsreicher Mix aus Asphalt, Waldboden und schmalen Pfaden

AUSGANGS-/ ENDPUNKT
Hans-Elfing-Sporthalle, Dinslaken

ANFAHRT
Mit dem Bus zur Haltestelle Rotbachstraße. Mit dem Auto auf der A59 bis zur B8 und an der Voerder Straße zweimal links abbiegen

GEHZEITEN
Bis Rotbachmündung 1.30 Std. – Emschermündung 2.00 Std. – Hans-Elfing-Sporthalle 4.30 Std.

BESTE JAHRESZEIT
Ganzjährig

EINKEHR
Verschiedene Einkehrmöglichkeiten im Zentrum von Dinslaken, Restaurant Alt Stapp, 46535 Dinslaken, Tel. 02064/60 14 32

Leicht	4.30 Std.	ca. 17 km	9 Hm

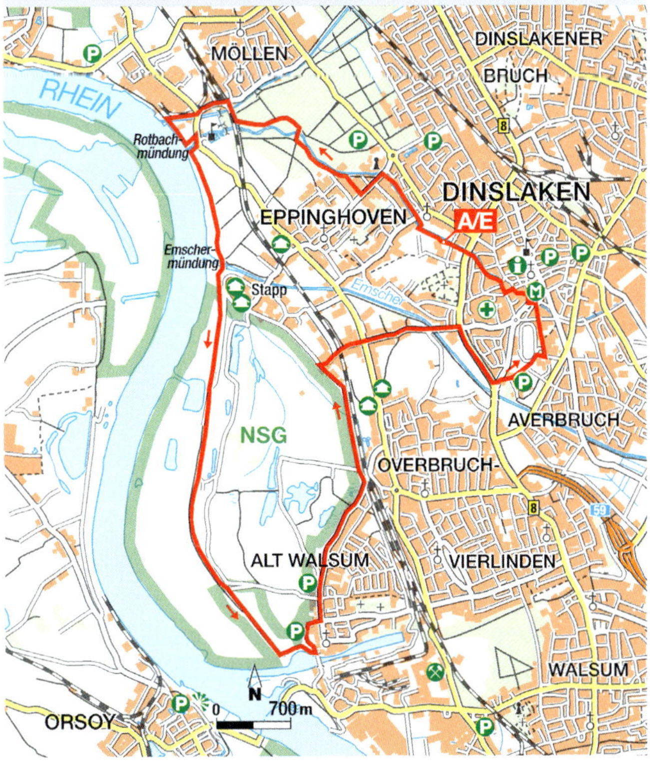

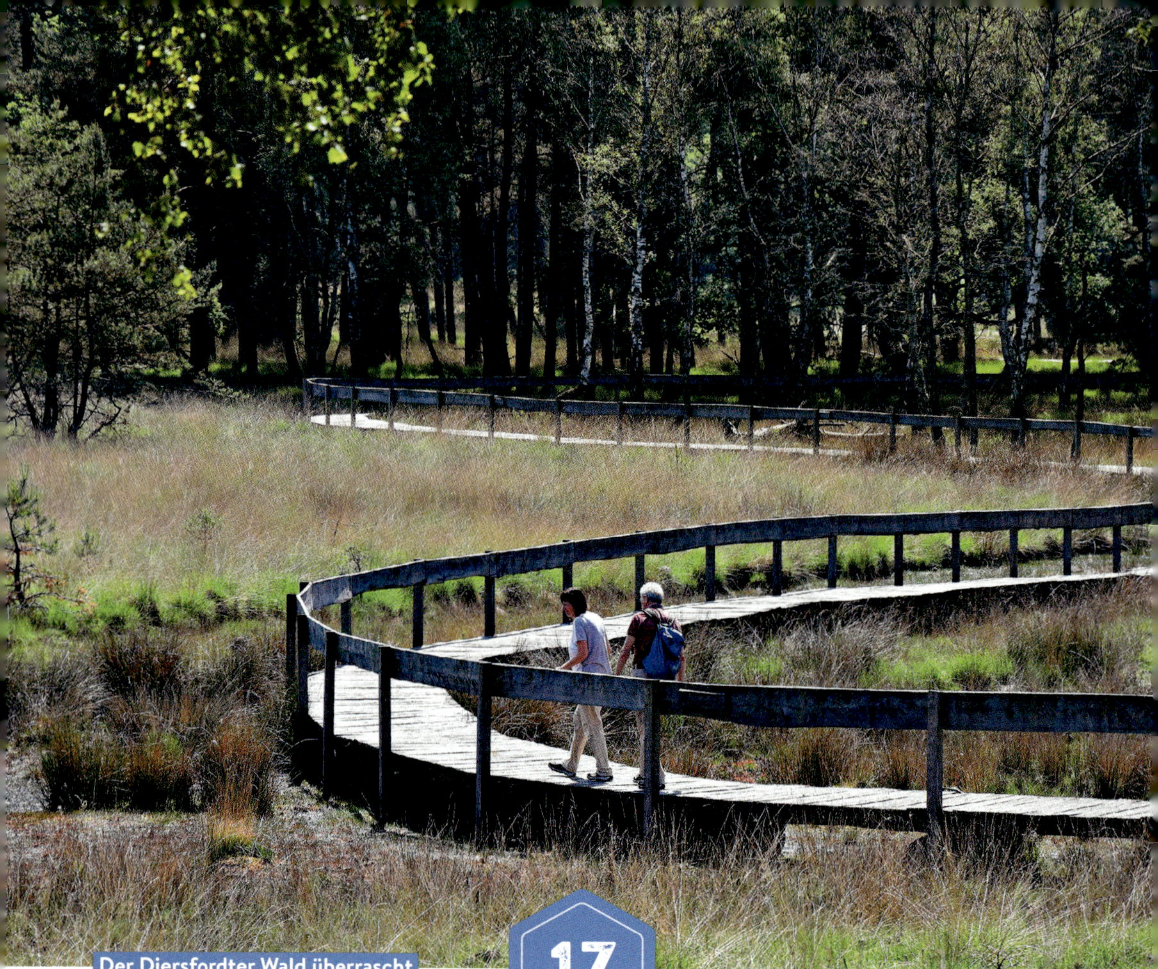

Der Diersfordter Wald überrascht mit einem Holzbohlenweg durchs Venn.

17

Auf Holzbohlenpfaden unterwegs

Naturgenuss im Diersfordter Wald bei Wesel

Satte 20 Kilometer führt uns diese Wanderung durch die waldreiche Landschaft zwischen Wesel und Hamminkeln sowie am Auesee vorbei. Auf einigen Abschnitten lohnt es sich, langsamer zu gehen und mit einem genießerischen Blick die Landschaft zu erleben. Also genau das Richtige für Langschläfer.

WIR LASSEN DEN PARKPLATZ hinter uns, überqueren die Mühlenfeldstraße und wenden uns zunächst einmal nach links. Schon nach wenigen Augenblicken verlassen wir diese halb rechts und spazieren an einem schönen, mit Efeu berankten Ziegelsteinbau vorbei, geradewegs auf das Areal des spätbarocken Schlosses Diersfordt zu. Das Wasserschloss Diersfordt besteht in seiner heutigen Form seit dem Ende der 1920er-Jahre, als es nach einem zerstörerischen Brand neu aufgebaut wurde. Die Geschichte des Anwesens reicht jedoch viele Jahrhunderte zurück bis in die Zeit, in der die Herren von Wylich eine Burg errichteten. Eine Reise in die damalige Zeit kann man auch heute noch machen. An jedem zweiten Septemberwochenende findet vor der passenden Kulisse ein mittelalterlicher Handwerkermarkt statt.

UM DAS SCHLOSSENSEMBLE zu besichtigen, müssen wir an der folgenden T-Kreuzung links abbiegen und entlang der Allee bis zur Zufahrt gehen. Wer dem Schloss Diersfordt erst am Ende der Wanderung einen Besuch abstatten möchte, der wendet sich nach rechts und folgt der Kastanienallee durch ein ruhiges Wohnviertel in den Wald hinein. Schon gleich nachdem wir Waldboden betreten haben, biegen wir an der ersten Kreuzung nach rechts ab. Am folgenden Querweg Am Jäger wenden wir uns nach links und wandern rund 200 Meter durch den Wald, bis wir auf die Bundesstraße 8 treffen. Diese überqueren wir vorsichtig und finden uns auf der anderen Straßenseite an einer Hundeschule wieder. Hier gehen wir wieder in den dichter werdenden Wald hinein und beginnen nun mit der eigentlichen Wanderung durch den Diersfordter Wald auf der sogenannten Hirschkäferroute. Ein gut ausgebautes Wegenetz führt durch den größten zusammenhängenden bodensauren Eichenwald in Nordrhein-Westfalen. Der Diersfordter Wald besteht im Wesentlichen aus Eichen und Kiefern, doch wird er immer wieder malerisch von kleinen Moor- und Heideflächen unterbrochen, in denen man seltenen Tieren und Pflanzen begegnen kann. Dazu zählen Sonnentau, Moorfrösche und der Hirschkäfer, der hier zudem seine größte Population in Nordrhein-Westfalen hat.

NACH EINER LEICHTEN RECHTSKURVE biegen wir gleich an der ersten Möglichkeit rechts ab und wandern auf dem fast geraden Waldweg durch den Forst. Hinter einer Lichtung beschreibt unser Weg eine sanfte Linkskurve und wir erreichen nach einiger Zeit eine T-Kreuzung. Unsere Strecke verläuft eigentlich nach links, doch lohnt sich ein kurzer Abstecher von wenigen Metern nach rechts, wo wir den Zugang zu einer Wildbeobachtungsstelle entdecken. Nach einer kurzen Pause an der Beobachtungsstation wandern wir wie erwähnt auf dem Bocholtschen Weg in nordwestliche Richtung. Gleichzeitig befinden wir uns hier genau auf der Stadtgrenze zwischen Wesel auf der lin-

Tipp

HOHE-MARK-STEIG

Der Hohe-Mark-Steig ist ein 120 Kilometer langer Wanderweg, der durch die gesamte Hohe Mark verläuft. Er beginnt im Osten an der Lippe bei Olfen, führt an Haltern und Schermbeck vorbei, bis er hier im Westen bei Wesel endet. Er ist in zwölf Etappen unterteilt und ein noch sehr junger Wanderweg, der von engagierten Wanderern entworfen wurde. Daher fehlt es derzeit noch an einer durchgängigen Beschilderung, die aber im Lauf der Zeit folgen wird.

ken und Hamminkeln auf der rechten Seite. Nach etwas über 400 Metern verlassen wir Wesel vorläufig und biegen auf einen Waldweg nach rechts ein.

GLEICH ALS ERSTES FÄLLT UNS AUF, dass die Wanderwege in Hamminkeln offenbar nicht mehr so schnurgerade sind. Denn gleichzeitig haben wir die Hirschkäferroute verlassen und bewegen uns nun auf dem Moorerlebnisweg fort, der wenig später in einen Holzbohlenweg übergeht. Vorher informiert uns noch eine Hinweistafel über die hiesige Moorlandschaft. Zartes Wollgras wächst in die Höhe, Moose breiten sich über die Fläche aus und mit etwas Glück sehen wir Wildschweine, Rothirsche oder Mufflons. Kurz hinter der Moorlandschaft erreichen wir den Holzbohlenweg, der uns auf einem kurvigen Pfad durch die sogenannte Dünenlandschaft bringt. Immer wieder halten wir auf dem Weg an, um in der feuchten Landschaft Wildtiere auszumachen und um einfach die Ruhe des Wildgatters zu erleben.

WENIG SPÄTER tauchen wir wieder in den Wald ein und biegen an einer T-Kreuzung nach rechts ab. In einem sanften Linksbogen gelangen wir zu einer weiteren T-Kreuzung und wenden uns erneut nach rechts. An der Querstraße Bislicher Wald sehen wir halb links eine Funkstation der Bundeswehr, halten uns aber rechts und verlassen die Straße Bislicher Wald nach rund 350 Metern auch schon wieder – abermals – nach rechts. Auf diese Weise umrunden wir die Dünenlandschaft und können so auch den Blick von der anderen Seite aus genießen. Wir folgen dem Weg nun geradeaus, werfen nochmals einen Blick auf die sich rechts von uns ausbreitende Moorlandschaft und durchqueren den Wald bis zur Diersfordter Straße. An dieser wenden wir uns vorsichtig nach rechts und verlassen sie schon nach 150 Metern halb links in den Heuweg.

AUF DEM HEUWEG geht es nun einige Zeit etwas unspektakulärer zu. Er führt uns schnurgerade zwischen einigen Feldern hindurch, sodass Wanderer mit Kondition nun auch mal ihr Schritttempo erhöhen können. An einer Kreuzung gehen wir geradeaus auf einem schmaleren Weg weiter, der schon mit seinem Namen Am Schwarzen Wasser auf die nächste Sehenswürdigkeit hinweist. Der Weiher Schwarzes Wasser breitet sich gleich vor uns aus und wir haben die Qual der Wahl, das herrliche Naturschutzgebiet rechts oder links herum zu passieren. Der Weiher ist Namensgeber für das FFH-Gebiet (Fauna-Flora-Habitat) und gilt als sogenannter Heideweiher. Gemeint sind damit Flachwasserseen mit wenig Nährstoffen. Der See ist bis zu 1,40 Meter tief und von Kiefern und Birken umgeben, die auf teilweise recht hohen Dünen rund um das Gewässer wachsen. Das Schwarze Wasser ist Heimat für das Froschkraut, einer sehr selten gewordenen Pflanze, die man im Wasser an ihrer gelb-weißen Blüte erkennt.

BEIDE WEGE HABEN IHREN REIZ und treffen sich später wieder. Wir wandern links an dem Weiher vorbei, genießen den Ausblick auf das Schwarze Wasser mit seiner Fauna und erspähen einige Zeit hinter dem Gewässer auf der rechten Seite ein Feld. Direkt hinter dem Feld biegen wir rechts ab, wandern noch ein kurzes Stück durch den Wald und treffen auf einen Bahndamm. Vor den Gleisen halten wir uns rechts und wandern nun einige Zeit neben der Bahntrasse her. Auf der rechten Seite erkennen wir durch die Bäume und Sträucher seltsam anmutende Gebäude und Steinhaufen. Hierbei handelt es sich um Übungsruinen des Technischen Hilfswerks. Wir bleiben weiter dem Weg an der Bahnlinie treu, unterqueren eine Straßenunterfüh-

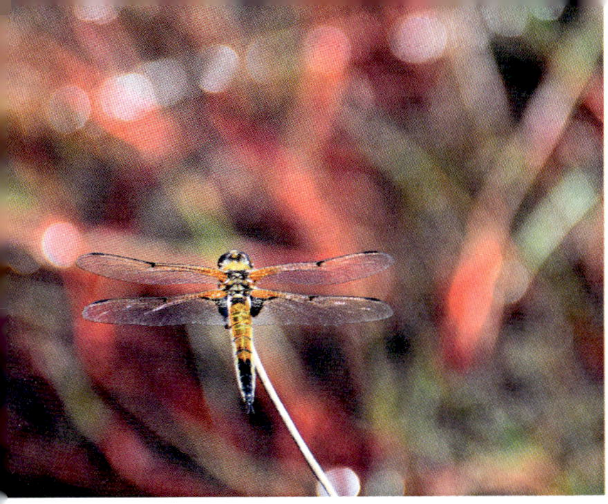

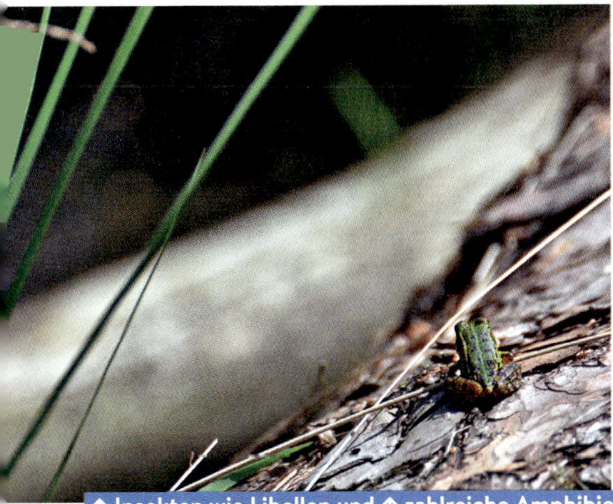

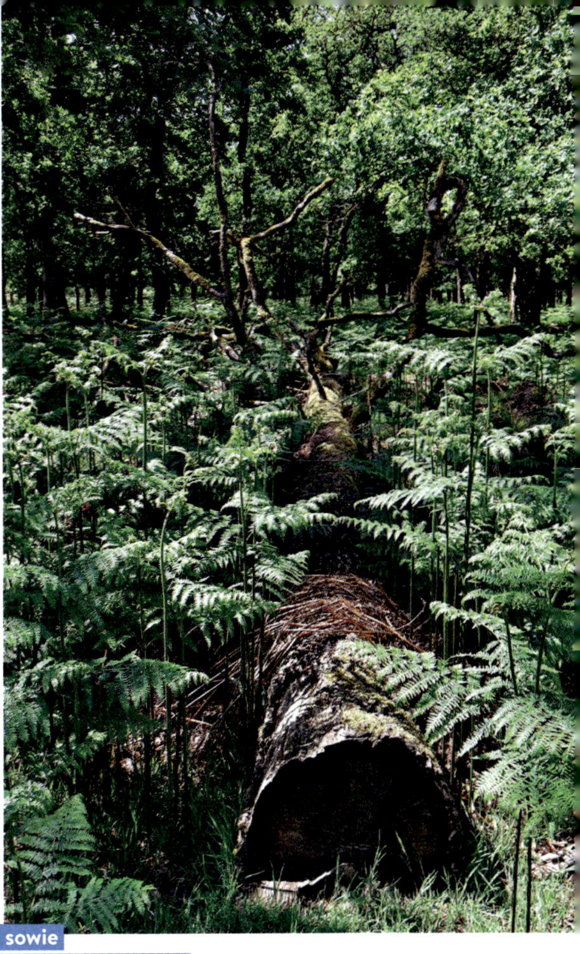

↑ Insekten wie Libellen und ↑ zahlreiche Amphibien sowie
↗ nützliches Totholz sieht man beinahe garantiert im Diersfordter Wald.

rung der Bundesstraße 473 und erreichen nach einiger Zeit das Waldhotel Tannenhäuschen. An dieser Stelle ist die A-Route von Etappe 12 des Hohe-Mark-Steiges eigentlich beendet. Doch da wir natürlich zu unserem Ausgangspunkt zurückkehren möchten, geht es auf der B-Route weiter.

AM WALDHOTEL TANNENHÄUSCHEN lassen wir den Hotelparkplatz auf der linken Seite und folgen der Zufahrtsstraße bis zur Ackerstraße. Dabei werfen wir auch einen Blick auf den Skulpturenpark Niederrhein zu unserer Rechten, in dem rund 50 Skulpturen aus unterschiedlichen Materialien verschiedener Künstler der Region zu sehen sind. Am Ende des Weges biegen wir links auf die Ackerstraße ein und wandern nun einige Zeit durch besiedeltes Gebiet, genauer gesagt durch den Weseler Ortsteil Feldmark. Wir überqueren die Emmericher Straße und passieren die Eissporthalle auf der rechten Seite. Gleich dahinter befindet sich das Gebäudeensemble eines Schulzentrums. Die Schulen wurden nach einem berühmten Sohn Wesels benannt – Konrad Duden. Der Lexikograf wurde 1829 rund zweieinhalb Kilometer westlich von unserem Standort auf Gut Bossigt geboren.

WEITER GERADEAUS erreichen wir die Karl-Straube-Straße, an der wir uns nach rechts wenden, um wenig später die Bundesstraße 8, die hier auch Reeser Landstraße

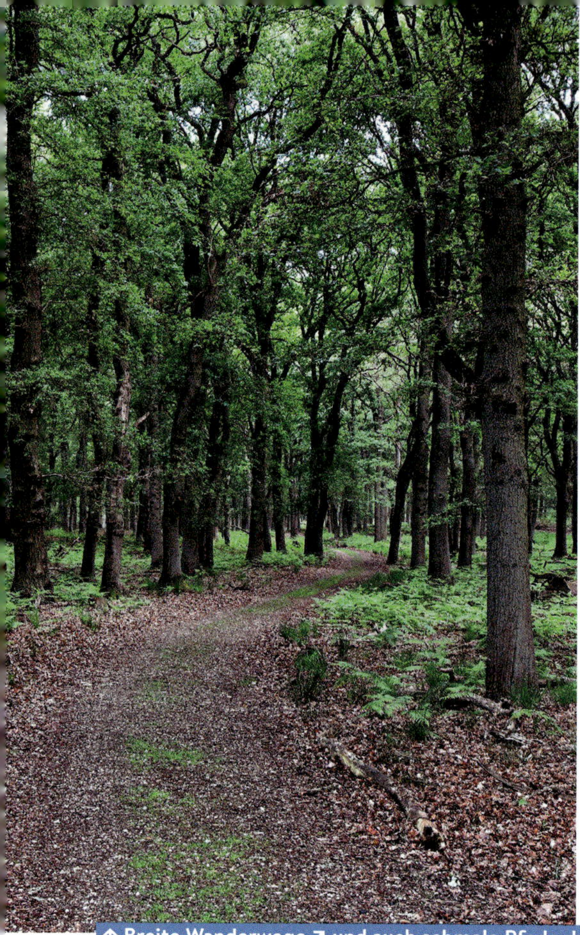

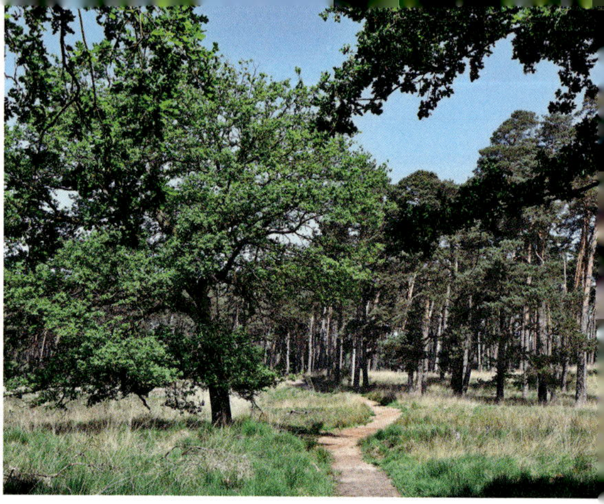

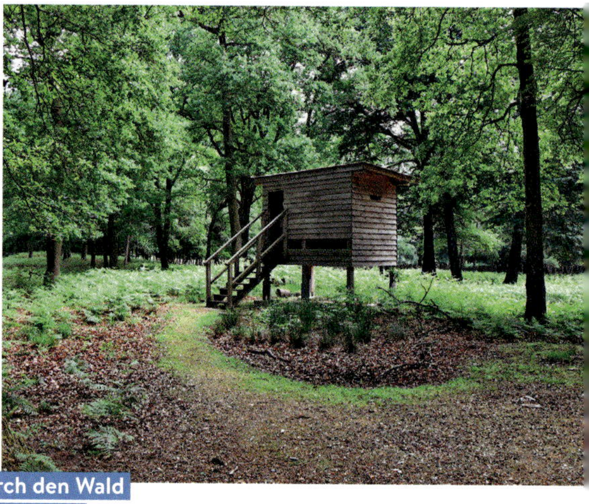

↑ Breite Wanderwege ↗ und auch schmale Pfade durch den Wald ↗ führen auch schon mal zu kleinen Beobachtungstürmchen.

heißt, zu überqueren. Die folgende Hans-Böckler-Straße durchqueren wir bis zur Nummer 34. An den dortigen Garagen biegen wir rechts auf einen kleinen Weg ab und stehen unmittelbar vor einem weiten Feld. Wir wenden uns nach links, biegen hinter dem Feld nach rechts ab und lassen den bewohnten Bereich von Wesel hinter uns.

UNSER WEG führt geradewegs auf den beliebten Auesee zu, von dem wir zunächst jedoch nur eine verhältnismäßig kleine Bucht kennenlernen. Wie so viele Seen in der Region entstand auch der Weseler Auesee durch Kiesausgrabungen. Diese waren in den 1980er-Jahren beendet und seither präsentiert sich der See als beliebtes Ausflugsziel. Neben Baden, Segeln und Surfen kann man hier auch zu einem Schiffswrack tauchen, das eigens für diesen Zweck im Auesee versenkt wurde und nun in rund 17 Metern Tiefe liegt. Vor dem See biegen wir links ab und lassen das Gewässer erst einmal unberücksichtigt. Wir erreichen die Straße Auedamm, biegen an ihr rechts ab und wenden uns an der nächsten Straßenüberquerung nach links. Dort sehen wir den Deichweg, der parallel zum Segelflugplatz verläuft. Auf diesem wandern wir nach rechts, überqueren die Straße Römerwardt und biegen rechts ab, sobald wir halb links eine Tennisanlage sehen. Automatisch gelangen wir zum südlichen Ufer des Auesees und können ihn von hier aus nun fast in voller Pracht erleben. Mit einer Linkskurve lassen wir den See zurück und gelangen wieder auf den Rheindeich. Das bedeutet, nach der Kurve biegen wir an der zweiten Möglichkeit rechts ab bis zur Bislicher Straße. Wir überqueren sie und folgen der Bauernstraße geradeaus durch die Felder des Weseler Ortsteils Flüren, den wir auf der rechten Seite erkennen.

NACH RUND 900 METERN tauchen wir wieder in den Diersfordter Wald ein. Wir bleiben stets geradeaus auf dem Hauptweg, der uns in einem weiten Bogen durch den Forst bringt. An einer kleinen Kreuzung sehen wir rechts noch einen Picknickplatz, doch eine Pause so kurz vor Abschluss der Wanderung lohnt sich kaum noch. Zu unserem Ausgangspunkt gelangen wir weiterhin geradeaus, doch an eben diesem Picknickplatz können wir links abbiegen, wenig später die Mühlenfeldstraße überqueren und Schloss Diersfordt besichtigen, falls wir das zu Anfang der Wandertour auf später verschoben haben.

INFO

TOURENCHARAKTER
Wenige Steigungen in überwiegendem Waldgelände. Zwischendurch auch ein Holzbohlenpfad durch die malerische Moorlandschaft

AUSGANGS-/ ENDPUNKT
Parkplatz Lindenberg, Wesel (Diersfordter Wald)

ANFAHRT
Mit dem Bus zur Haltestelle Diersfordt-Ort. Mit dem Auto die B473 an der Bushaltestelle Diersfordter Weg verlassen und der Straße geradeaus in den Wald folgen

GEHZEITEN
Bis Vennlandschaft 1.15 Std. – Schwarzes Wasser 3.00 Std. – Auesee 4.00 Std. – Parkplatz Lindenberg 5.00 Std.

BESTE JAHRESZEIT
Ganzjährig

EINKEHR
Parkrestaurant Tannenhäuschen, Am Tannenhäuschen 7, 46487 Wesel, Tel. 0281/96 69 79, www.tannenhaeuschen.de

Mittel | 5.00 Std | 19 km | 18 Hm

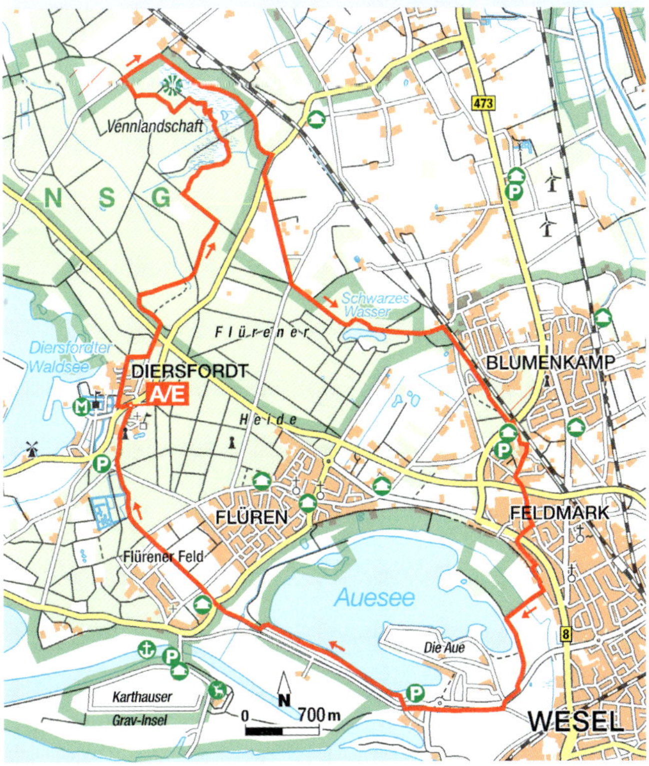

Genusstour im dichten Wald

Unterwegs im weitläufigen Duisburger Stadtwald

Langschläfer sind auf dieser Tour genau richtig. Einfach in den Wald spazieren, so lange man möchte, und so viel der Tag noch an Sonnenlicht hergibt. Wer einfach nur ein wenig Waldluft schnuppern möchte, schnappt sich eine kurze zweistündige Tour wie diese und lässt den Tag ganz ruhig angehen.

Der Duisburger Stadtwald besticht durch weitläufige Tourenmöglichkeiten.

18

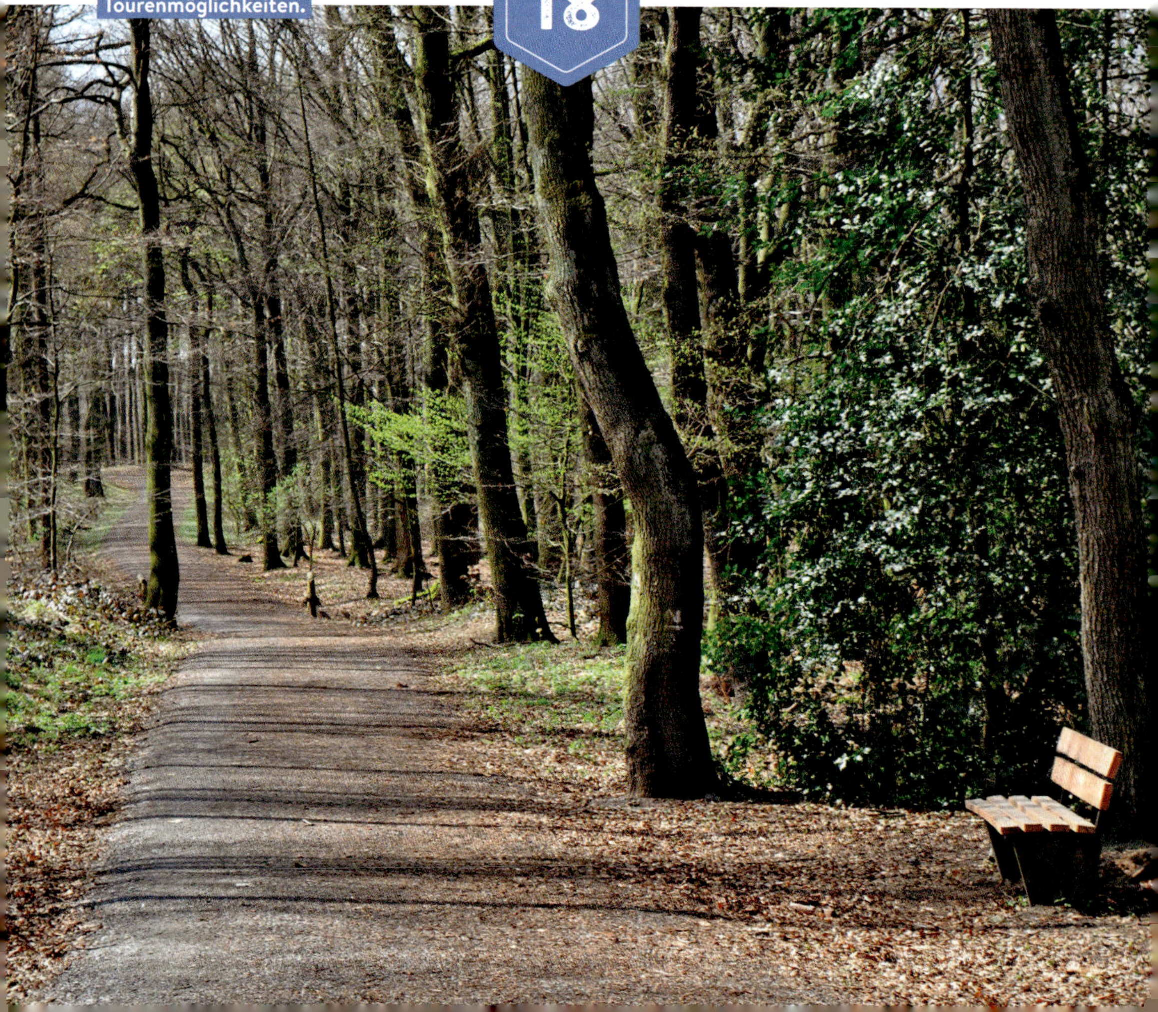

DER WANDERPARKPLATZ Uhlenhorstweg befindet sich bereits mitten im Wald und lässt zahlreiche Möglichkeiten offen. Gleichzeitig liegt er an der Stadtgrenze zwischen Duisburg und Mülheim, wobei wir dieser Grenze zunächst nordwärts folgen. Wanderer, die mit öffentlichen Verkehrsmitteln anreisen, verlassen zuvor aber den Bahnhof und gehen über die Bissingheimer Straße bis zum Worringer Weg. Die Autobahn wird unterquert. Kurz darauf erreichen wir ein Tempo-50-Schild, an dem wir rechts abbiegen und uns an einer Informationstafel des Mülheimer Umweltamtes befinden (siehe weiter unten).

WIR ÜBERQUEREN DIE LANDSTRASSE, die links den Namen Uhlenhorststraße (Duisburger Stadtgebiet) und rechts die Bezeichnung Uhlenhorstweg (Mülheimer Stadtgebiet) trägt. Gut zu erkennen ist die Stadtgrenze auch am Hinweisschild des Landschaftsschutzgebiets. Dort sind die beiden Wanderwegmarkierungen DU und M angebracht, deren Wege jeweils um die Stadt herum führen. Unser Weg führt leicht bergab, bis wir an die Markierung 5 kommen. Dort biegen wir scharf links in den schmaleren Waldweg. Zuvor sehen wir jedoch geradeaus, rund 50 Meter entfernt, einen Bahnübergang. Auf dem schmalen Weg laufen wir in einer lang gezogenen Linkskurve und erreichen wenig später eine kleine Kreuzung. An einem Baum ist der Hinweis A2 angebracht, der nach links unter eine Unterführung zeigt.

WIR WANDERN GERADEAUS und treffen nach wenigen Augenblicken auf ein ungewöhnliches Verbotsschild. Das leuchtendrote Schild richtet sich an Mountainbike-Fahrer und wirkt inmitten der Natur ein wenig deplatziert. Doch beim genauen Hinsehen fällt einem hinter dem Schild die Senke auf, die für Mountainbiker scheinbar ideal ist und bei schönem Wetter wird man sicherlich auch einige von ihnen, trotz Verbots, bei ihren Touren über die Buckelpiste sehen. Bei der Senke handelt es sich um einen alten Steinbruch, der im Mittelalter dazu genutzt wurde, Steine für die Duisburger Stadtmauer und das Dreigiebelhaus im Zentrum, dem ältesten Gebäude der Stadt, zu brechen. Heute stehen der alte Steinbruch und das umliegende Waldterritorium unter Naturschutz, was die Platzierung des Verbotsschildes erklärt.

VOR DER SENKE gehen wir links und nähern uns der Uhlenhorststraße. Wenige Meter vor dem Erreichen folgen wir dem Symbol X und wandern parallel zur Hauptstraße. Es folgt ein Zaun, an dem wir links abbiegen, um schließlich die Uhlenhorststraße zu nutzen. Auf ihr zweigen wir nach rechts ab, überqueren diese nach 200 Metern und gehen gegenüber vom Autobahnschild links in

Tipp

BUMMELBACH

Der Bummelbach entspringt nördlich des Homberg und bildet zusammen mit dem Weißbach und dem Pootbach ein wichtiges Gewässersystem des Duisburger Stadtwaldes. Im Gegensatz zu den beiden anderen Bächen im nördlichen Stadtwaldbereich ist der Bummelbach im Süden erst in seinem Unterlauf, genauer gesagt, auf der anderen Seite der nahe gelegenen Autobahn, von Menschenhand begradigt. Der naturnahe Lauf des Baches mit seiner Aue dient als Feuchtlebensraum für den Wald. Nach der Unterquerung der Autobahn mündet er durch ein Rohr in den Barbarasee im Sportpark Wedau.

die asphaltierte Straße. Da wir uns dem Forstbetriebshof der Stadt Duisburg nähern, ist es kaum verwunderlich, dass auf dem Weg einige Informationstafeln aufgestellt wurden, die die verschiedenen Baumarten des Duisburger Stadtwaldes erklären.

KURZ DARAUF überqueren wir in einer S-Kurve ein kleines Gewässer namens Bummelbach. Kurz hinter dem Betriebshof der Forstverwaltung gehen wir halb links und folgen dem blauen Pfeil auf gelbem Grund. Dieser mündet in die asphaltierte Straße Worringer Reitweg, welche gleichzeitig als Stadtgrenze fungiert. Damit befinden wir uns auf Mülheimer Stadtgebiet, was an der nächsten Gabelung spürbar ist. Dort befindet sich eine der 41 Informationstafeln, die das Mülheimer Umweltamt im Jahr 2009 an sämtlichen Naturschutzgebieten der Stadt aufstellen ließen. Die Tafeln zeigen neben einer hochauflösenden Luftbildaufnahme des Gebiets auch zahlreiche Informationen zu Flora und Fauna.

IN DIESEM FALL handelt es sich um das Naturschutzgebiet »Hangquellen an der Tannstraße«, das unter anderem den hiesigen Auenwald und das Gewässernetz erläutert. Wanderer, die mit öffentlichen Verkehrsmitteln anreisen, beginnen ihren Rundweg an dieser Stelle. An der Informationstafel gehen wir vorbei und halten uns an der Gabelung halb links. Für ein längeres Stück geht es

↓ Hin und wieder findet man historische Wegmarkierungen.

↘ Und Informationen aus vergangenen Tagen treten zum Vorschein.

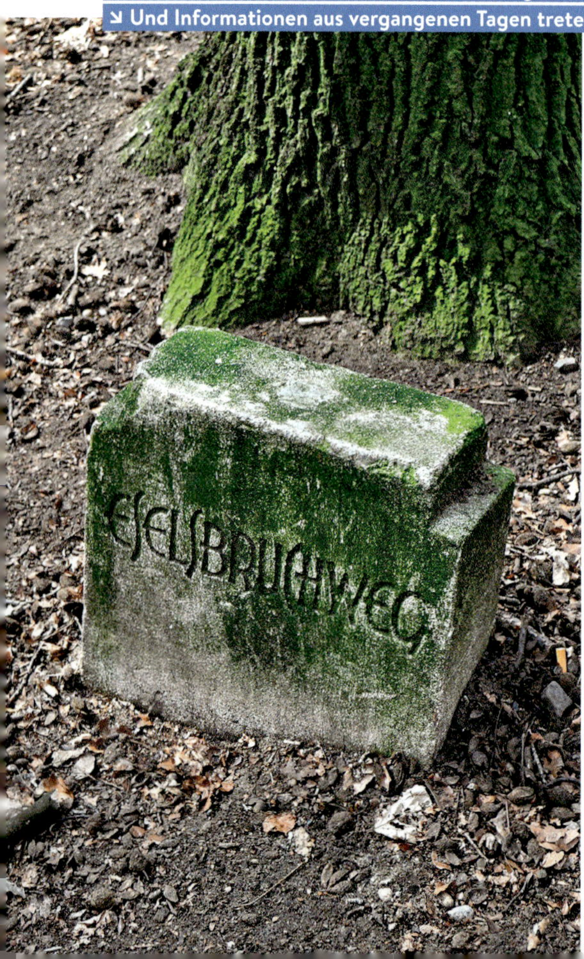

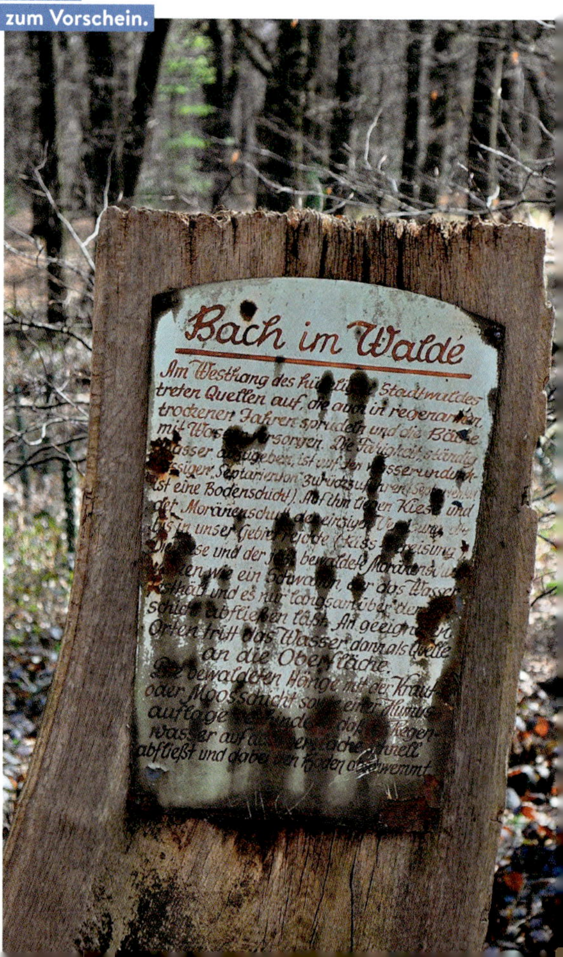

INFO

TOURENCHARAKTER
Überwiegend Waldwege

AUSGANGS-/ ENDPUNKT
Wanderparkplatz Uhlenhorstweg

ANFAHRT
Mit der Regionalbahn zur Haltestelle Duisburg-Wedau, von dort weiter zu Fuß zum Ausgangspunkt. Mit dem Auto auf der A3 bis zur Ausfahrt Duisburg-Wedau und auf der Uhlenhorststraße in den Wald in Richtung Mülheim-Broich

GEHZEITEN
Bis Villa Küchen 1.15 Std. – Wanderparkplatz Uhlenhorstweg 2.00 Std.

BESTE JAHRESZEIT
Ganzjährig

EINKEHR
Rucksackverpflegung

Leicht | 2.00 Std. | ca. 6 km | 54 Hm

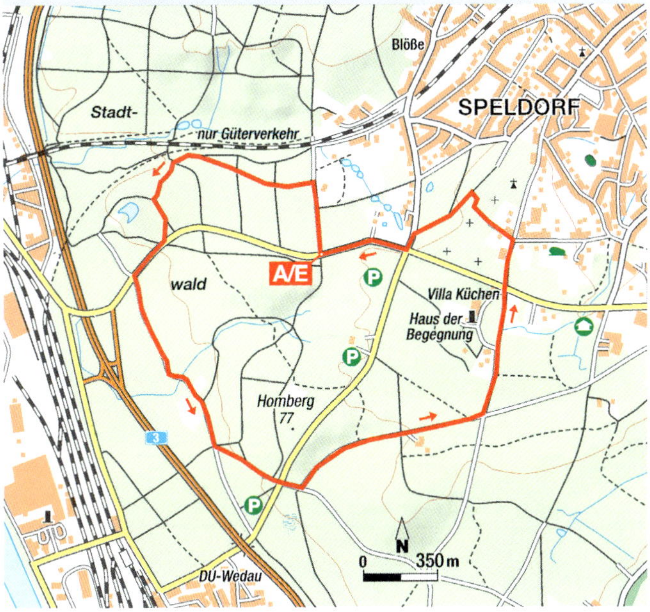

jetzt geradeaus. Im weiteren Verlauf überqueren wir den Vogelherdweg und biegen erst an der Tannenstraße links ab. Der schmale Asphaltweg schlängelt sich durch das Waldgebiet nach Norden und mündet kurze Zeit darauf in den Uhlenhorstweg. Auf der linken Seite befindet sich das beeindruckende und stilvolle Gebäude der sogenannten Villa Küchen.

DIE VILLA KÜCHEN ist ein zweigeschossiges Landhaus aus dem Jahr 1913. Das herrschaftliche Gebäude besteht aus mehreren Repräsentationsräumen wie dem Herrenzimmer, dem Musiksalon und natürlich der großen Eingangshalle. Die Planungen sahen damals vor, dass hier in diesem Waldgebiet mehrere herrschaftliche Villen für Unternehmer entstehen sollten. Dieser Plan ging jedoch, zum Glück für den Wald, nicht auf. Auf der anderen Straßenseite des Uhlenhorstwegs geht unsere Wanderung weiter. An der Kreuzung Tannenstraße/Fuchsgrube biegen wir links in die Sackgasse ab. Dabei erreichen wir automatisch den Friedhof, den es zu überqueren gilt. Wir gehen geradeaus, bis wir an den Friedhofszaun kommen. Dort halten wir uns ein kleines Stück rechts, es erscheint ein weiteres Tor, durch das wir den Friedhof verlassen können. Anschließend gehen wir links über den schmalen Asphaltweg und kommen am Friedhofsparkplatz heraus. Hier müssen wir lediglich die Ampelkreuzung überqueren und auf dem Uhlenhorstweg nach rechts gehen, bis wir nach rund 300 Metern auf den Wanderparkplatz treffen.

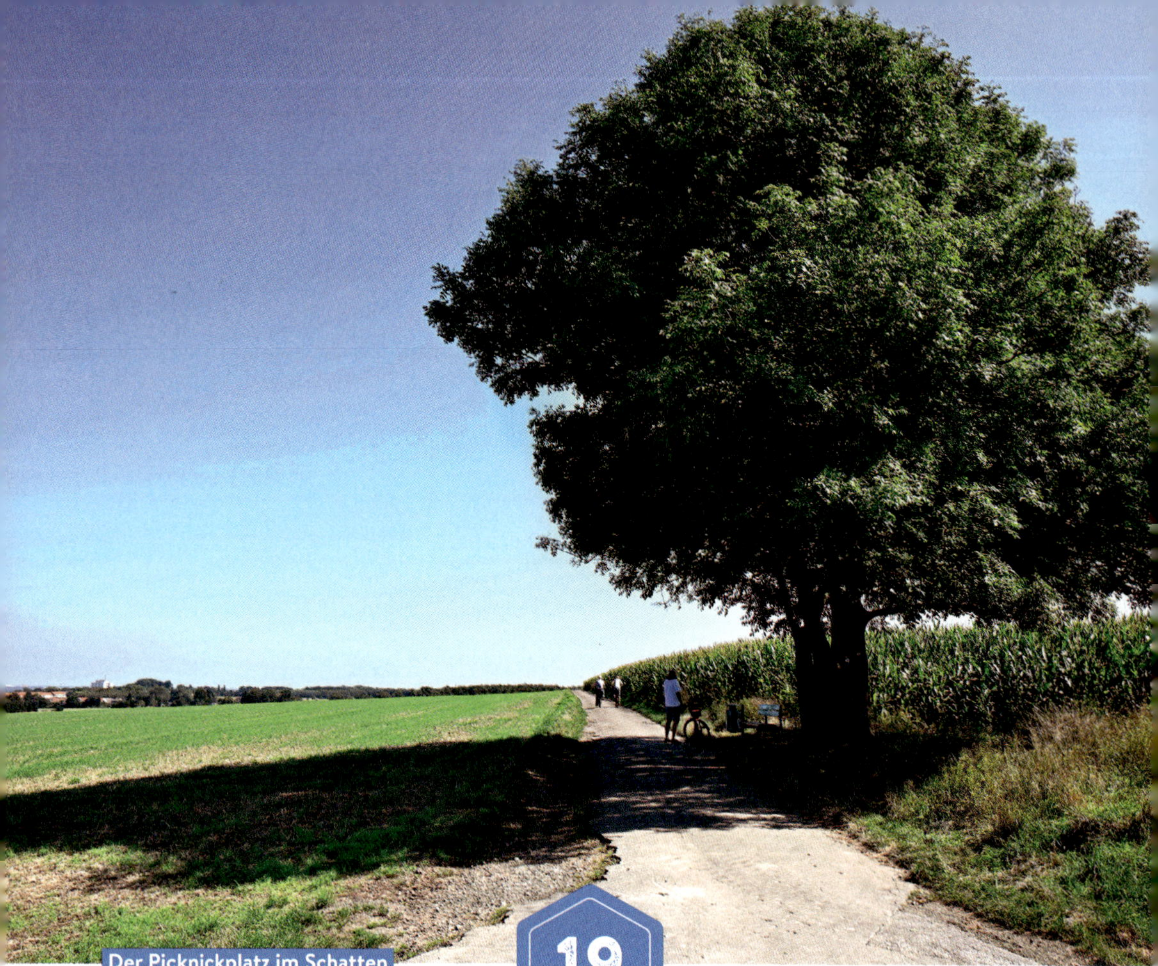

Der Picknickplatz im Schatten des Baumes kommt gerade recht.

19

Mal etwas Ungewöhnliches wagen

Mit Reisefieber weite Aussichten genießen

Um diesen Flughafen kann man herumwandern – ideal für technikaffine Langschläfer, die sich als Planespotter bezeichnen. Bei einer Umrundung der Startbahn Ruhrgebiet genießen wir Ausblicke über die grüne Landschaft und wandern zwischen den Feldern und vorbei an einem Liebesbaum.

NACH EINEM KURZEN BLICK in die Ankunftshalle des Flughafens gehen wir vor die Tür und beginnen mit unserer Wanderung rund um den Flughafen, die uns trotz der Flieger durch die Natur bringt. Wir halten uns zunächst nach links und überqueren den Flughafenring, um zur breiten Hauptstraße zu gelangen, die parallel zum Flughafen verläuft. Wir halten uns rechts, gehen auf dem Fuß- und Radweg an der Straße entlang und machen uns dabei mit der Geschichte des Flughafens vertraut. Wer in sein Navigationsgerät die Flughafenstraße in Dortmund eingibt, wird nicht zum Dortmunder Flughafen geführt, sondern in den Stadtteil Brackel. Dort nämlich beginnt die Geschichte des Dortmunder Flughafens. 1925 wurde er feierlich eröffnet und der Vorgänger der heutigen Lufthansa hob 12-mal täglich Richtung Kopenhagen und Zürich ab. Nur drei Jahre später wurden 8000 Starts und Landungen gezählt und somit war der Flugplatz neben dem Kölner Flughafen der wichtigste im westlichen Deutschland. 120 000 Menschen kamen im Jahr 1930 zum Flughafen, als das Luftschiff »Graf Zeppelin« zur Landung ansetzte. Nach dem Zweiten Weltkrieg verlor der Standort in Brackel an Bedeutung und wurde im Lauf der Jahre eingeebnet. Eines der wenigen Überbleibsel ist die Flughafenstraße. Der heutige Flughafen befindet sich jedoch weiter im Osten und wurde 1960 angelegt. Etappenweise wurde er ausgebaut und bezeichnet sich als Startbahn Ruhrgebiet. Mitte der ersten Dekade des 21. Jahrhunderts hatte der Flughafen sein höchstes Fluggastaufkommen, doch steht er mit weiteren Ausbauplänen heftig in der Kritik und musste in den letzten Jahren auch hinnehmen, dass einige sogenannte Billigfluglinien ihren Betrieb am Dortmunder Flughafen einstellten.

ZU UNSERER LINKEN blicken wir weit über die Felder, während auf der rechten Seite eine Einmündung folgt. Wir biegen rechts ab, lassen ein Parkhaus rechts liegen und biegen gleich dahinter wieder nach links ab. Ein Parkhaus zur Linken wird hingegen umrundet und wir erreichen eine schmale Straße, die uns in der ursprünglichen Gehrichtung zunächst an einigen Büroräumen vorbeiführt. Mit dem Erreichen eines großen Parkplatzes sind wir an den letzten Elementen des Flughafens angelangt und gehen zur Querstraße mit dem Namen Zur alten

Tipp

JÜDISCHE GEDENKSTÄTTE

Schon im Jahr 1871 wurde der Jüdische Friedhof von Wickede genutzt. Erhalten geblieben ist lediglich ein einziger Grabstein. Sieben weitere Grabsteine sind Kopien. Der Gedenkstein wurde im Jahr 1946 errichtet und erinnert an das jüdische Leben in Wickede und an die einstige Begräbnisstätte, die der nationalsozialistischen Diktatur zum Opfer fiel.

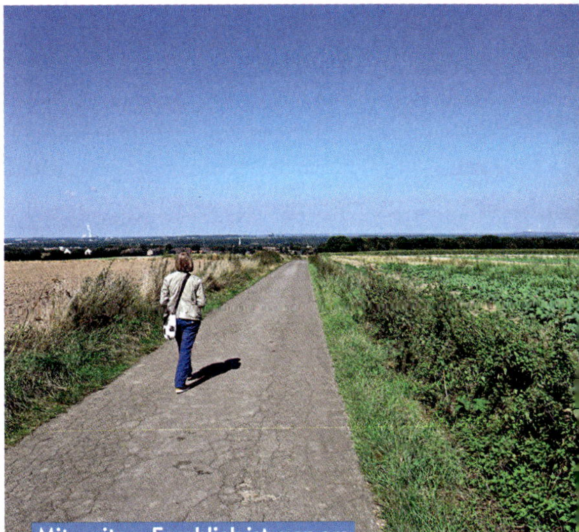

Mit weitem Fernblick ist man am Dortmunder Flughafen unterwegs.

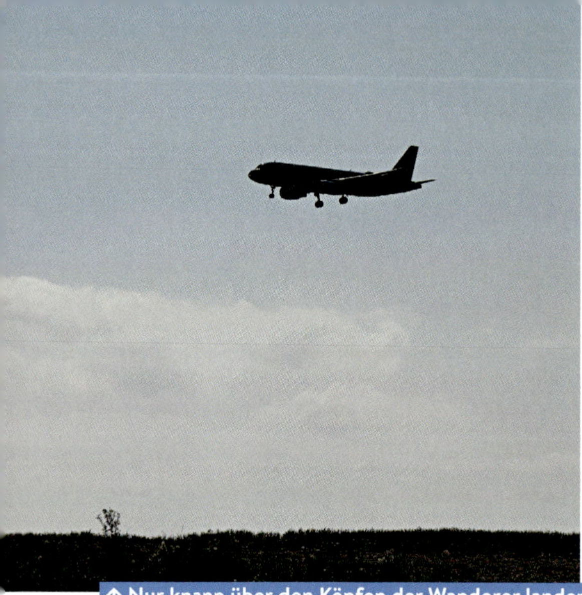

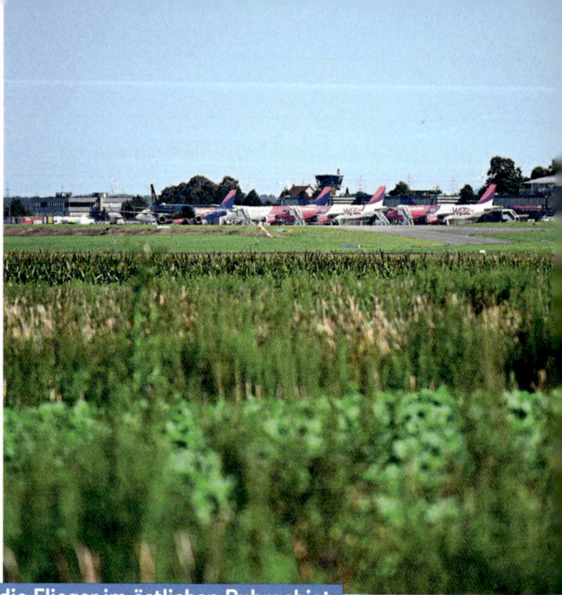

↑ Nur knapp über den Köpfen der Wanderer landen die Flieger im östlichen Ruhrgebiet.
↗ Das ist ganz klar kein Wanderparkplatz.

Windmühle. Eine Windmühle ist hier zwar nicht zu sehen, doch ein Landwirtschaftsweg gleich gegenüber lädt uns ein, zwischen den Feldern weiterzugehen. Dabei genießen wir die herrliche Aussicht vor uns, die uns in Richtung Norden über Brackel, Asseln und Wickede hinwegblicken lässt. Wir können aber nicht nur beinahe über den gesamten Dortmunder Norden schauen, sondern sehen zu unserer Rechten auch die Positionslampen, die die Landebahn des Dortmunder Flughafens ankündigen. Fotografen mit einem Teleobjektiv kommen hier nun auf ihre Kosten, wenn einer der stählernen Vögel landet oder startet.

WENIG SPÄTER ERREICHEN WIR den sogenannten Liebesbaum, unter dem in der Vergangenheit wohl schon viele Liebespaare saßen und die Aussicht genossen, weshalb der Baum zu seinem Namen gekommen ist. Nach einer kurzen Pause unter dem **Liebesbaum** biegen wir rechts ab, genießen die Idylle zwischen den Feldern und kommen nach einiger Zeit zu einem Querweg, an dem sich rechts ein Tor des Flughafens befindet. Daher gehen wir auf der breiten und unbefahrenen Straße nach links und wenden uns an der vor uns liegenden Landstraße nach rechts. Auf einem gut ausgebauten Rad- und Fußweg wandern wir im leichten Auf und Ab durch die grüne Landschaft, und nur ab und zu erinnert uns ein Zaun auf der rechten Seite daran, dass wir an einem Flughafengelände entlangspazieren, das wir aber wegen der hohen Hecke an dieser Stelle gar nicht zu Gesicht bekommen.

WEITE BLICKE erwarten uns entlang der Straße, besonders zu unserer Linken, wo wir die Hausdächer von Wickede sehen können. Der östlichste Stadtteil Dortmunds trägt den Namen Wickede und darf nicht mit der gleichnamigen Ortschaft an der Ruhr verwechselt werden, der nur wenige Kilometer Luftlinie entfernt ist. Wie viele Vororte Dortmunds war auch Wickede bis in das frühe 19. Jahrhundert landwirtschaftlich geprägt und bestand zumeist aus Bauernhöfen und Kotten. Durch die Industrialisierung wuchs auch hier die Bevölkerung. Heute ist Wickede trotz der weiterhin ländlichen Lage durch den nahe gelegenen Flughafen und die Gewerbegebiete geprägt.

WIR ERREICHEN NACH EINIGER ZEIT die Straße Fränkischer Friedhof, wo wir einen kleinen, rund 500 Meter langen Abstecher einlegen können, um dort nicht nur den Friedhof von Wickede zu erreichen, sondern auch die **jüdische Gedenkstätte**. Nach diesem Abstecher gehen wir auf dem Osterschleppweg weiter geradeaus und wandern bis zum Ende des Flughafenzauns. Gleich hinter dem Zaun biegen wir auf einen schmalen zweispurigen Pfad ab und ein kurzes Stück bergauf. Wir bleiben auf dem Weg, durchschreiten eine Linkskurve und passieren das **Drehfunkfeuer** des Flughafens. Es dient der Navigation der Flugzeuge, indem es ein spezielles Funksignal aussendet.

WIR KOMMEN AN EINE LANDSTRASSE, biegen rechts ab und erkennen am Leuchtfeuer, dass wir uns wieder in der Einflugschneise befinden. Wir wandern an der Straße entlang, durch zwei Kurven, und passieren das Ortseingangsschild von Holzwickede. An der Straße Chaussee wenden wir uns nach rechts und wandern an ihr entlang, um nach einiger Zeit die Zufahrt zum Flughafen zu erreichen. Wir biegen rechts ab und sind nach einer interessanten Wanderung wieder an unserem Ausgangspunkt angekommen.

INFO

Leicht | 2.30 Std | 8,5 km | 26 Hm

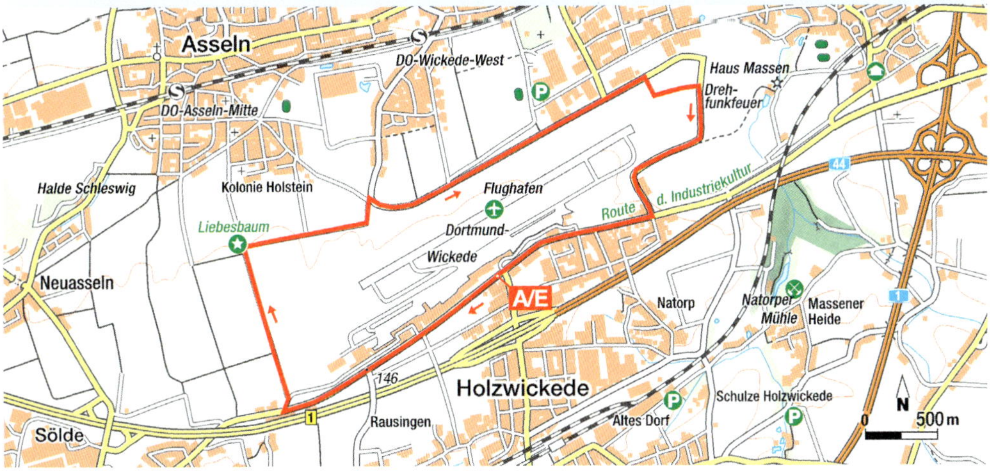

TOURENCHARAKTER

Straßen und gut ausgebaute Landwirtschaftswege

AUSGANGS-/ENDPUNKT

Flughafen Dortmund

ANFAHRT

Mit dem Bus »Airport Express« bis zum Flughafen. Mit dem Auto die B1 am Flughafen verlassen und direkt zum Terminalparkplatz

GEHZEITEN

Bis Liebesbaum 0.45 Std. – Drehfunkfeuer 2.00 Std. – Flughafen Dortmund 2.30 Std.

BESTE JAHRESZEIT

Ganzjährig

EINKEHR

Rucksackverpflegung

Wandern mit Fernblicken

Über die Ruhrhöhen in den Schellenberger Wald

In einer Großstadt zu wandern und dabei Ausblicke und fordernde Steigungen zu erleben, ist möglich. Allerdings muss man hier ein paar Kompromisse eingehen, denn manche Abschnitte sind eher Spazierwege, besonders die befestigten Wege am Ruhrufer gegen Ende dieser Wanderung.

20

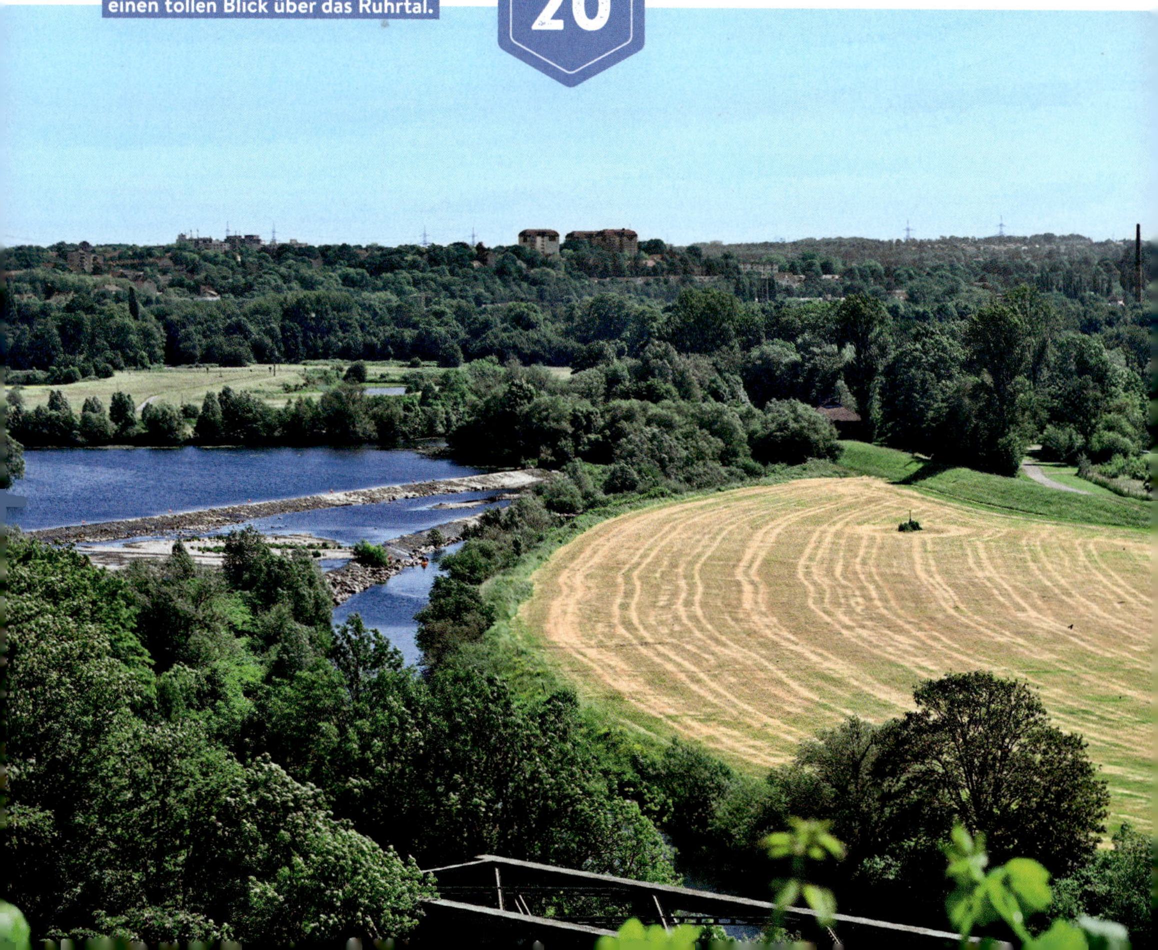

Von Essen-Bergerhausen hat man einen tollen Blick über das Ruhrtal.

LEGEN WIR LOS mit einem steilen Aufstieg. Die breite Henglerstraße am Ruhrufer verlassen wir, indem wir der schmaleren Westfalenstraße in Richtung Steele folgen. Direkt nach dem Parkstreifen auf der linken Seite geht ein schmaler Weg steil in die Höhe. Ein paar Stufen mit einem deutlichen Anstieg durch zwei enge Kurven – und schon betreten wir den Steeler Stadtgarten deutlich oberhalb der Westfalenstraße. Gerade standen wir noch unten an der Straße, nun blicken wir von einem Aussichtspunkt über die Wohnhäuser hinweg in die Ferne. Im Vordergrund breitet sich das Ruhrtal aus, während die Landschaft zum Horizont hin hügeliger wird und die Stadtteile Überruhr und Burgaltendorf zu sehen sind. Auch Bochum, Hattingen und das Bergische Land können wir bereits erahnen.

WIR FOLGEN DEM WEG durch die Grünanlage, bis wir nach einem leichten Gefälle an der schmalen Straße namens Am Deimelsberg ankommen. Dieser folgen wir ein kurzes Stück nach rechts und biegen gleich bei der ersten Gelegenheit wiederum scharf links auf den schmalen Waldweg ein. Auf einer Art Balkonweg wandern wir mit einigen Ausblicken weit oberhalb der Straße zu unserer Linken und der Grünanlage eines Krankenhauses zur Rechten durch den bewaldeten Weg. Nach kurzer Zeit geht es erneut hinab zu einer schmalen Querstraße. An der Spillenburgstraße wenden wir uns nach links und schon nach wenigen Metern geht es halb rechts wieder steil bergauf. Für diesen Abschnitt, der über zahlreiche Stufen in die Höhe führt, sollte man etwas Kondition mitbringen. Etwas nach Luft schnappend, kommen wir oben an und wenden uns nach links, wo wir uns an einer Gabelung halb links halten und zum nächsten Aussichtspunkt an einem weiteren Balkonweg gelangen.

Tipp

SCHLOSS SCHELLENBERG

Das im Schellenberger Wald gelegene Schloss stammt aus dem 17. Jahrhundert und wurde auf den Fundamenten einer wesentlich älteren Burg errichtet. Später folgten ein Anbau im klassizistischen Stil sowie ein Torhaus. Es befindet sich am Ende der Straße Renteilichtung, die auf das Jagdhaus Schellenberg und die Korte Klippe zuführt. Das Jagdhaus wurde in der ersten Hälfte des 19. Jahrhunderts vom damaligen Schlossbesitzer als Wohnhaus für die Waldarbeiter errichtet. Die Korte Klippe wiederum ist nach dem einstigen Gartenbaudirektor der Stadt benannt, der unter anderem für mehrere Friedhofsgestaltungen in Essen verantwortlich zeichnet.

BEVOR MAN DIESEN WEG VERLÄSST, sollte man einen Blick auf die stämmige **Eiche** zur Rechten werfen. Dieser Baum ist nicht nur unfassbar schön, er trägt auch zurecht die Plakette eines Naturdenkmals. Gleich hinter dem Baum verlassen wir den Weg nach links und halten uns an der Gabelung halb rechts, wo wir wenig später die steilen Treppenstufen bergab wählen. Sie bringen uns in das Siepental, das sich nach rechts ausbreitet. Wir wandern jedoch nach links und müssen uns nun für einige Gehminuten mit dem urbanen Leben anfreunden. Aber halb so wild. Passieren wir doch zunächst die Lofts auf der linken Seite in der ehemaligen Dinnendahlschen Fabrik und gehen gleich dahinter rechts hoch zur Ruhrallee, die wir überqueren. Vor dem Busbahnhof halten wir uns links und folgen der Bundesstraße bis zur nächsten großen Kreuzung. Dort sehen wir halb rechts weitere Stufen, die uns vom Verkehrslärm wegbringen und in ein Wohnviertel führen.

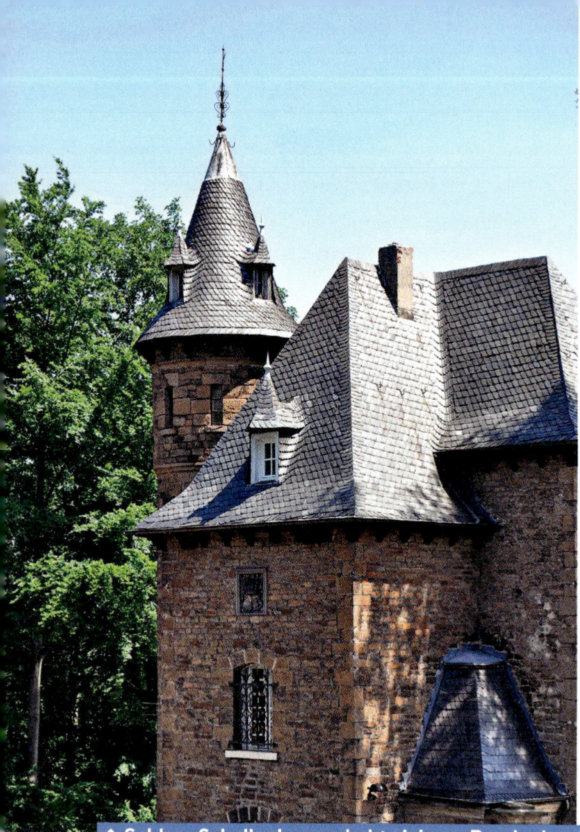

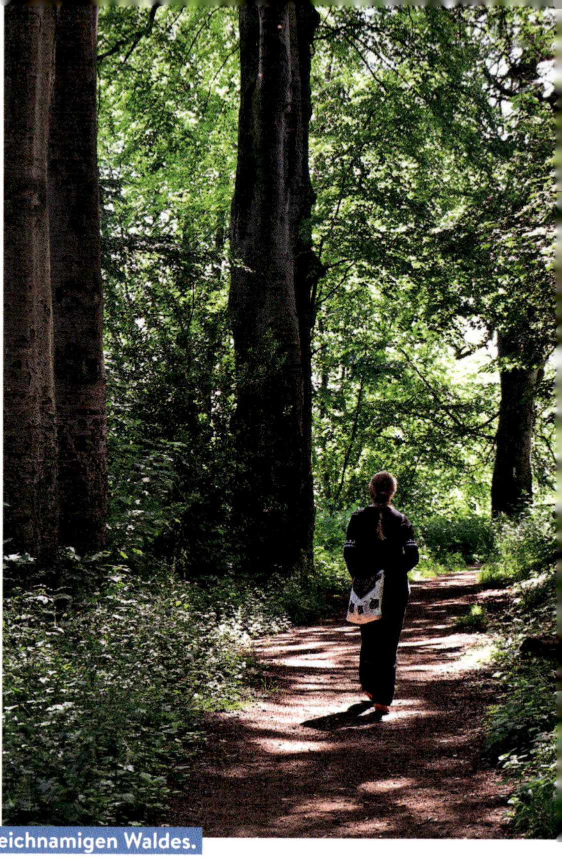

↑ Schloss Schellenberg erhebt sich am Rande des gleichnamigen Waldes.
↗ Leicht bergauf zu den Ruhrhöhen

AUF DER STRASSE HEXENTAUFE gehen wir bis zur Sartoriusstraße, wandern auf ihr bergab und halten uns unten kurz vor der Ampel scharf nach rechts, um über die Treppen und auf der Schellenbergstraße abermals steil bergauf zu wandern. Sie bringt uns zum Schloss Schellenberg, vor dem wir rechts abbiegen. Wenig später wandern wir halb links an einer Sitzbank in den Schellenberger Wald und genießen die Tour durch den dichten Wald im leichten Auf und Ab. Teilweise sind wir auf schmalen Pfaden unterwegs, halten aber stets die grobe Gehrichtung bei und erreichen später die breite Heisinger Straße. Wir halten uns nach links, wandern an der Zufahrt zum Restaurant Jagdhaus Schellenberg vorbei und sehen den Einstieg zum Rundparcours zur **Korte Klippe**. Dieser beliebte Aussichtspunkt, den wir auch mit einem steilen Abstecher vom Baldeneysteig aus erreichen können, bietet uns einen tollen Ausblick über den Baldeneysee und über die südlichen Stadtteile von Essen bis nach Velbert. Gleichzeitig ist er für uns Wendepunkt der Wanderung und wir folgen dem Rundparcours zurück zur breiten Heisinger Straße. Diese überqueren wir, um auf der anderen Straßenseite gleich wieder in den Schellenberger Wald einzutauchen.

HALB RECHTS WANDERN WIR durch den Wald über eine Kreuzung mit einem Gedenkstein und folgen dem Waldweg, bis dieser deutlich bergab in die Ostpreußenstraße mündet und wir an der Ampel die Wuppertaler Straße überqueren. Dieser folgen wir für nicht ganz 300 Meter nach rechts und biegen in einen schmalen Pfad ein. Über Stock und Stein geht es durch die Ruhrauen zu einer steilen **Brücke**, die sich über einen

Seitenarm der Ruhr spannt. Wir überqueren sie und wandern nun, wie eingangs beschrieben, völlig entspannt auf dem Fuß- und Radweg neben der Ruhr. Er mündet nach einem kleinen kurzen Aufstieg an einer uns bekannten Kreuzung, wo wir geradeaus die Ampel überqueren und gleich dahinter halb rechts in die Straße Zornige Ameise spazieren. Hinter dem Restaurant gehen wir nach rechts und folgen nun stets dem Asphaltweg. Er verläuft unterhalb des Ruhrhöhenwegs, den wir zu Beginn unserer Wanderung kennenlernten. Dabei passieren wir die Finca Celona, das Spillenburger Wehr und erreichen das Freibad Steele. Hier verlassen wir den Uferweg nach links und sind wieder an unserem Ausgangspunkt angekommen.

INFO

Mittel | 4.00 Std. | ca. 13,5 km | 142 Hm

TOURENCHARAKTER

Wechselspiel zwischen schmalen Pfaden, Waldwegen und Asphaltstrecken. Mehrere kurze, aber knackige Anstiege sind zu bewältigen.

AUSGANGS-/ENDPUNKT

Westfalenstraße/Henglerstraße in Essen-Steele

ANFAHRT

Mit dem Bus zur Haltestelle am Deimelsberg. Alternativ mit der S-Bahn bis Steele und ein kurzer Fußmarsch durch die Steeler Innenstadt. Mit dem Auto auf der B227 (Ruhrallee) in Essen bis zur Westfalenstraße und auf ihr bis zum Freibad Steele

GEHZEITEN

Bis Steeler Stadtgarten 0.20 Std. – Treppenaufstieg 0.40 Std. – Siepental 1.00 Std. – Schellenberger Wald 1.20 Std. – Korte Klippe 2.15 Std. – Ruhrauen und Vogelschutzinsel 3.00 Std. – Finca Celona 3.30 Std. – Westfalenstraße 4.00 Std.

BESTE JAHRESZEIT

Ganzjährig

EINKEHR

Jagdhaus Schellenberg, Heisinger Str. 170a, 45134 Essen, Tel. 0201/43 78 70, www.jagdhaus-schellenberg.de; Drago Restaurant, Zornige Ameise 3, 45134 Essen, Tel. 0201/44 30 40, www.drago-restaurant.de; Finca Celona, Westfalenstraße 4, 45136 Essen, Tel. 0201/59 27 67 37, www.celona.de

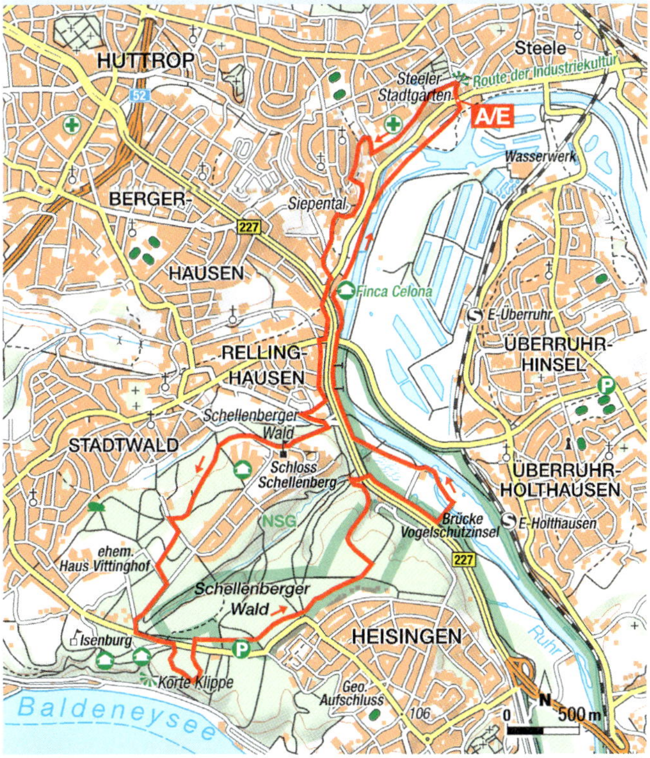

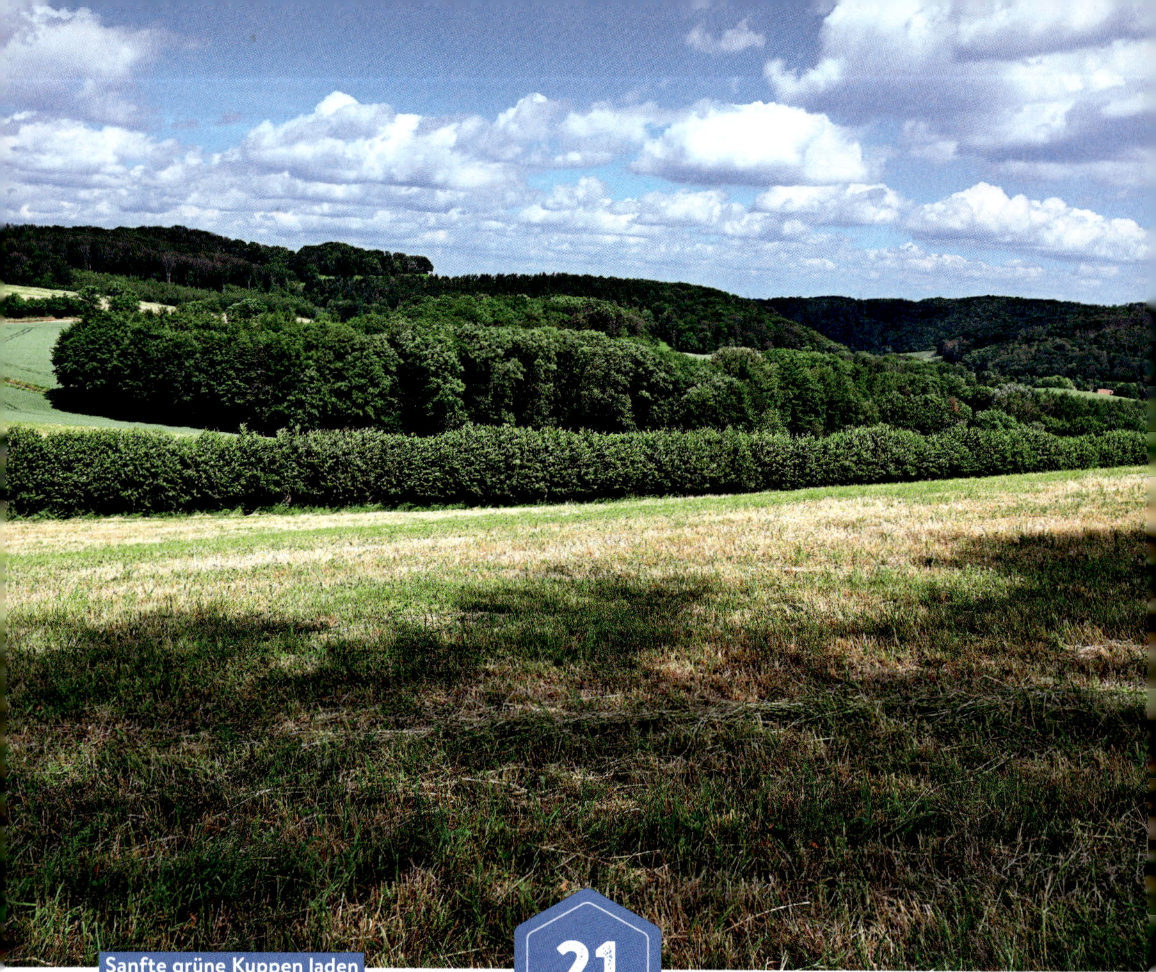

Sanfte grüne Kuppen laden zum Wandern in der Elfringhauser Schweiz ein.

21

Unterwegs zwischen Felderbach und Deilbachtal

Im Auf und Ab durch die Elfringhauser Schweiz

Wie schön einsam es im Ruhrgebiet zugehen kann, zeigt diese Wanderung durch die Elfringhauser Schweiz im Süden der Region. Zugegebenermaßen nur an Werktagen eine ideale Gelegenheit, Flora und Fauna in Ruhe zu erleben.

SCHON DER STRASSENNAME VERRÄT, dass wir richtig sind. Die Elfringhauser Straße ist unser Startpunkt in der Elfringhauser Schweiz. Dort verlassen wir den Wanderparkplatz und folgen der Straße mit einem ganz leichten Aufstieg zum **Restaurant Waldhof**. Langschläfer, die noch nicht gefrühstückt haben, können sich hier zunächst für die anstehende Wanderung stärken. Gleich danach überqueren wir das Grundstück des Waldhofs, gehen durch die Kurve und weiter geradeaus. An dem Abzweig, der nach links führt, werden wir zum Abschluss der Runde wieder herauskommen. Mit einigen Kurven gehen wir zunächst am Waldrand entlang, wenig später aber in den Wald hinein. Dabei nähern wir uns dem Felderbach und überqueren diesen auf der schmalen Fußgängerbrücke. Auch die parallel verlaufende Landstraße lassen wir hinter uns, allerdings hätten wir hier mit dem Restaurant Zur Blume eine weitere Einkehrmöglichkeit.

DOCH GENUG GESPEIST. An dem Landwirtschaftsweg schräg gegenüber der Fußgängerbrücke wandern wir am Hof vorbei und biegen gleich hinter dem ersten Feld rechts ab. So kommen wir mit wenigen Schritten in den nächsten Wald und wandern dabei deutlich bergauf. Mit zwei engen Kurven gelangen wir wieder zum Waldrand, an dem wir uns scharf rechts halten. Wir genießen die frische Waldluft und erreichen nach kurzer Zeit die **Schutzhütte Bemberg**. Sie lädt zu einer kleinen Pause ein und zeigt uns mit der Markierung des weißen H auf schwarzem Grund, dass wir dem Höhenweg nach links folgen werden. Schon nach wenigen Metern gabelt sich die Straße und wir halten uns halb rechts, um weiter auf dem Höhenweg bleiben zu können. Er steigt zunächst an, doch Fernsichten bleibt er uns trotz des Namens schuldig, da sich rechts

Tipp

BANDWEBEREIMUSEUM

Das Bandwebereimuseum ist eine kleine Ausstellung, die vom Bürger- und Heimatverein Elfringhausen gezeigt wird. Daher hat das Museum nur jeden zweiten und vierten Samstag im Monat von 14 bis 16 Uhr oder nach Vereinbarung geöffnet. Zu sehen gibt es traditionelle Handwerkskunst der Bandweber, die die Elfringhauser Schweiz lange Zeit prägten. Hergestellt wurden bei diesem Industriezweig Gummibänder, Hutbänder, Seidenbänder, aber auch Bänder für die Schreibmaschinen. Herausragend ist in der Ausstellung übrigens der Webstuhl, der vom französischen Erfinder Joseph-Marie Jacquard weiterentwickelt wurde und bereits im 19. Jahrhundert mit einer Lochkarte funktionierte.

Die Wege führen stundenlang durch die Natur.

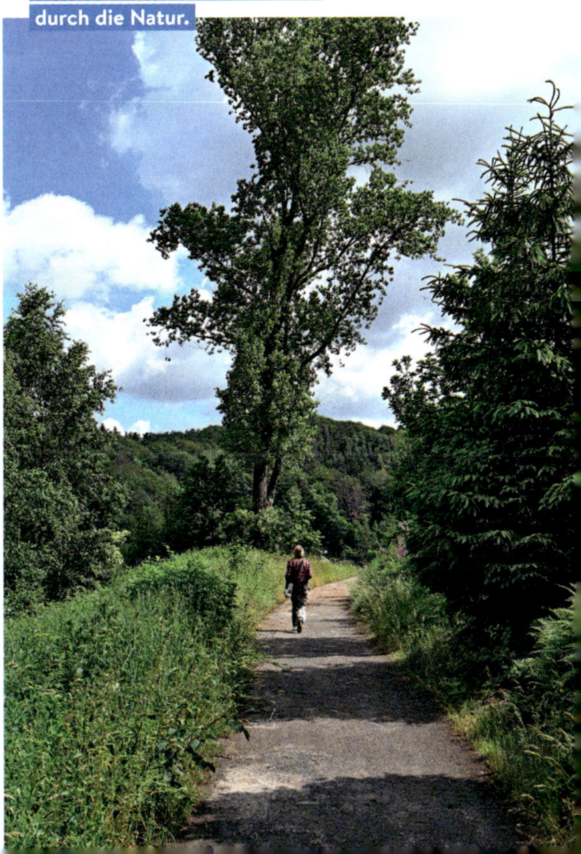

und links des Weges zahlreiche Bäume erheben. Es dauert ein kleines bisschen, bis wir den Waldrand erreichen und zumindest nach links über die Felder hinwegschauen können.

ES FOLGT EIN KLEINER WEILER, in dem wir hinter einer weiteren Schutzhütte den Höhenweg verlassen und nun dem Deilbachweg folgen. Dabei wandern wir zum Teil an einem Hang entlang und leicht bergab. Der Name des Weges ist Programm, denn er führt uns hinab in das Deilbachtal, wo der kleine Fluss leise vor sich hin plätschert. Gleichzeitig bildet er hier ein schmales, aber idyllisches Naturschutzgebiet, an dem wir etwas oberhalb entlangwandern. Mit dem Naturgenuss erreichen wir auf dem leicht kurvigen Weg den befestigten Teil des Deilbachwegs. Hier überqueren wir jedoch nicht den Bach, sondern wenden uns vor der Brücke nach links. In einer engen Kurve geht es an einem gemütlichen Fachwerkhof vorbei und mit leichter Steigung wieder in einen Wald. Die Kurve ist übrigens der Wendepunkt auf unserer Wanderung. Hier befinden wir uns am weitesten von unserem Ausgangspunkt entfernt und sind, streng betrachtet, so langsam wieder auf dem Rückweg.

AN EINER KREUZUNG haben wir die Wahl zwischen zwei weiteren Einkehrmöglichkeiten. Das Haus Bärwinkel lässt sich mit einem kurzen Abstecher nach rechts erreichen (Achtung, bei Drucklegung dieses Buches wurde ein neuer Pächter gesucht) und am **Restaurant Op dä Höh** kommen wir auf dem weiteren Weg geradeaus ganz automatisch vorbei. Im folgenden Wegverlauf sind wir im leichten Auf und Ab zwischen zahlreichen Feldern unterwegs und können immer wieder mal auf die sanften, grünen Hügel der Region blicken. Der asphaltierte Schanzerweg bringt uns mit leichtem Gefälle zwischen die beiden Ortsteile Niederelfringhausen und Oberelfringhausen an der Felderbachstraße. Hier hätten wir Gelegenheit, nach links abzubiegen und an der Kapelle des Friedhofs vorbei zum kleinen **Bandwebereimuseum** zu gelangen.

↓ Achtung, der Rote Fingerhut ist giftig, aber trotzdem eine Schönheit am Wegesrand.

↘ Da lässt es sich aber jemand im Bach gut gehen.

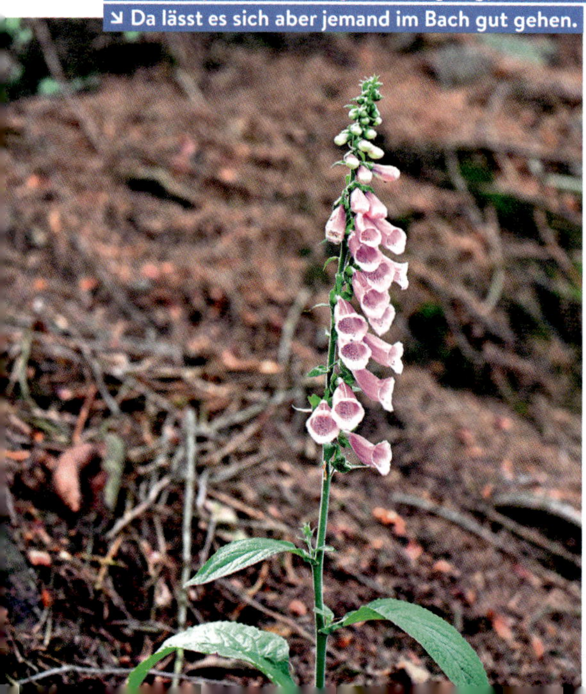

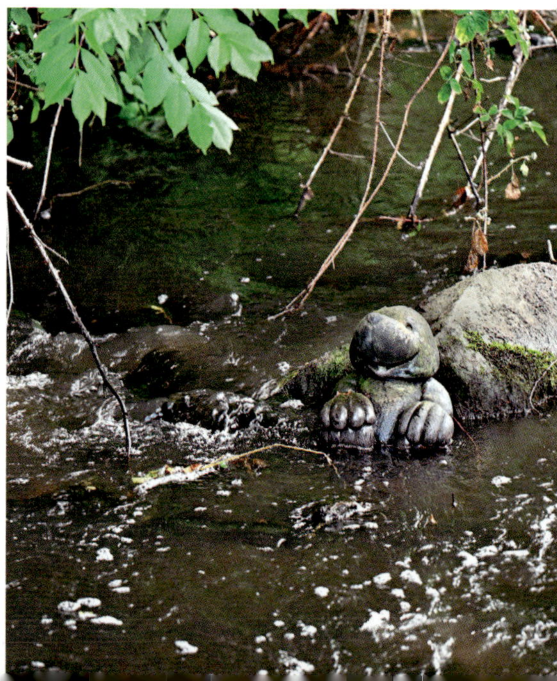

INFO

TOURENCHARAKTER

Waldreiche Tour mit Wurzelpfaden, Waldwegen, sanften Steigungen und Gefällen, aber auch Abschnitten auf Asphalt

AUSGANGS-/ ENDPUNKT

Wanderparkplatz Elfringhauser Straße/Felderbachstraße

ANFAHRT

Keine Erreichbarkeit mit dem ÖPNV. Mit dem Auto die A44 bei Essen-Kupferdreh verlassen und Richtung Velbert fahren. In Nierenhof auf die Fellerstraße wechseln und bis zum Wanderparkplatz hinter der Rechtskurve fahren

GEHZEITEN

Bis Restaurant Waldhof 0.10 Std. – Schutzhütte Bemberg 1.00 Std. – Restaurant Op dä Höh 2.15 Std. – Bandwebereimuseum 2.30 Std. – Wanderparkplatz Elfringhauser Schweiz 3.30 Std.

BESTE JAHRESZEIT

Ganzjährig

EINKEHR

Café Restaurant Waldhof, Elfringhauser Str. 155, 45529 Hattingen, Tel. 02324/279 58, www.waldhof-hattingen.de; Restaurant Zur Blume, Felderbachstraße 35, 45529 Hattingen, Tel. 02052/27 12, www.zurblume.de, Restaurant Op dä Höh, Schanzerweg 8, 45529 Hattingen, Tel. 02052/45 44, www.opdaehoeh.de

Mittel | 3.30 Std. | ca. 12 km | 336 Hm

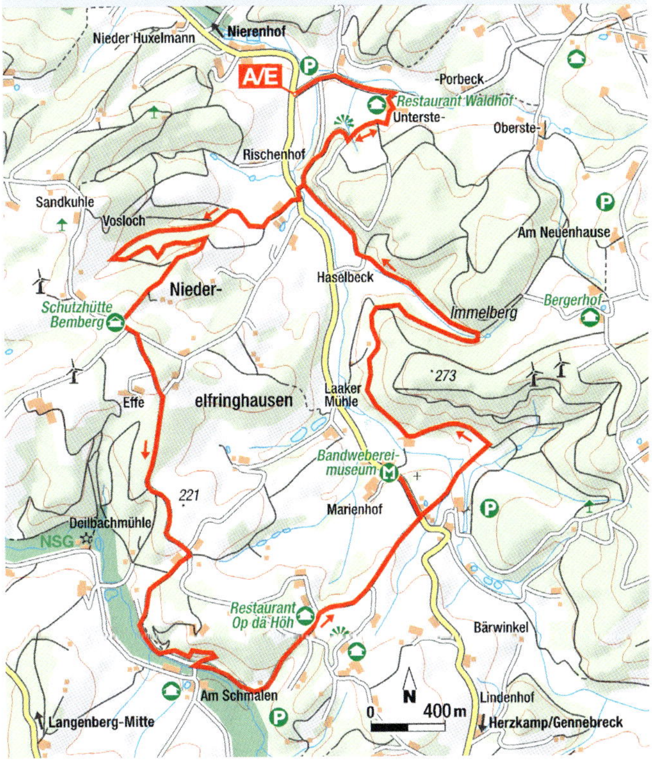

DIE FELDERBACHSTRASSE überqueren wir einfach und wandern auf dem zweispurigen Traktorpfad einfach geradeaus bis zur Baumreihe, die sich am Ufer des Felderbachs erstreckt. Den schmalen Wasserlauf überqueren wir und wandern durch die grüne Landschaft bis zum nächsten Wald. Hier biegen wir links ab und genießen die Tour über Stock und Stein. Die Haselbecke ist der nächste Bachlauf, den wir überqueren und hinter dem wir uns links halten. Dieses kleine Seitental des Felderbachtals wird von uns umrundet und wir erleben weiterhin die sanften und bewaldeten Hügel der Elfringhauser Schweiz. Ein letzter deutlicher Aufstieg steht uns noch bevor, der uns zu einer weiteren Schutzhütte bringt. An ihr legen wir eine letzte Rast ein, denn nun geht es nur noch bergab und es ist ein Katzensprung, bis wir den zu Anfang gesichteten Abzweig am Waldhof erreichen. Nach Überquerung des Geländes gehen wir zur Straße, halten uns links und kommen kurz darauf wieder an unserem Ausgangspunkt an.

Einkaufserlebnisse während der Wanderung

Genusstour in der Elfringhauser Schweiz

Ruhe, Natur und sehr viel Wald verspricht diese Tour, die den beliebten Bergerhof streift. Mit Kindern sollte man mehr Zeit für den Stopp am Bergerhof mitbringen. Viel Spaß bereiten die zahlreichen Wanderwege durch den Wald, die immer wieder von Ausblicken auf das Hügelland unterbrochen werden.

22

Von Hof zu Hof ist man in der Elfringhauser Schweiz unterwegs.

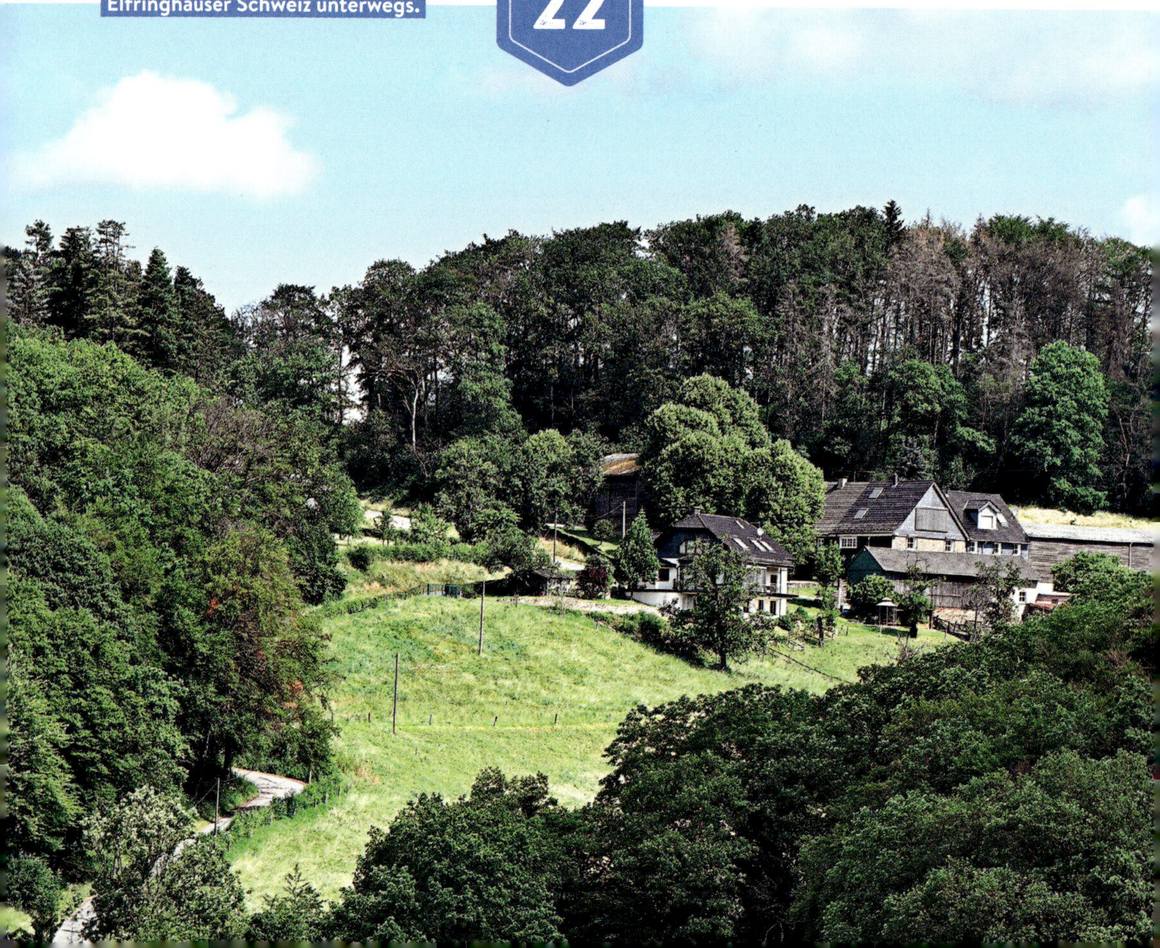

WIE SCHON IN TOUR 24 starten wir diese Rundwanderung am Wanderparkplatz an der Elfringhauser Straße. Statt aber zum Restaurant Waldhof zu gehen, was wir zur Stärkung natürlich machen könnten, biegen wir direkt am Felderbach rechts auf den schmalen Pfad ab, der am Bachlauf verläuft. Wir machen es uns auf dieser Tour zumindest am Anfang sehr einfach, denn wir bleiben dem Felderbach treu und folgen ihm. Der Abzweig, der nach links führt, interessiert uns im Moment noch nicht. Doch werden wir zum Abschluss der Rundwanderung hier herauskommen. Und auch der folgende Abzweig nach rechts, über die Brücke des Felderbachs zur Straße, ist für uns uninteressant. Wer Tour 24 bereits gewandert ist, kennt diese Brücke bereits und auch im weiteren Verlauf wird diesen Wanderern noch so einiges bekannt vorkommen.

OBERHALB DES FELDERBACHTALS wandern wir am Waldrand entlang und erreichen wenig später das Seitental, das von der Haselbecke gebildet wird. Allerdings laufen wir auf dieser Etappe in umgekehrter Richtung um das kleine Tal herum. Gleichzeitig erreichen wir den nächsten Höhenzug, den wir umrunden und später auch überqueren werden. Zunächst nähern wir uns aber wieder dem Felderbachtal und genießen die Wanderung am Hang zwischen Wald und breitem, grünem Tal. Der Höhenzug umfasst den Juttermannsberg, der sich mit seinen 273 Metern Höhe links von uns erhebt.

WIR BLEIBEN IN HANGLAGE und überlegen, an einem Abzweig noch weiter hinabzusteigen. Dabei kämen wir an einem freistehenden Wohnhaus vorbei, wir würden den Felderbach überqueren und das Bandwebereimuseum erreichen, das ebenfalls bereits in Wandertour 24 vorgestellt wurde. Die eigentliche Wanderung verläuft aber

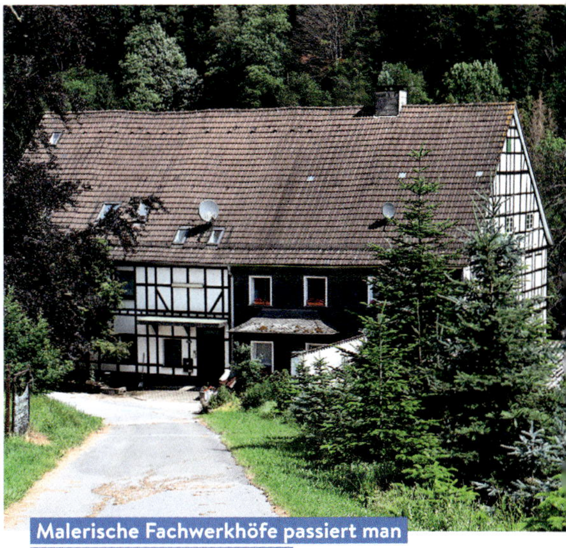

Malerische Fachwerkhöfe passiert man im Süden des Ruhrgebiets.

geradeaus und weiterhin am Hang und am Waldrand entlang. So genießen wir immer wieder Ausblicke über das Felderbachtal und sehen am Horizont weitere sanfte Hügelketten. Kurz darauf tauchen wir in den

Tipp

ELFRINGHAUSER SCHWEIZ

Von der Elfringhauser Schweiz kann man für gewöhnlich nicht genug bekommen. Sie ist in gewisser Weise das Bergland des Ruhrgebiets und schon seit jeher ein beliebtes Ausflugs- und Naherholungsziel. Die einfache Erreichbarkeit und die gute Infrastruktur an Wanderwegen schaffen ein angenehmes Wandervergnügen. Als einer der beliebtesten Ausgangspunkte für Touren durch dieses Hügelland gilt der Bergerhof, der erstmals Ende des 15. Jahrhunderts namentlich erwähnt wurde.

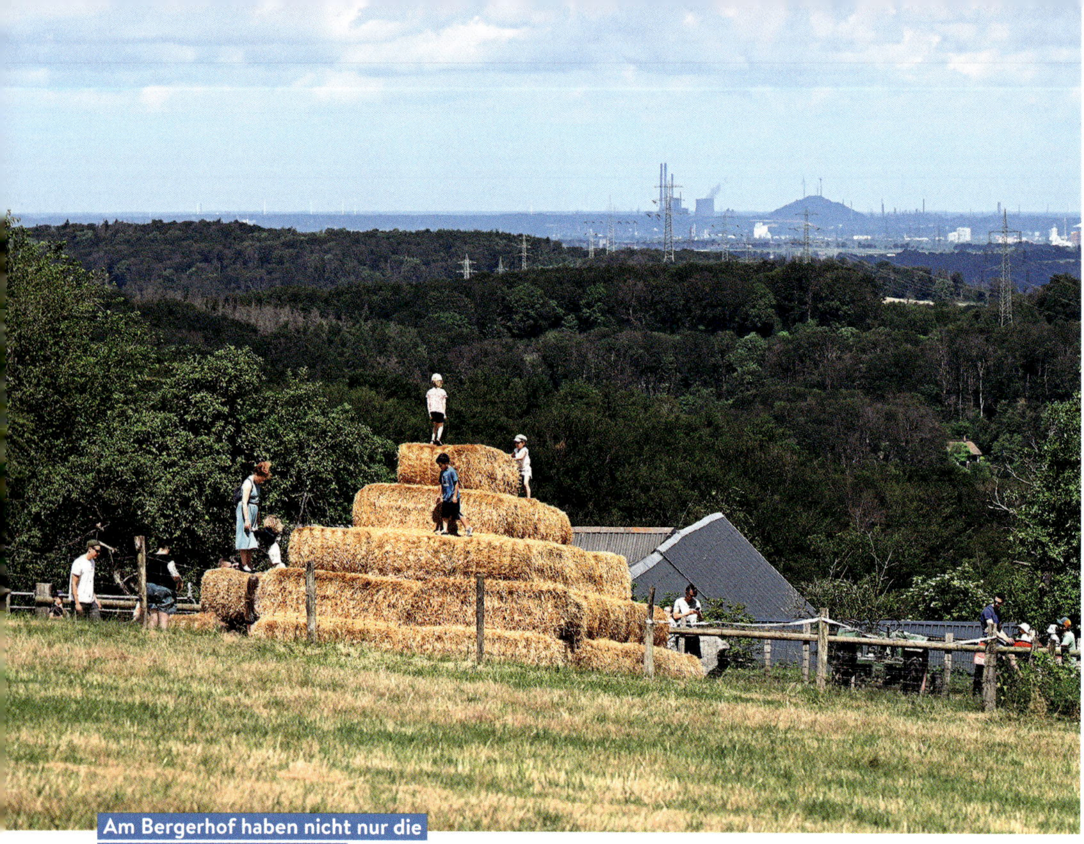

Am Bergerhof haben nicht nur die kleinen Wanderer Freude.

Wald ein und spüren zugleich, dass der Wanderweg nun leicht an Höhe gewinnt. Malerisch präsentiert sich die Region, die hier auch gern als Felderbachtümpel bezeichnet wird. Ein kleiner Tümpel befindet sich gleich auf der rechten Seite, kurz bevor wir einen Waldweg überqueren und in zwei weiten Kurven den Höhenzug passieren. An einem Windrad linker Hand halten wir uns halb rechts, erblicken aber auch schon weiter unten unser nächstes Zwischenziel, den Bergerhof.

WIR ERREICHEN IHN EINFACH, indem wir an der nächsten Möglichkeit links abbiegen und dem leicht abschüssigen Weg folgen. Apropos spielend: Der Bergerhof ist nicht nur ein Bauernhof, sondern auch ein beliebtes Ausflugsziel. Neben einem Hofladen, in dem Eier, Kartoffeln, Säfte und selbstgekochte Marmeladen erhältlich sind sowie einem Restaurant mit gutbürgerlicher Küche und zahlreichen Kuchen und Tortenangeboten sowie der Landmetzgerei mit hausgemachter Wurst, haben auch Kinder ihre Freude am Angebot vom Bergerhof. Auf sie wartet zum Beispiel das Maislabyrinth, die Obstwiese, das Ponyreiten, der Streichelzoo und die Möglichkeit, historische Trecker zu besteigen.

NACHDEM WIR UNS GESTÄRKT HABEN und der Wanderrucksack mit Erzeugnissen vom Bauernhof gefüllt ist, geht es auf dem Wanderweg weiter. In direkter Nachbarschaft zum Bergerhof befindet sich der Köllershof, der in seinem Hofladen ebenfalls ein breites Angebot bereithält. Am Köllershof gehen wir vorbei und direkt wieder in einen Wald hinein. Durch ein schmales Tälchen, von der Porbecke geformt, wandern wir leicht bergab bis kurz vor die Tore des Nüfer Hofes. Wer glaubt, auf der Wanderung noch ein wenig Kaminholz oder bereits einen Christbaum für das nächste Weihnachtsfest schlagen zu müssen, der ist hier richtig. Aber diese Idee sollte man sich wohl besser für später aufbewahren, wenn man mal mit dem Auto hierherkommt. Jedes Jahr stehen 90 000 Bäume auf 15 Hektar zur Auswahl, die auf dem seit 1867 in Familienbesitz befindlichen Hof angeboten werden.

VOR DEM NÜFER HOF wenden wir uns nach links und wandern an den zahlreichen jungen Weihnachtsbäumen vorbei, leicht bergauf und an einer Gabelung wieder in den Wald hinein. Über eine bewaldete Kuppe geht es zu einem Abzweig zum Restaurant Waldhof, den wir bereits aus Tour 24 kennen. Hier halten wir uns links und wandern bis zum Felderbach, wo wir unseren Wanderweg zu Beginn der Tour wiedererkennen. Nun noch einmal nach rechts und schon sind wir wieder am Ausgangspunkt.

INFO

TOURENCHARAKTER

Waldreiche Tour mit Wurzelpfaden, Waldwegen, sanften Steigungen und Gefällen

AUSGANGS-/ENDPUNKT

Wanderparkplatz Elfringhauser Straße/Felderbachstraße

ANFAHRT

Keine Erreichbarkeit mit dem ÖPNV. Mit dem Auto die A44 bei Essen-Kupferdreh verlassen und Richtung Velbert fahren. In Nierenhof auf die Fellerstraße wechseln und bis zum Wanderparkplatz hinter der Rechtskurve fahren

GEHZEITEN

Bis Felderbachtümpel 1.15 Std. – Bergerhof 1.45 Std. – Nüfer Hof 2.15 Std. – Abzweig Restaurant Waldhof 2.45 Std. – Wanderparkplatz Elfringhauser Schweiz 3.00 Std.

BESTE JAHRESZEIT

Ganzjährig

EINKEHR

Restaurant Zur Blume, Felderbachstraße 35, 45529 Hattingen, Tel. 02052/27 12, www.zurblume.de; Bergerhof, Berger Weg 8, 45527 Hattingen, Tel. 02324/724 78, www.bergerhof.de; Café Restaurant Waldhof, Elfringhauser Str. 155, 45529 Hattingen, Tel. 02324/279 58, www.waldhof-hattingen.de.

Mittel | 3.00 Std. | ca. 9 km | 265 Hm

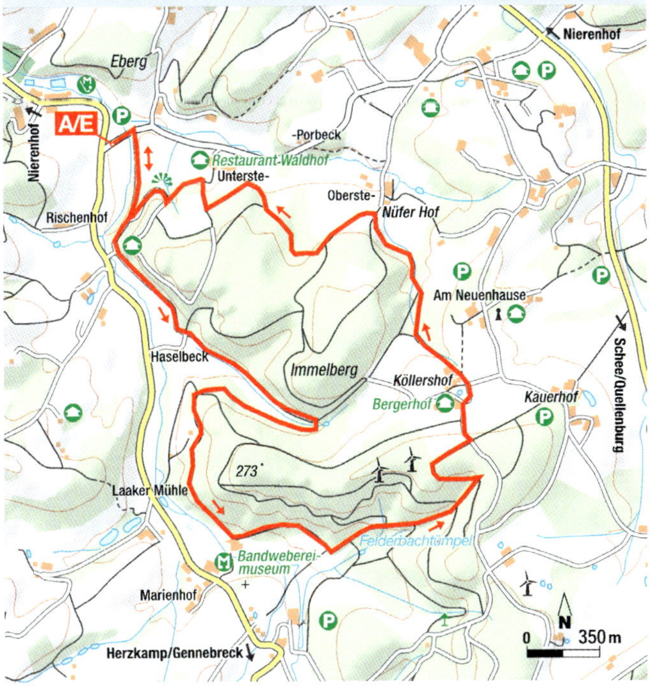

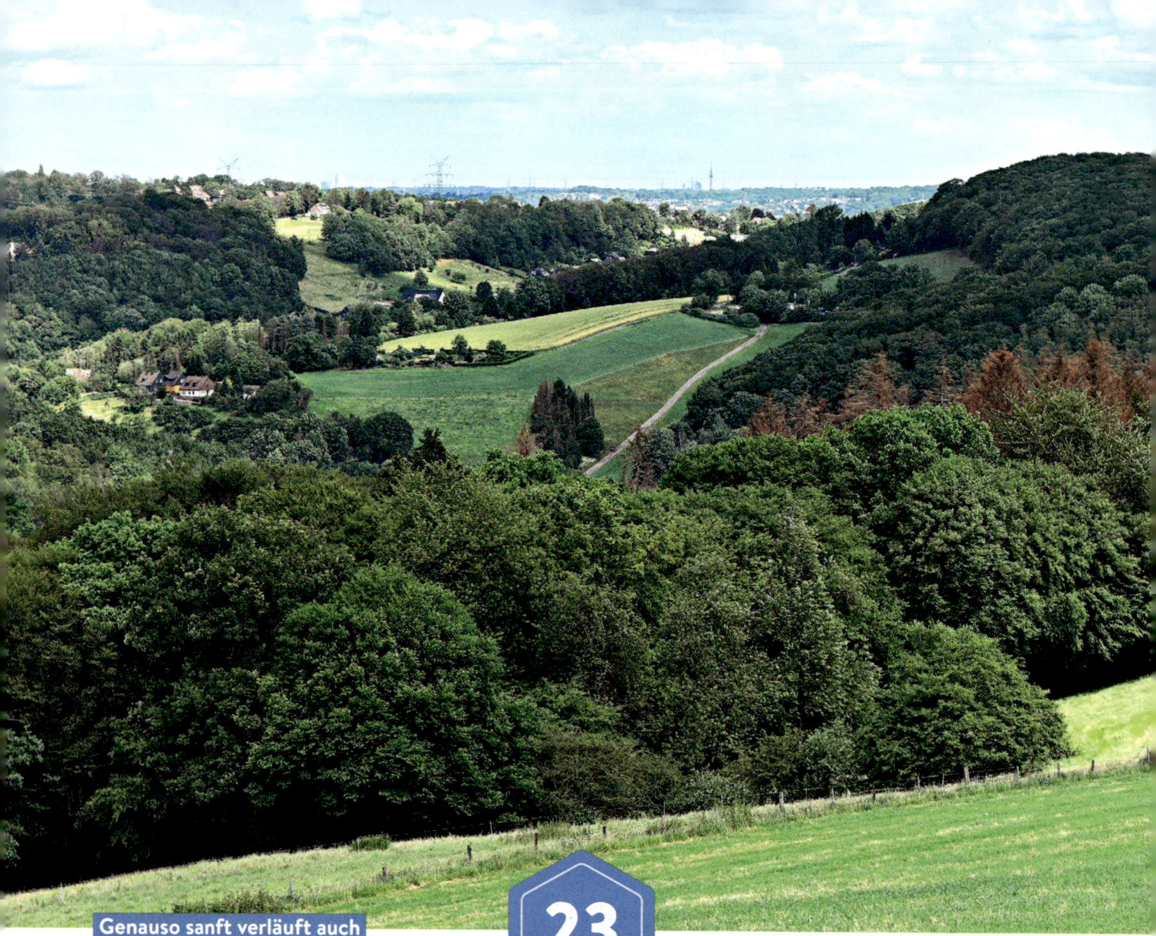

Genauso sanft verläuft auch der Neanderlandsteig im Auf und Ab.

23

Unterwegs in stetem Auf und Ab

Der Neanderlandsteig zum Kennenlernen

Diese Streckenwanderung zeigt den Neanderlandsteig vielleicht von seiner schönsten Seite, aber mindestens von seiner anstrengendsten. Denn kaum ein Abschnitt auf dem Fernwanderweg bietet mehr Steigungen und Gefälle. Umso schöner dann die Ausblicke über die Hügellandschaft und ins Ruhrgebiet, wenn man einen der kurzen, knackigen Aufstiege geschafft hat.

WIR VERLASSEN DEN BAHNHOF in Velbert-Nierenhof und folgen der leicht ansteigenden Nierenhofer Straße, die wir aber gleich nach der ersten Kurve in den Ziegeleiweg wieder verlassen. Gegenüber vom großen Werksparkplatz wenden wir uns nach links in einen schmalen Pfad und lassen damit dann sogar den gesamten besiedelten Bereich hinter uns. So schnell kann man im Grünen unterwegs sein! Der Weg führt rechts um ein Haus herum und direkt in den gemütlich wirkenden Wald. Einige Zeit lang durchqueren wir ihn und erreichen den Waldrand, der nach rechts einen schönen Ausblick auf die hügelige Landschaft ermöglicht. Hier wird einem schnell klar, dass dies der hügeligste Abschnitt des Neanderlandsteigs ist.

GLEICHZEITIG HAT MAN VON HIER einen wunderbaren Ausblick über weite Teile des Ruhrgebiets. Während fast in greifbarer Nähe ein kleiner Teil des Baldeneysees wie eine flache Scheibe im Vordergrund zu sehen ist, erkennt man am Horizont die Halden im nördlichen Ruhrgebiet und dazwischen blickt man auf die markante Hochhaus-Skyline der Essener Innenstadt. Wir treffen auf die Nierenhofer Straße, wenden uns nach rechts und überqueren sie wenig später, um über die Meisenstraße in ein Wohnviertel zu gelangen. An einem kleinen Kreisverkehr gehen wir nach rechts und verlassen den Eichenkreuzweg gegenüber vom Hopscheider Weg ebenfalls nach rechts.

EIN KLEINES WÄLDCHEN nimmt uns wieder auf, durch das wir nach kurzer Zeit erneut die Nierenhofer Straße erreichen. Wir überqueren sie und wandern auf dem leicht abschüssigen Asphaltweg zwischen mehreren Höfen hindurch, bis die Beschilderung des Neanderlandsteigs uns nach rechts auf einen zweispurigen Traktorpfad führt. Nach nur 200 Metern zweigt der Weg jedoch scharf nach links ab, und wir durchqueren im sanften Auf und Ab mehrere Wäldchen, streifen Felder und gelangen zum Priembergweg, dem wir nach links und deutlich bergauf folgen. Es bleibt dabei, diese Etappe

Tipp

NEANDERLANDSTEIG

Der Neanderlandsteig ist ein rund 240 Kilometer langer Fernwanderweg, der als weitläufiger Rundkurs vor allem das Bergische Land durchquert. Doch einige der seit 2014 eröffneten Etappen streifen auch die Ruhrgebietsstädte oder bieten zumindest einen tollen Ausblick auf sie. Mit einem weißen N auf rotem Grund ist der Neanderlandsteig gut ausgeschildert.

Mit dieser umfangreichen Ausschilderung kann man sich gar nicht verlaufen.

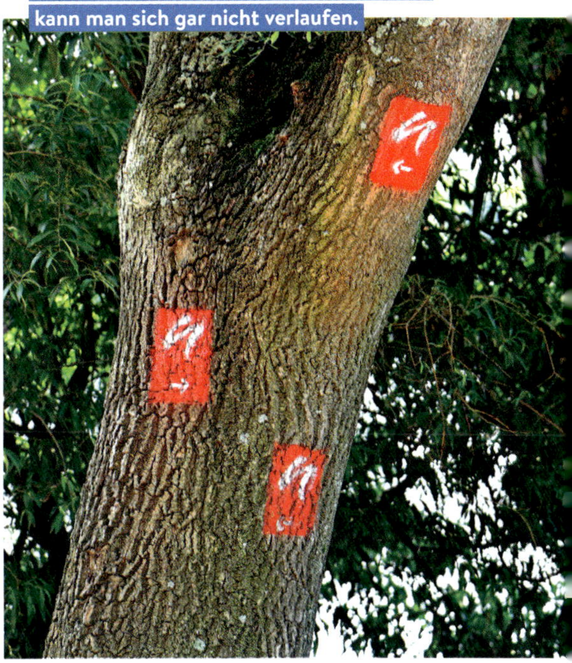

des Neanderlandsteigs ist die mit den meisten Steigungen. Sie fallen zwar in der Regel recht moderat aus, doch es sind eben viele. Aber zum Trost: Es sind mindestens genauso viele Abschnitte mit einem Gefälle.

WIR VERLASSEN DEN WALD, gehen nach rechts an einem Hof vorbei und wandern erneut am Waldrand entlang. Dort, wo der Weg am Waldrand eine Linkskurve um das Feld beschreibt, wenden wir uns nach rechts, tauchen wieder in das Gehölz ein und finden uns wenig später im Asbachtal wieder. Auf der Wanderung ahnen wir zunächst nicht, was auf diesem Gelände in den Kriegsjahren 1941/42 geschah. Doch ein bald zu sehender **Betonbunker** und eine Informationstafel verraten uns, dass man hier auf einem 2,5 mal 1,5 Kilometer großen Areal eine sogenannte Nachtscheinanlage errichtete, um den alliierten Bombenfliegern vorzutäuschen, dass sich hier die Krupp'sche Stahlfabrik befände, die tatsächlich rund 10 Kilometer weiter nördlich liegt. Während die Stadt Essen verdunkelt wurde, war die aus Holz errichtete »Fake«-Fabrik beleuchtet. Es gab sogar einen qualmenden Schornstein und eine kleine Schienenbahn, die unbemannt immer im Kreis fuhr. Sehr zum Leidwesen der ansässigen Bevölkerung funktionierte dieser Trick für einige Zeit, und dieses landschaftliche Idyll wurde bombardiert. Erst in den letzten Jahren erforschte man das Gelände systematisch und bereitete es museal auf. Der QR-Code auf der Hinweistafel führt direkt zur Website mit weiteren Informationen zum Gelände.

WENIG SPÄTER überqueren wir die Rottberger Straße. Als Tipp: Nur 250 Meter rechts neben der Überquerung steht in der Erdbeersaison ein Straßenstand mit frischen Erdbeeren. Mit einem halben Pfund in der Hand wandert es sich gleich angenehmer in der malerischen Landschaft. Wir wandern

↓ So viel Fernblick hat man im südlichen Ruhrgebiet, manch einer mag das gar nicht glauben.
↘ Windrad als Landmarke bei der Wanderung

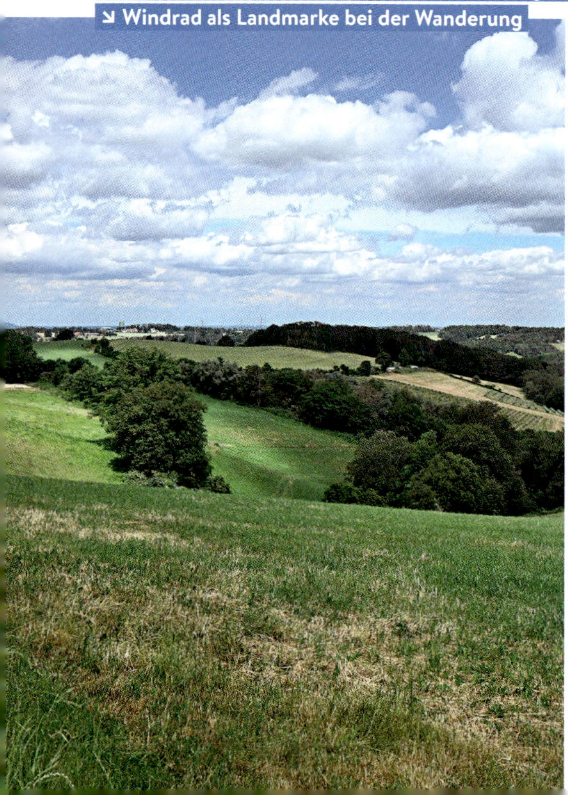

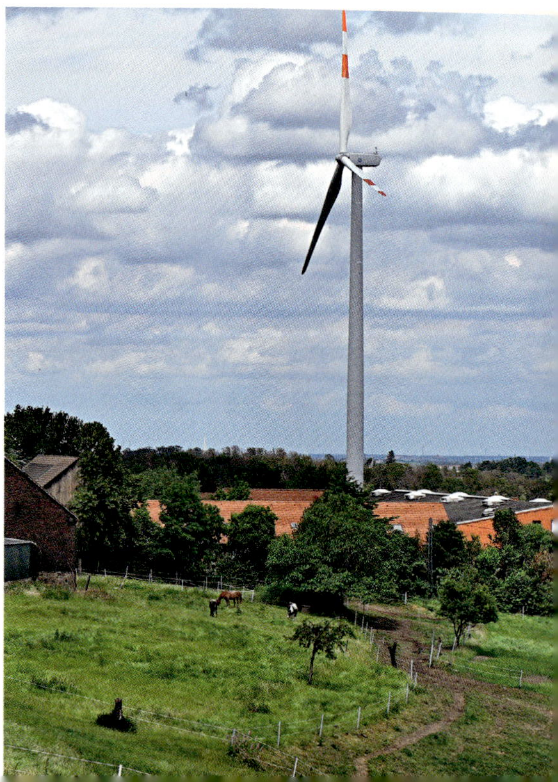

INFO

Mittel | 4.30 Std. | ca. 13,5 km | 439/312 Hm

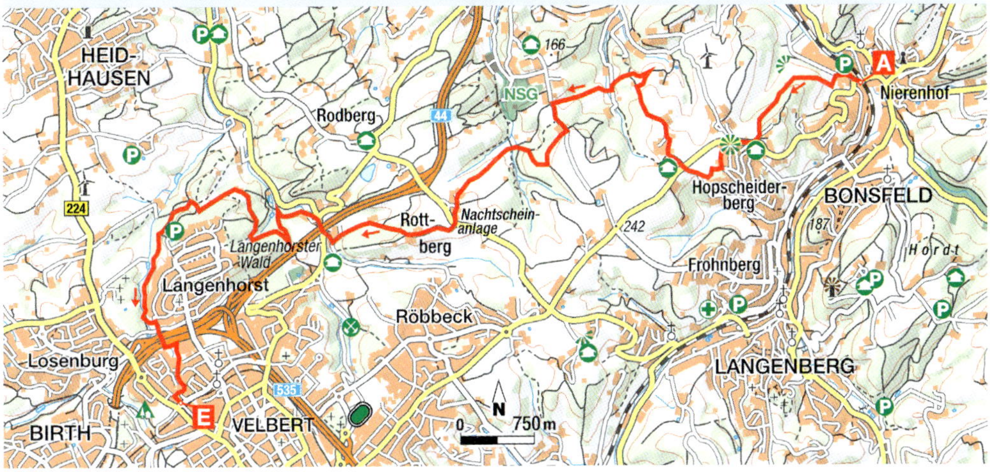

TOURENCHARAKTER

Zahlreiche Steigungen, die aber in der Regel kurz ausfallen und gleich im Anschluss mit einem Gefälle belohnt werden.

AUSGANGS-/ENDPUNKT

Ausgangspunkt ist der Bahnhof Velbert-Nierenhof, Endpunkt der Kreisverkehr Bismarckstraße/Friedrichstraße im Stadtzentrum von Velbert (Haltestelle Am Rosental)

ANFAHRT

Mit der S-Bahn zum Bahnhof Velbert-Nierenhof. Mit dem Auto die A44 bei Essen-Kupferdreh verlassen und Richtung Velbert fahren. Zwischen Start- und Zielpunkt verkehrt ein Bus. Die Fahrzeit beträgt 23 Minuten

GEHZEITEN

Bis Aussichtspunkt 0.30 Std. – Nachtscheinanlage 2.00 Std. – Langenhorster Wald 3.00 Std. – Kreisverkehr/Haltestelle Rosental 4.30 Std.

BESTE JAHRESZEIT

Ganzjährig

EINKEHR

Landhaus Stolberg, Hefel 9, 42551 Velbert, Tel. 02051/812 20, www.landhaus-stolberg.de, ansonsten Einkehrmöglichkeiten im Stadtzentrum von Velbert

leicht bergab, folgen der Beschilderung und sind bald im Hespertal, in dem wir die Autobahn 44 unterqueren. Gleich auf der anderen Seite der Unterführung halten wir uns links und gehen wieder in einen Wald hinein. Dabei führt der Weg deutlich bergauf und wir stehen kurz vor einer Brücke, die über die Autobahn führt. Doch wir überqueren sie nicht, sondern wenden uns fast 180 Grad nach rechts.

AUF EINEM KURVENREICHEN WEG

durch den Langenhorster Wald umrunden wir weitläufig den gleichnamigen Ortsteil und gelangen schließlich doch wieder zur Autobahn. Auf einer schmalen Brücke überqueren wir sie, halten uns links und gleich an der nächsten Möglichkeit nach rechts, um an einer Kleingartenanlage vorbei in ein Wohnviertel zu gelangen. Genauso schnell, wie wir zu Beginn der Wanderung den besiedelten Bereich verließen, wandern wir zum Abschluss nur ein kurzes Stück durch besiedeltes Gebiet bis zum Endpunkt der Tour am Kreisverkehr in der Velberter Innenstadt.

Aus dem Bergischen Land ins Ruhrgebiet

Genusswanderung auf dem Neanderlandsteig

Der Rinderbach begleitet uns auf langen Teilen dieser Streckenwanderung und erfreut uns mit einem malerischen Tal. Höhepunkt sind die Eulenbachbrücke über dem Rinderbachtal gleich zu Beginn der Wanderung, der Abtsküchер Teich auf der Hälfte der Strecke und die Ruhr am Ende der Tour.

Manchmal ist der Übergang zwischen Spazieren und Wandern fließend.

24

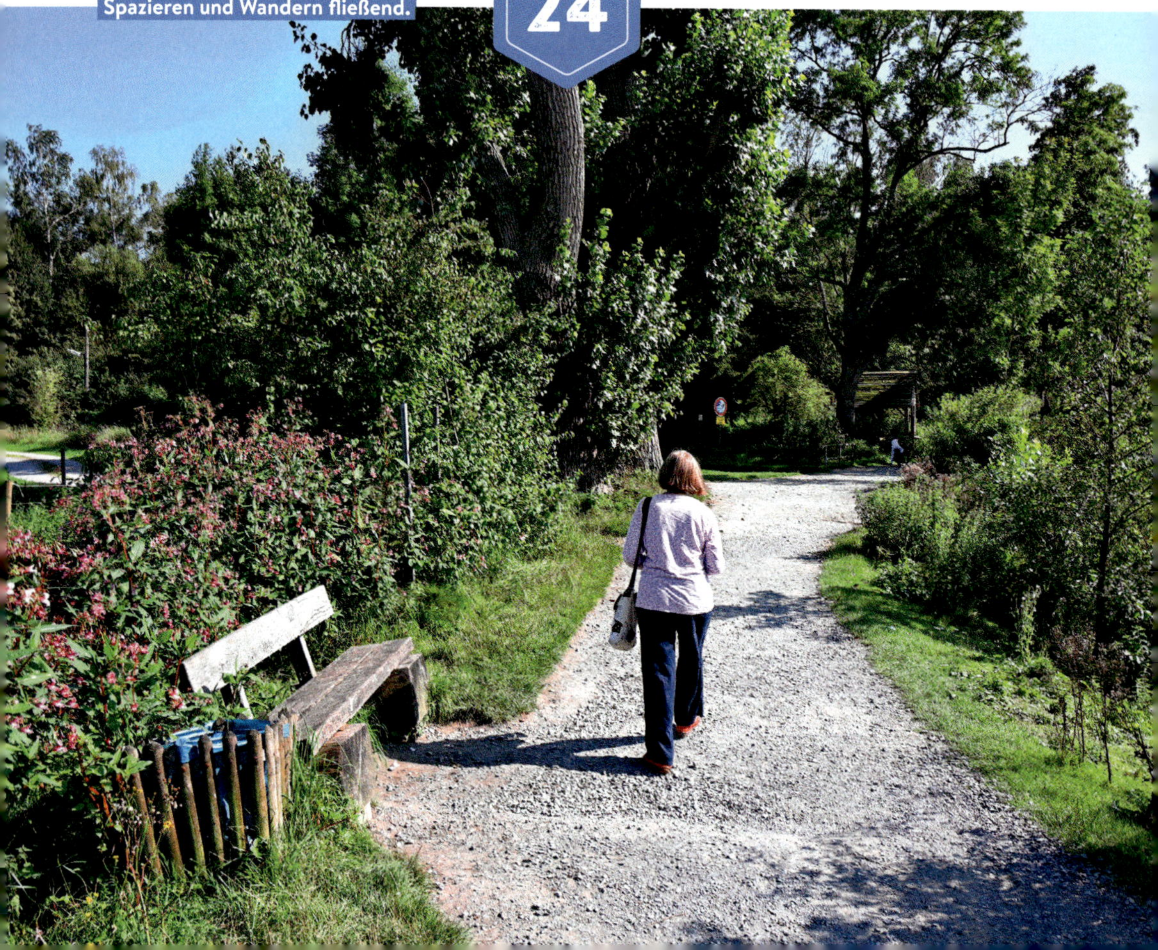

WIR BEGINNEN DIESEN ABSCHNITT des Neanderlandsteigs so, wie wir den letzten beendeten. Am Kreisverkehr begeben wir uns zur großen Friedrich-Ebert-Straße, überqueren diese und spazieren zunächst am Sportplatz vorbei. Gleich dahinter folgt eine Kleingartenanlage, hinter der wir rechts abbiegen, um in das Rinderbachtal hineinzuwandern. So zumindest der offizielle Verlauf des Neanderlandsteigs. Ein wenig spannender und mit einem architektonischen Highlight verknüpft ist eine leicht abgewandelte Form der Tour in diesem Bereich. Dafür sollte man an der Friedrich-Ebert-Straße die Brücke auf der linken Seite unterqueren und gleich dahinter rechts auf den Rad- und Fußweg gehen, der auf der ehemaligen Trasse der Niederbergbahn angelegt wurde. Die Trasse ist heute ein beliebter und sehenswerter Radweg mit mehreren interessanten Brückenbauwerken zwischen dem Bergischen Land und dem Ruhrtal bei Essen-Kettwig. Eine dieser Brücken, die **Eulenbachbrücke**, überqueren wir wenig später auf dem Panoramaradweg. Die 40 Meter hohe Brücke wurde im Jahr 1916 aus Naturstein errichtet und besteht aus sieben Bogen. Von oben blickt man wunderbar ins Rinderbachtal hinab, in das wir gleich nach Verlassen der Brücke links hinuntergehen. Auf dem Parkplatz und Wohnmobilstellplatz vor der Brücke können wir das stattliche Bauwerk in seiner vollen Pracht genießen, bevor wir es unterqueren und wieder auf den Neanderlandsteig gelangen.

WIR UNTERQUEREN WENIG SPÄTER noch eine Autobahnbrücke, passieren die Kopernikusstraße und umrunden mit der Straße Krehwinkler Höfe eine Tennisanlage. Durch die Grünanlagen bleiben wir weiterhin dem Rinderbach treu, der zwar nicht immer deutlich zu sehen ist, jedoch weitgehend parallel zu unserem Wanderweg verläuft. Auf schmalen Pfaden sind wir zwischen weiten Feldern unterwegs und genießen immer wieder die Ausblicke in die Landschaft. Für einen Moment scheint es, als würde ein Klärwerk die Idylle der Wanderung stören. Doch dieses ist schnell passiert und gleich dahinter erstreckt sich der **Abtskücher Teich**, der sich als kleine Oase zwischen den Feldern präsentiert. Zahlreiche Wasservögel bevölkern den kleinen See, der durch Stauung des Rinderbachs entstanden ist und als Rückhaltebecken eigentlich dem Hochwasserschutz dient. Besonders an den Wochenenden ist der Abtskücher Teich ein beliebtes Ausflugsziel, was auch dem nahe gelegenen Hofcafé und den beiden

Tipp

PANORAMARADWEG NIEDERBERGBAHN

Beim nächsten Ausflug kann man auch mal das Rad benutzen. Es dauerte fast vier Jahrzehnte, bis die Niederbergbahn zwischen Kettwig und Wülfrath fertiggestellt wurde. Grund hierfür waren sowohl die Unterbrechung durch den Ersten Weltkrieg als auch immer wieder die Finanzierungsfrage. Die Strecke war ohnehin von Anfang an eher als Nebenstrecke gedacht und erlangte lediglich im Zweiten Weltkrieg durch die Rüstung und Zerstörung anderer Bahnstrecken eine größere Bedeutung. 1960 wurde der Personenverkehr eingestellt und schon im Jahr darauf baute man die Gleise in Richtung Kettwig zurück. Fortan gab es nur noch Güterverkehr zwischen Heiligenhaus und Wülfrath, der in den 1990er-Jahren schließlich auch sein Ende fand. Es gibt zwar immer wieder Pläne und Diskussionen, die Trasse für den Bahnverkehr zu reaktivieren, doch zunächst einmal ist die Strecke seit 2011 als Panoramaradweg den Radlern vorbehalten.

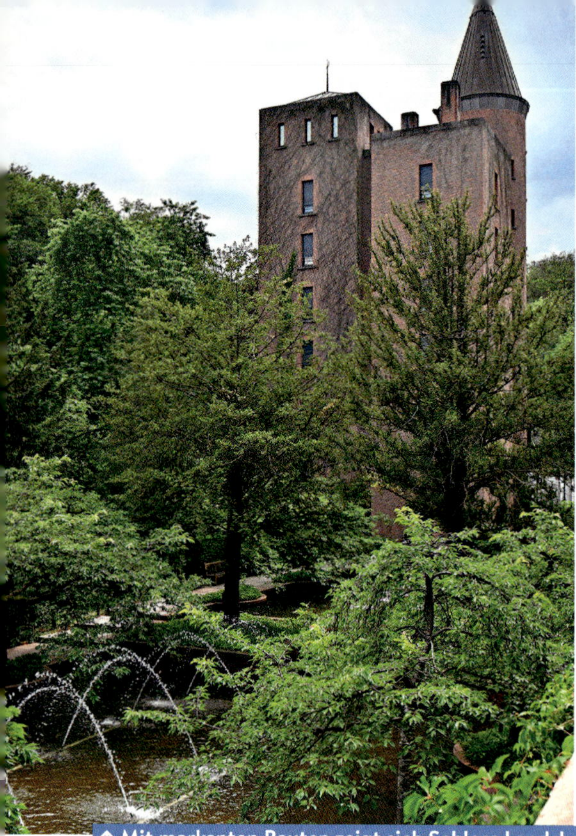

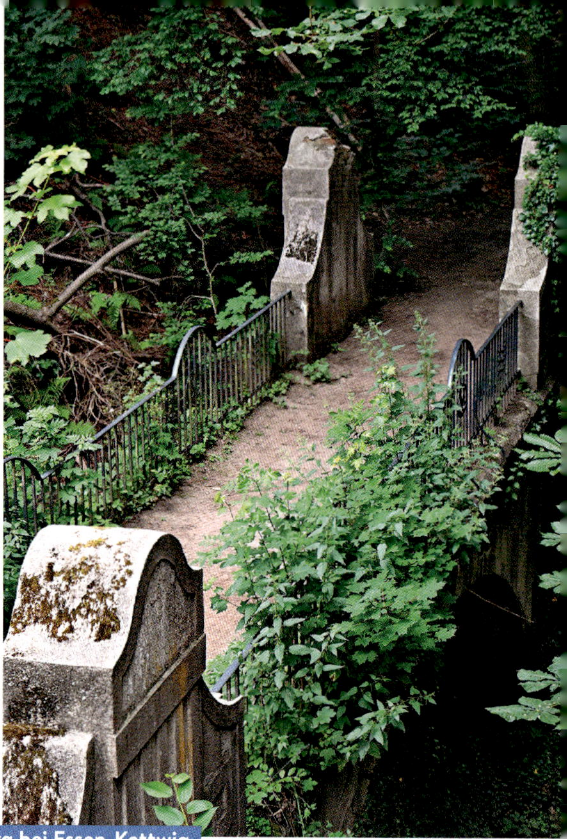

↑ Mit markanten Bauten zeigt sich Schloss Landsberg bei Essen-Kettwig.
↗ Über diese Brücke wandert jedoch keiner mehr.

interessanten Museen zu verdanken ist, die sich in Reichweite befinden.

NEBEN DER ST.-JAKOBUSKAPELLE steht ein nettes, kleines Heimatmuseum und nur ein Stück die Straße entlang gelangt man zum interessanten **Feuerwehrmuseum**, das in der Wache der Freiwilligen Feuerwehr untergebracht ist und an jedem zweiten Samstag im Monat (13–17 Uhr) und jedem letzten Sonntag im Monat (11–17 Uhr) besichtigt werden kann.

UNSERE WANDERUNG VERLÄUFT fast einmal komplett um den Teich herum und folgt dem Rinderbach weiter. Es geht durch einen kleinen Wald und über den Herberger Weg bis zur Feldstraße. Hier halten wir uns rechts und bleiben noch ein kurzes Stück in der Nähe des Rinderbaches. Doch schon bald lassen wir das Tal hinter uns und verlassen es scharf nach rechts hinter einem freistehenden Wohnhaus. Durch den Wald geht es auf dem Weg Farrenberg bergauf und an einem Bauernhof vorbei zwischen weiteren Feldern zum Mühlenweg, dem wir nach links folgen. Die etwas breitere Langenbügeler Straße überqueren wir, um gleich dahinter zwischen Landwirtschaft und Natur unterwegs zu sein. Mehr Natur als Landwirtschaft erleben wir bei der Durchquerung eines kleinen Naturschutzgebiets, das vom Birther Bach durchzogen wird. Diesen schmalen Wasserlauf überqueren wir, um gleich dahinter leicht bergauf an einem Reiterhof vorbeizuwandern. Am Ende der Reitanlage wenden wir uns nach links und umrunden einen Bauernhof weitläufig, bis wir vor dem Gelände einer Jugendbildungsstätte wieder rechts in den Wald hineinwandern.

WER SCHON DIE WANDERUNG auf dem Kettwiger Panoramasteig (Tour 4) durchgeführt hat, wird einige Wegabschnitte wiedererkennen. In einem weiten Bogen wandern wir bergab in das Ruhrtal, bleiben aber in den bewaldeten Hängen oberhalb des Flusses. Erst an der Rhein-Ruhr-Klinik geht es viel deutlicher über den Klipperweg hinab, der uns bis zum Sengenholzer Weg bringt. Bevor wir hier die Eisenbahnbrücke unterqueren, sollten wir einen Blick nach links werfen. Denn dort sehen wir den Ausgangspunkt für den Panoramaradweg der Niederbergbahn, die wir zu Beginn dieser Wanderung an der Eulenbachbrücke kennengelernt haben. Gleich hinter der Unterführung erreichen wir den Startpunkt für die nächste Etappe auf dem Neanderlandsteig. Zum Bahnhof Essen-Kettwig Stausee geht es nach rechts.

INFO

Mittel | 4.00 Std. | ca. 14,5 km | 160/319 Hm

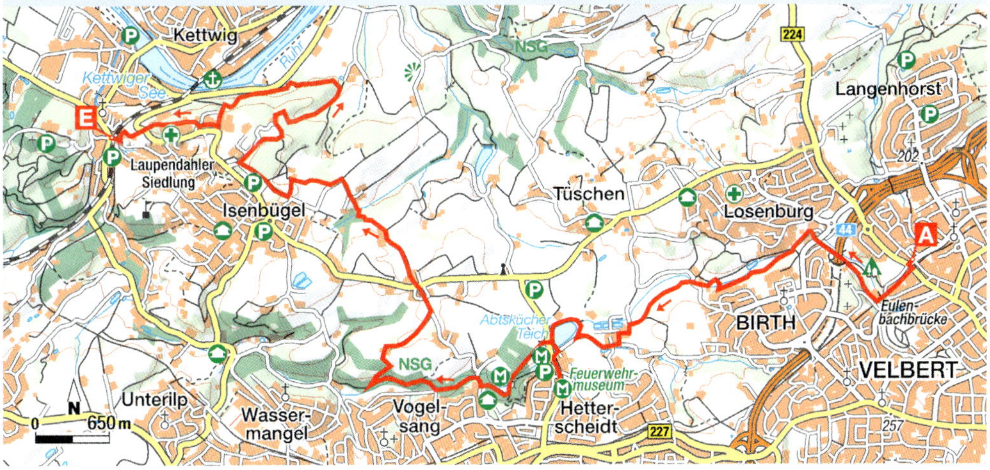

TOURENCHARAKTER

Schönes Wechselspiel zwischen wurzeligen Waldwegen und asphaltierten Landwirtschaftswegen, die Ausblicke in die Landschaft ermöglichen.

AUSGANGS-/ENDPUNKT

Kreisverkehr Bismarckstraße/Friedrichstraße im Stadtzentrum von Velbert (Haltestelle Am Rosental)

ANFAHRT

Mit dem Bus zur Haltestelle Am Rosental. Mit dem Auto über die A44 oder über die B224 bis zum Dreieck Velbert-Nord und auf der Friedrich-Ebert-Straße zum Parkplatz am Sportplatz. Zwischen Start- und Endpunkt kann man mit der S-Bahn über Essen-Werden und dann mit dem Bus nach Velbert fahren

GEHZEITEN

Bis Eulenbachbrücke 0.20 Std. – Abtsküchер Teich 1.30 Std. – Bahnhof Essen-Kettwig Stausee 4.00 Std.

BESTE JAHRESZEIT

Ganzjährig

EINKEHR

Hofcafé Abtsküche, Abtsküchеr Str. 40, 42579 Heiligenhaus, Tel. 02056/28 66 05, www.hofcafe-abtskueche.de

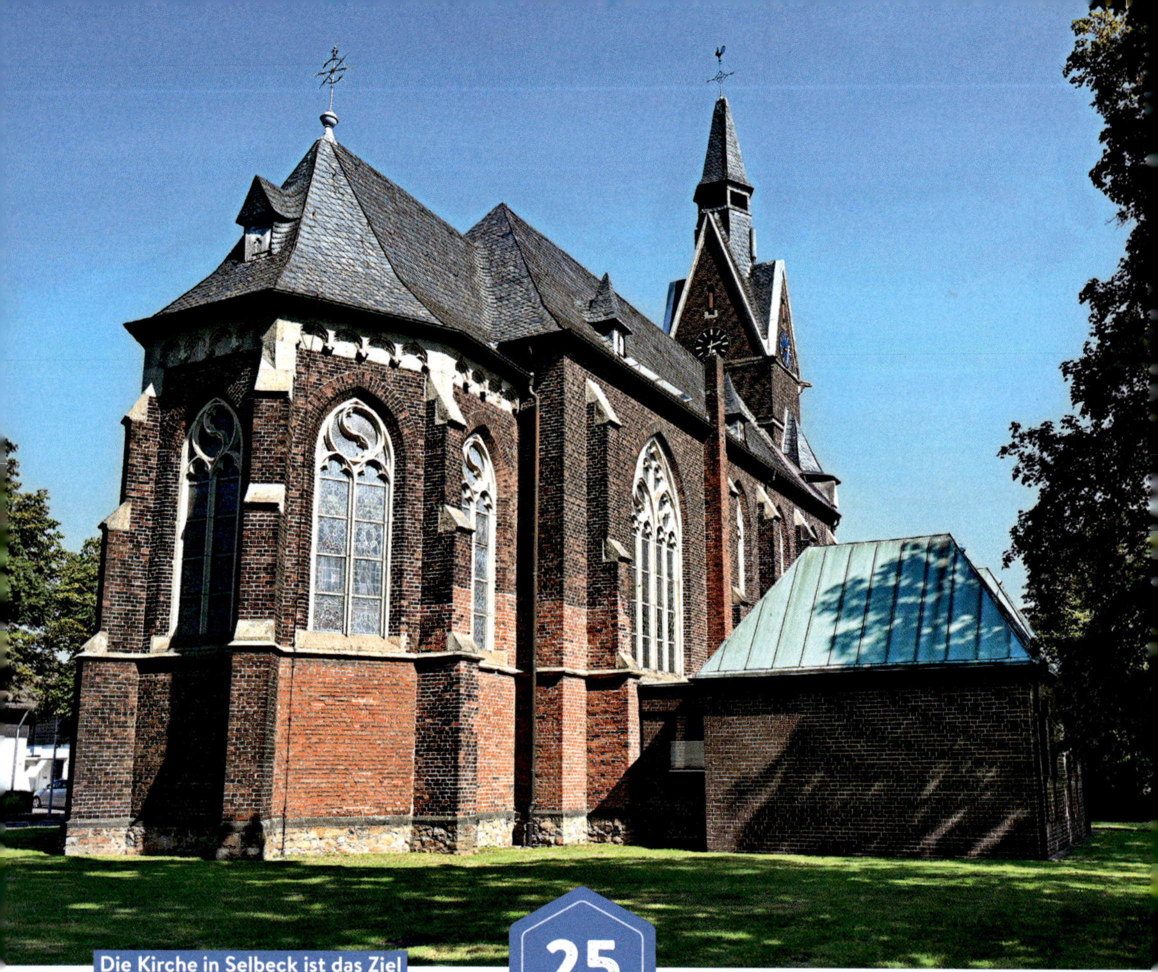

Die Kirche in Selbeck ist das Ziel dieser Neanderland-Etappe.

25

Gemütliche Waldwanderung am Mintarder Berg

Neanderland-Tour von Essen-Kettwig nach Mülheim

Der letzte Abschnitt des Neanderlandsteigs, der auch die Ruhrgebietsstädte berührt, zeigt gleich zu Beginn, was in ihm steckt. Er ist zwar relativ kurz, doch er verläuft über die Höhen des Ruhrtals zwischen Essen-Kettwig und Mülheim. Den ersten Anstieg erlebt man gleich am Anfang der Wanderung.

DER OFFIZIELLE AUSGANGSPUNKT dieser Etappe ist die Kreuzung Heiligenhauser Straße und Rindersberger Mühle bzw. die dortige Bushaltestelle Am Strang. Da die Parkmöglichkeiten dort überschaubar sind, sollte man den Wagen besser am Parkplatz der S-Bahn-Haltestelle Kettwig-Stausee abstellen. ÖPNV-Nutzer werden ihre Tour auch eher dort beginnen. Denn zur nächstgelegenen Bushaltestelle, inklusive der Wartezeit und der Fahrtzeit für eine Station, braucht man auch nicht länger, denn in einer guten Viertelstunde ist man den knappen Kilometer über Werdener Straße und Ringstraße bis zur Heiligenhauser Straße gelaufen.

DURCH DIE RINDSBERGER MÜHLE geht es hinauf zum Höseler Weg, an dem wir links abbiegen, um gleich darauf an der Gabelung halb links dem Sträßchen Sommersberg zu folgen. Vor dem letzten Haus am Ende der Straße steigt ein schmaler Pfad nach rechts in den Wald hoch, den wir nehmen werden. In einem kurvigen Verlauf wandern wir durch den dichten Wald und erreichen nach kurzer Zeit die Kettwiger Straße. Diese ist natürlich nicht zu verwechseln mit der Kettwiger Straße in der Essener Innenstadt, die als Haupteinkaufsstraße die wohl bekannteste Straße der Stadt ist. Dass wir hier ebenfalls auf eine Kettwiger Straße stoßen, zeigt jedoch, dass wir das Stadtgebiet von Essen innerhalb des Waldes verlassen haben und einen Abstecher nach Ratingen unternommen haben.

DIE SCHMALE STRASSE überqueren wir, halten uns halb links und folgen einem wunderschönen engen Hohlweg durch den Wald. Er bringt uns bis an das Gelände des **Schlosses Landsberg**, das sich hier malerisch erhebt. Wir könnten, wenn wir wollten, dem Hohlweg am Landsberger Graben weiter abwärts folgen und wenig später an der

Tipp

SCHLOSS LANDSBERG

Bereits im 13. Jahrhundert hat man zur Grenzbefestigung zwischen den einzelnen Gebieten von Werden und dem Reichsstift Essen eine Burg an dieser exponierten Lage über der Ruhr errichtet. Doch sein heutiges Aussehen erhielt Schloss Landsberg erst wesentlich später. Zwar baute man das Gebäude in der Mitte des 17. Jahrhunderts zu einem Renaissanceschloss um, doch so wie wir Schloss Landsberg vor uns haben, entstammt es den umfangreichen Plänen von August Thyssen. Der Industrielle, der sich in der Montanindustrie einen Namen gemacht hat, erwarb das Schloss 1903 und ließ erhebliche Umbauarbeiten vornehmen, bevor er mit seiner Familie dort lebte und im Jahr 1926 schließlich auch dort verstarb. Im Bergfried befand sich ursprünglich der Wohnraum, doch nach dem Tod Thyssens wurde dort die Familiengruft eingerichtet.

Die kegelförmige Spitze markiert das Schloss Landsberg.

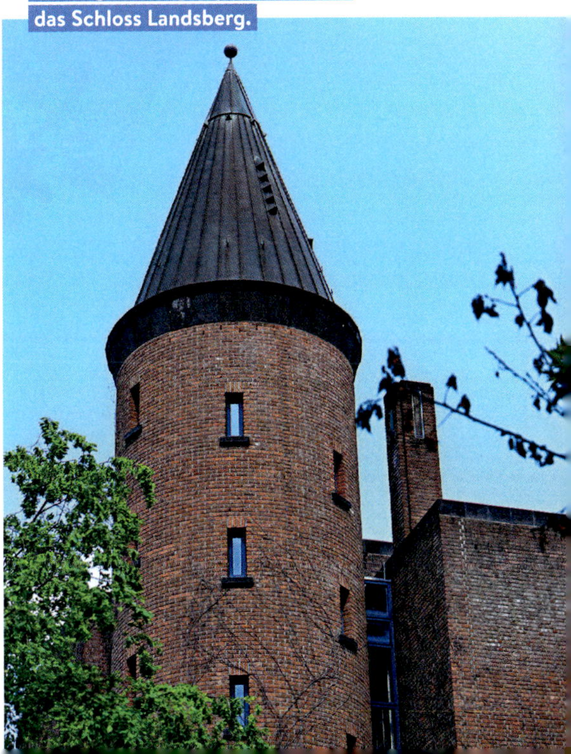

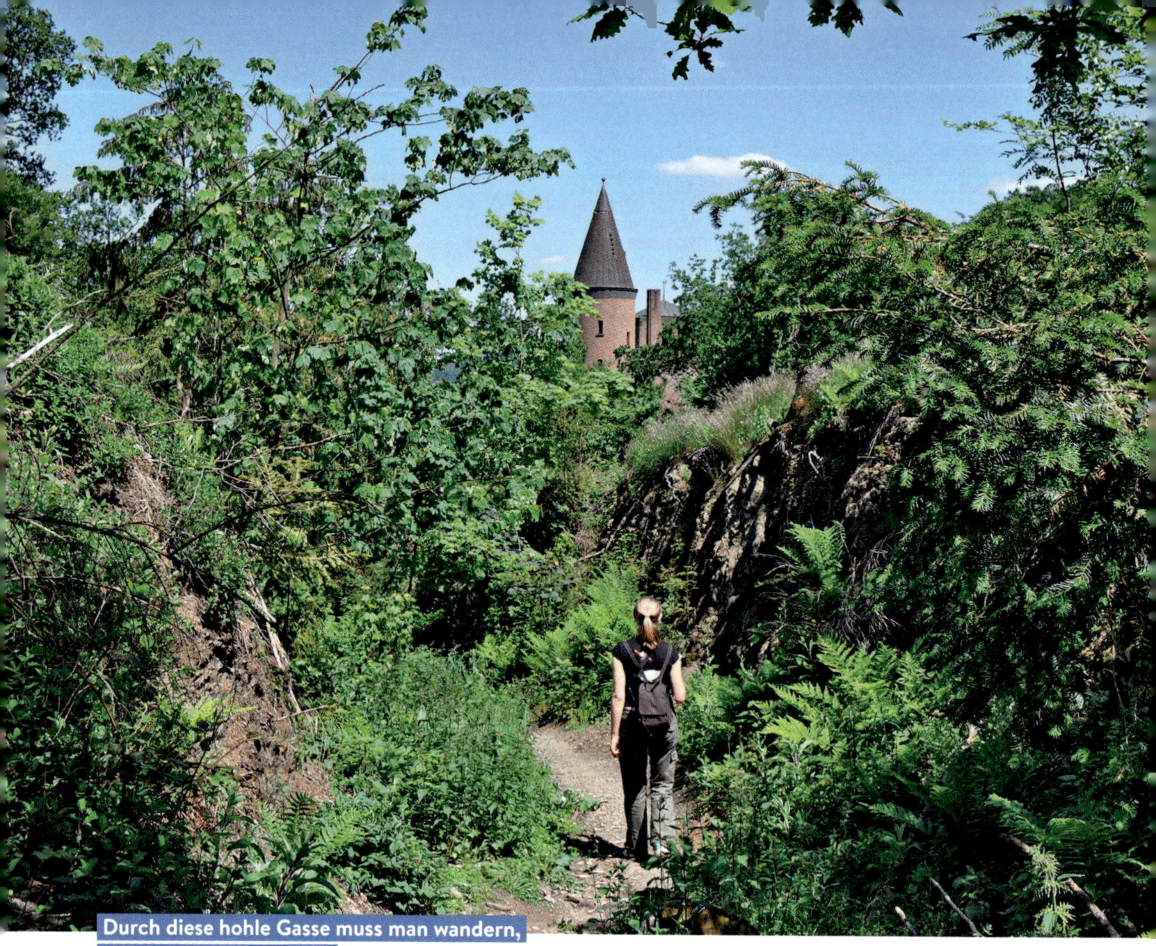

Durch diese hohle Gasse muss man wandern, fast wie bei Wilhelm Tell.

August-Thyssen-Straße nach links abbiegen, um auf Essener Stadtgebiet direkt zum nächsten Schloss, dem Schloss Hugenpoet zu gelangen, wo es, nebenbei bemerkt, auch eine Einkehrmöglichkeit gibt. Doch der Neanderlandsteig zweigt am Schloss Landsberg scharf nach links ab und führt im steten Auf und Ab weiter durch den Wald.

DABEI ÜBERQUEREN WIR schon bald die Essener Straße, wandern an den einzelnen Wohnhäusern vorbei und am Waldrand entlang, bis wir zum Ruhrhöhenweg gelangen. Diesem folgen wir nur kurz nach rechts und biegen nach wenigen Metern scharf nach links auf einen Feldweg ein. Zwischen den Feldern sehen wir auf der linken Seite bereits den Ortsteil Mintarder Berg, wandern jedoch noch geradeaus in den Wald. Dort erwartet uns der schmale **Rodenbuschbach**, vor dem wir uns nach links wenden und wenig später an einem Spielplatz vorbei bis zur Straße Am Kessel wandern.

DEN KLEINEN ORTSTEIL durchqueren wir relativ flott, indem wir nach rechts abbiegen und auf der Stooter Straße wenig später die Autobahn 52 zwischen Essen und Düsseldorf überqueren. An der zweiten Einmündung auf der linken Seite hinter der Autobahnbrücke geht es für uns wieder zwischen den Feldern hindurch und an mehreren Höfen vorbei. Auf dem Hantenweg genießen wir die restlichen Meter dieser Etappe des Neanderlandsteigs und steuern geradewegs auf Selbeck zu, dem südlichsten Ortsteil von Mülheim an der Ruhr. An der Stooter Straße biegen wir links ab und überqueren die viel befahrene Bundesstraße 1 bzw. Kölner Straße, die diesen Ortsteil prägt. Halbrechts sehen wir die Karl-Forst-Straße, durch die wir zur kleinen **Kirche St. Theresia von Avila** gelangen. Sehenswert sind hier die farbenfrohen Fenster des Gotteshauses. Gleichzeitig markiert die Kirche den Endpunkt dieser und den Startpunkt der nächsten Etappe des Neanderlandsteigs. Wer nach diesen drei Ruhrgebietsabschnitten Gefallen am Neanderlandsteig gefunden hat, würde auf dem weiteren Weg den südlichen Duisburger Stadtwald streifen und dann durch Ratingen nach Düsseldorf gelangen. Mit Hilden und Monheim träfe man auch auf den Rhein, um bei Leverkusen den südlichsten Punkt des Rundwanderwegs zu berühren. Anschließend ginge es durch Solingen, Wuppertal und Wülfrath zu den drei in diesem Buch beschriebenen Abschnitten.

INFO

Leicht | **3.00 Std.** | **ca. 9 km** | **122/109 Hm**

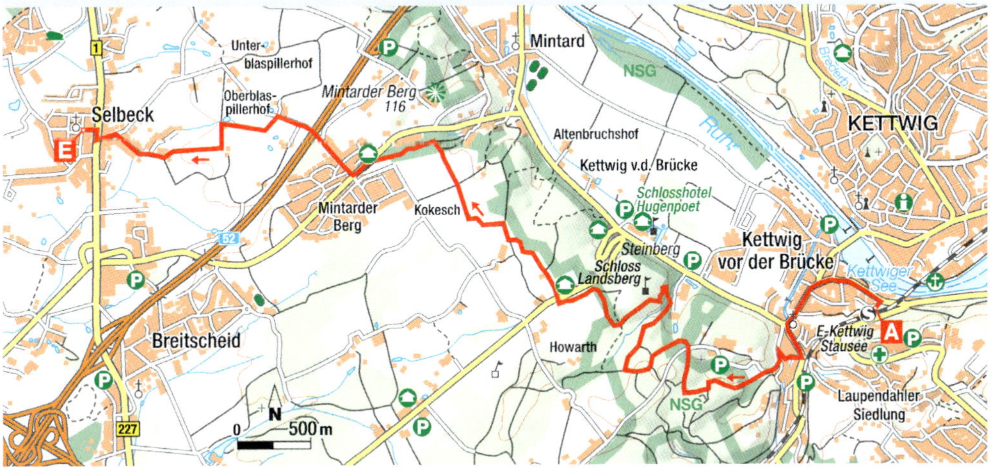

TOURENCHARAKTER

Viele schmale Pfade und Waldwege, gelegentlich auch Abschnitte entlang kleiner Straßen

AUSGANGS-/ ENDPUNKT

Kreuzung Rindersberger Mühle/ Heiligenhauser Straße, alternativ S-Bahnhof Kettwig-Stausee, Kirche St. Theresia von Avila in Mülheim-Selbeck

ANFAHRT

Mit der S-Bahn bis zur Haltestelle Kettwig-Stausee. Mit dem Auto über die A52 bis Kettwig, in den Ortsteil hinein und über die Ruhr hinweg. Gleich an der ersten Möglichkeit links zum Bahnhof Kettwig-Stausee. Von dort Fußweg wie im Text beschrieben. Rückfahrt per Bus und S-Bahn über Ratingen-Ost

GEHZEITEN

Bis zum Startpunkt 0.15 Std. – Schloss Landsberg 1.15 Std. – Kirche St. Theresia von Avila in Mülheim-Selbeck 3.00 Std.

BESTE JAHRESZEIT

Ganzjährig

EINKEHR

HUGENpöttchen in der Remise, August-Thyssen-Straße 51, 45219 Essen, Tel. 02054/120 40, www.hugenpoet.de

Wanderung mit Erleuchtung

Auf zum Geleucht auf der Halde Rheinpreußen in Moers

Langschläfer werden ihre Freude an dieser Tour haben. Denn obwohl man schon etwas später startet, bietet die Tour alles, was man sich von einer Wanderung wünscht. Angefangen von einer Waldwanderung bis hin zu einem Aufstieg, der mit einem tollen Panorama belohnt wird.

26

Nach jeder Haldenbesteigung folgt das Panorama zur Belohnung.

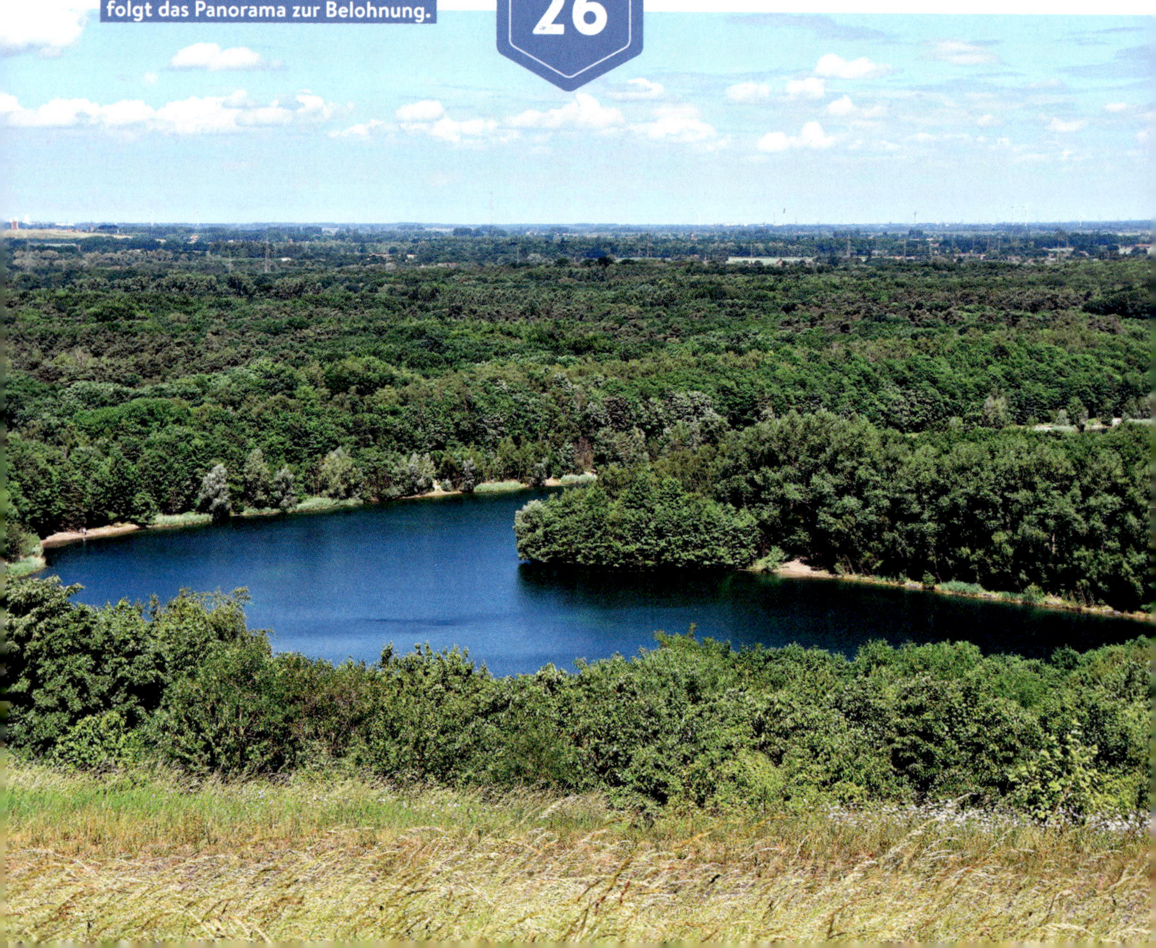

NACHDEM WIR DEN PARKPLATZ vor dem Vereinsheim verlassen haben, wenden wir uns nach rechts und sind schon direkt nach wenigen Metern mitten im Wald von Baerl. Gleich an der ersten Möglichkeit hinter dem Kinderspielplatz biegen wir nach rechts ab und folgen dem Waldweg in nördlicher Richtung. Mehrere Abzweige von unserem Hauptweg ignorieren wir, bis wir nach rund 900 Metern an eine T-Kreuzung gelangen, an der wir uns links halten. Wir treffen auf eine kleine Kreuzung der Orsoyer Allee mit dem Schlotweg und gehen auf ihm halb links weiter. Nachdem wir zwei Wohnhäuser passiert haben, finden wir uns nach wenigen Metern am Ufer des Lohheidesees wieder.

UNSEREM PLAN FOLGEND, den See zu umrunden, wenden wir uns nach rechts auf den Uferweg und wandern an den Anlegestellen der hiesigen Seglergemeinschaft vorbei. In der Rechtskurve vor dem Bahngleis gehen wir nach links und halten uns an den Uferweg, der uns zwischen den Bäumen hindurch schöne Blicke auf den See ermöglicht. Wir gelangen zur Baerler Straße, wo wir Duisburg verlassen und auf die zu Rheinberg gehörende Wohnsiedlung Orsoyer Berg treffen. Hier wenden wir uns erneut nach links, gehen an einer Handvoll Wohnhäuser vorbei und bleiben dem Uferweg am Lohheidesee treu.

WIR WANDERN AN DER ANLEGESTELLE vorbei und folgen dem kurvigen Verlauf von Ufer und Weg bis zu einem Parkplatz am Damschenweg. Hinter einer scharfen Linkskurve sehen wir einen kleinen Weg nach links abzweigen, auf den wir einschwenken und wieder näher am Seeufer entlangspazieren. Am westlichsten Punkt des Sees befindet sich zu unserer Rechten ein kleines Wäldchen, durch das ein schmaler Pfad führt, der uns zur Straße Laakmannsfeld bringt, womit wir uns gleichzeitig vom

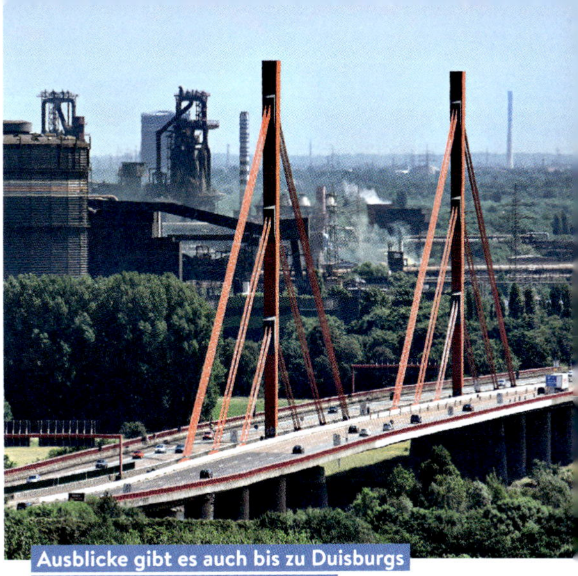

Ausblicke gibt es auch bis zu Duisburgs Rheinbrücken und noch weiter.

Tipp

HALDE RHEINPREUSSEN UND GELEUCHT

74 Höhenmeter muss man überwinden, um vom Fuß der Halde Rheinpreußen das Gipfelplateau zu erreichen. Einmal oben angekommen, steht man immerhin rund 100 Meter über dem Meeresspiegel. Sie ist nur eine von vielen Halden im Ruhrgebiet, war aber eine der ersten, die begrünt wurden. Der Abraum entstammt von der weiter südlich gelegenen einstigen Zeche Rheinpreußen, die bereits im Jahr 1971 stillgelegt wurde. Viele Halden im Ruhrgebiet sind mit einer Landmarke von Weitem deutlich erkennbar. Auf der Halde Rheinpreußen ist es die Grubenlampe, die an die Tradition der Bergleute erinnert, die mit diesem sogenannten Geleucht unter Tage fuhren. Nur, dass diese Lampe gleichzeitig in 10 Metern Höhe eine Aussichtsplattform bietet. Gleich darüber befindet sich die Lichtinstallation, die einen Teil der Halde Rheinpreußen Nacht für Nacht kunstvoll erleuchtet.

Lohheidesee verabschieden. Auf diesem Weg passieren wir einen Hof, durchschreiten eine Linkskurve und gehen wieder in den Baerler Busch hinein. Der zunächst kurvige Waldweg bringt uns zu einer Gabelung, an der wir halb rechts weiter gehen und anschließend der fast schnurgeraden Buchenallee durch den Wald folgen. Auf der Buchenallee könnten wir theoretisch geradeaus weiter wandern und kämen direkt wieder an unserem Ausgangspunkt heraus. Doch wer möchte das schon? Wir haben ja noch etwas vor.

SO BIEGEN WIR AN DER KREUZUNG mit der Orsoyer Allee rechts ab und folgen dem Waldweg bis zu einer Landstraße. Wir verlassen den Wald, überqueren vorsichtig die Straße und sehen bereits hier mit dem sogenannten Geleucht unser nächstes Ziel auf der Wanderung. Doch zunächst überqueren wir auf der folgenden Fußgängerbrücke noch die Autobahn 42, die als Emscherschnellweg bezeichnet wird. Gleich bei der ersten Gelegenheit wenden wir uns nach links, überqueren ein Bahngleis und stehen unmittelbar vor dem idyllischen Waldsee im Baerler Busch. An seinem Ufer wandern wir rechts entlang und haben an verschiedenen Lichtungen immer wieder einen schönen Blick über das Gewässer hinweg zur bewaldeten Halde Rheinpreußen.

AM ENDE DES SEES treffen wir auf die Römerstraße, halten uns links und gehen hinter einem Parkplatz halb rechts auf einen Weg, der uns nun stets im Zickzack in die Höhe bringt, bis wir an einer Lichtung herauskommen und unterhalb des **Geleuchts** stehen. An der Grubenlampe legen wir eine Pause ein und genießen den Ausblick nach Osten über den Rhein und Duisburg, wo uns besonders die Beeckerwerther Brücke mit ihren zwei

↓ Das Geleucht erhebt sich auf der Halde Rheinpreußen.
↘ Genusspause mit Ausblick über die Wälder bei Moers und Duisburg

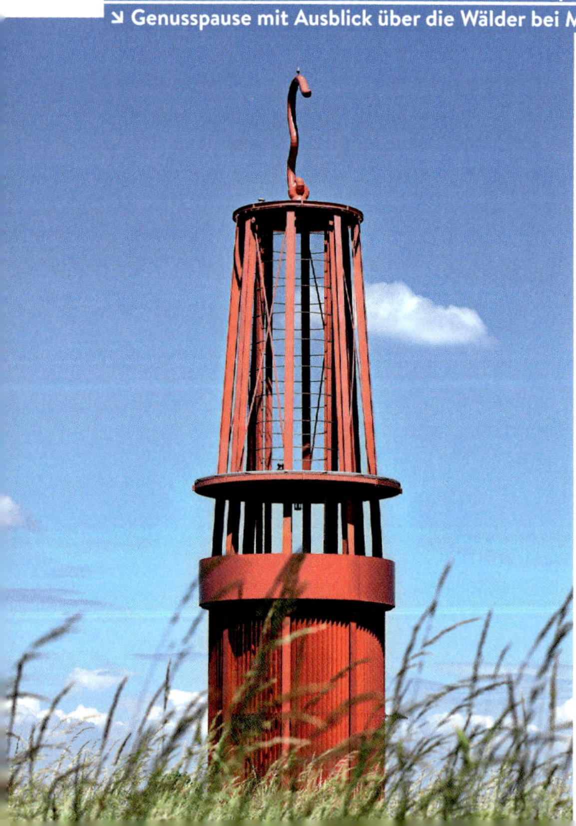

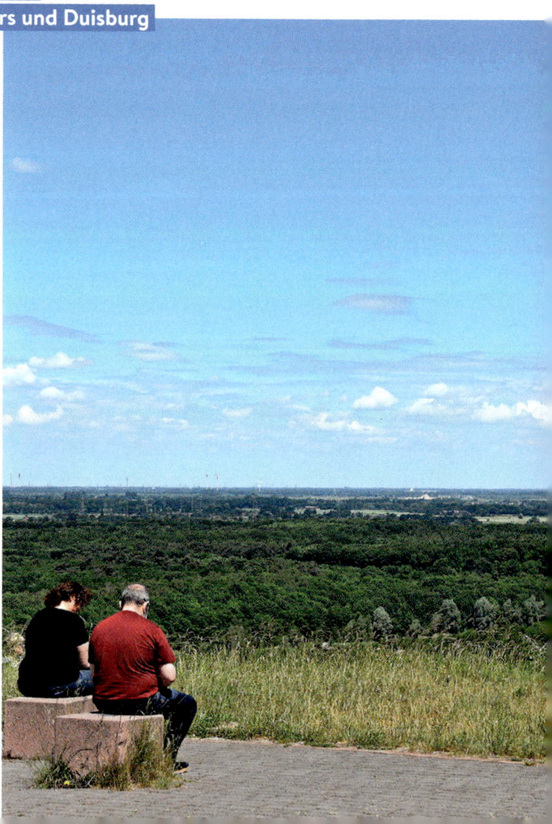

INFO

TOURENCHARAKTER
Normale Spazierwege, zunächst im Wald und am Seeufer entlang. Im weiteren Verlauf typische Schotterwege auf die Ruhrgebietshalde.

AUSGANGS-/ENDPUNKT
Kreuzung Buchenallee/Panderstraße

ANFAHRT
Mit dem Bus zur Haltestelle Restaurant Liesen und zu Fuß durch die Hubertstraße bis zum Ausgangspunkt. Mit dem Auto auf der A42 bis zur Ausfahrt Duisburg-Baerl und in Baerl zum Sportplatz

GEHZEITEN
Bis Lohheidesee 0.30 Std. – Waldsee 1.3 Std. – Aufstieg Halde Rheinpreußen 2.00 Std. – Kreuzung Buchenallee 3.30 Std.

BESTE JAHRESZEIT
Ganzjährig

EINKEHR
Restaurant Waldhof, Hubertusstraße 31, 47199 Duisburg, Tel. 02841/812 60; Casa Castillo, Mühlenstraße 21f, 47199 Duisburg, Tel. 02841/872 81, www.casa-castillo.de

Leicht | 3.30 Std. | ca. 10,5 km | 74 Hm

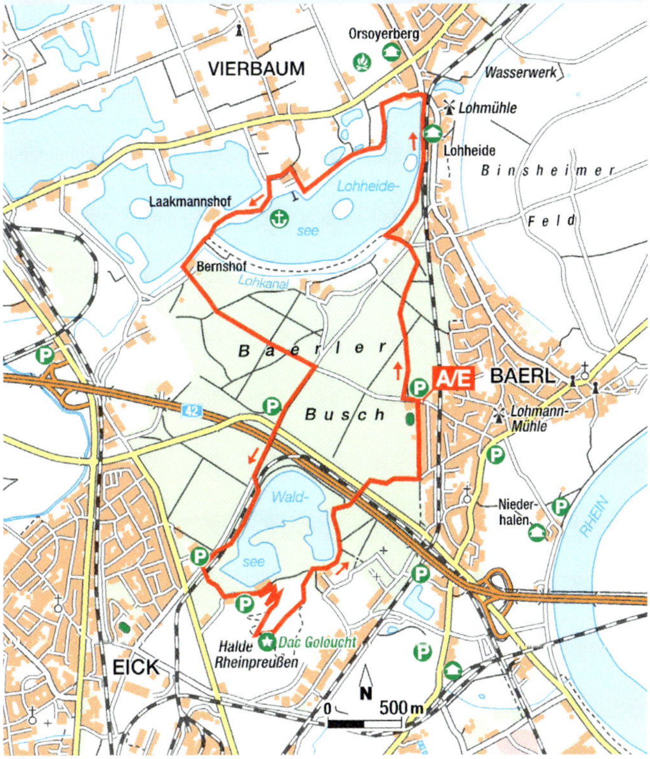

rot leuchtenden Pfeilern auffällt. Nach der Rast steigen wir von der Halde Rheinpreußen wieder ab und haben dabei eine große Auswahl an breiten Wegen und schmalen Pfaden. Um nicht den Überblick zu verlieren, benutzen wir den steilen Pfad, der links neben den Betonquadern an der nordöstlichen Seite der rot gepflasterten Fläche bergabführt.

WIR ÜBERQUEREN SECHS WEGE bis zu einer Lichtung, an der wir im Linksbogen weiterwandern und wenig später rechts weitere Stufen der Halde hinabsteigen, bis wir wieder im leichten Zickzack zur Römerstraße gelangen, die uns nun als Waldweg wieder am Ufer des Waldsees vorbeiführt. Mit einigen Unterbrechungen, die wir uns am Ufer gönnen, gelangen wir zu einer Fußgängerbrücke, die uns erneut über die Autobahn und die folgende Landstraße führt. An einer Gabelung halten wir uns links, biegen später scharf links ab und kurz darauf nach rechts, um durch den Wald geradewegs zur Buchenallee zu gelangen. Nun noch einmal nach rechts und schon verlassen wir den Baerler Busch an der Stelle, an der wir ihn betreten haben.

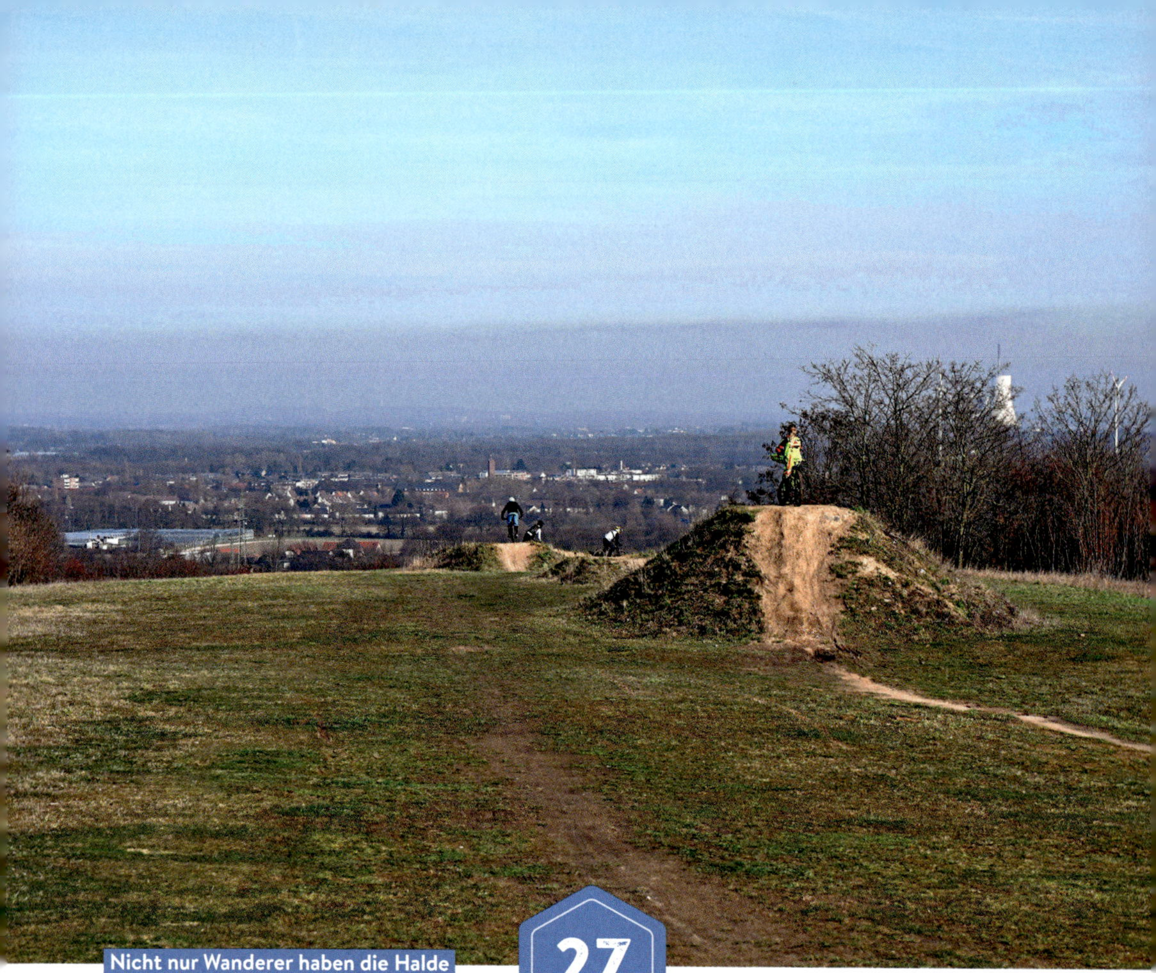

Nicht nur Wanderer haben die Halde Norddeutschland für sich entdeckt.

27

Haldenwanderung im Westen des Reviers

Wandertour zur Halde Pattberg

Langschläfer haben hier wieder eine ideale Gelegenheit, die Tour aufzuteilen. Allerdings wären es dann zwei Spaziergänge an klassischen Ausflugszielen. Mit der Wanderung zwischendrin werden beide Ziele, nämlich die Aussichtspunkte auf den Halden Norddeutschland und Pattberg, miteinander verknüpft.

DIE FRAGE, die man sich zu Beginn der Wanderung stellen wird, lautet, ob man nicht gleich zu Beginn die Halde Norddeutschland erklimmen möchte. Es ist zu verlockend, gleich vom Parkplatz aus die Treppen zu erklimmen und die schöne Aussicht von der Halde zu genießen. Aber eben drum sollte man sich diesen Höhepunkt vielleicht lieber für den Abschluss der Tour bewahren. Daher gehen wir zunächst zur Straße, wenden uns nach links und biegen gleich an der ersten Möglichkeit in die wenig befahrene Dongstraße ein. Sie verläuft an der Ostseite der Halde und bringt uns an Höfen und Wohnhäusern vorbei. Auch Felder und kleine Waldstücke passieren wir, wenn wir uns immer geradeaus halten. Nach einiger Zeit überqueren wir auf einer kleinen Brücke die Autobahn 57 und wenden uns gleich im Anschluss nach links.

DER WEG TEILT SICH AUF, doch wir bleiben halb links im Wald und noch ein kurzes Stück parallel zur Autobahn. Erst nach Überquerung des schmalen Anrathskanals folgen wir dem Weg rechts um die Kurve herum. Auch die Niephauser Straße bringt uns stets geradeaus an mehreren Höfen vorbei, bis wir die breite Kamper Straße überqueren. Damit sind wir für kurze Zeit in einem Wohnviertel von Rheinkamp-Repelen unterwegs, einem Ortsteil von Moers. Wir gehen geradeaus bis zur Lerschstraße, folgen ihr nach links und überqueren einige Zeit später die Lintforter Straße. Auf der Windmühlenstraße gehen wir bis zur Drosselstraße und halten uns hier gleich an der ersten Möglichkeit nach rechts, um die Verbandsstraße zu überqueren.

GLEICH DAHINTER GEHT ES HINAUF zu einer schmalen Fußgängerbrücke, auf der wir nun die Autobahn 42 überqueren. Auf der anderen Seite führt die Wanderung zwischen Wald und Gewerbegrundstück direkt

Tipp

HALDE NORDDEUTSCHLAND

Die Halde Norddeutschland ist stolze 102 Meter hoch und wurde bis zum Jahr 2001 durch Abraum des Bergwerks Niederberg in Neukirchen-Vluyn aufgeschüttet. Wie beinahe jede Halde im Ruhrgebiet, präsentiert sich auch die Halde Norddeutschland mit einer Landmarke. Hierbei handelt es sich um das sogenannte Hallenhaus, das aus einem Stahlgerüst besteht und weder Dach noch Wände besitzt, sondern als Kunstwerk verstanden wird.

Das Hallenhaus auf der Halde spiegelt sich in der Glaskugel.

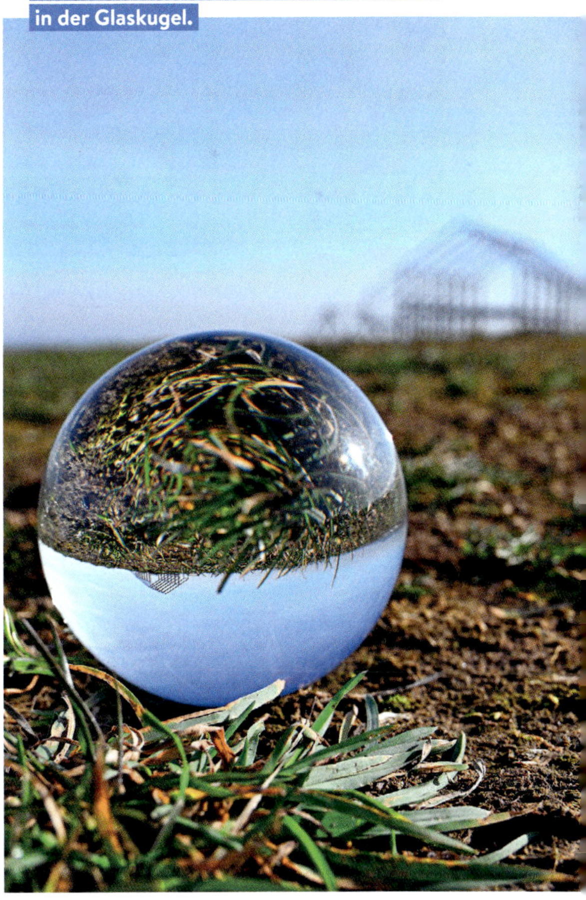

bis zum Wanderparkplatz an der Halde Pattberg. Von nun an geht es wunderbar in die Höhe und auf der begrünten Halde wandern wir zwischen den Birken und Sträuchern im Halbkreis hoch hinaus bis zum Gipfelplateau. Anders als viele andere Halden im Ruhrgebiet erhebt sich auf der Halde Pattberg kein Aussichtsturm. Daher ist der Blick in die Ferne durch den Bewuchs stark eingeschränkt. Freien Blick hat man in südwestliche Richtung, wo über die Autobahn hinweg die einstige Schachtanlage des ehemaligen Bergwerks West die Blicke auf sich zieht. Als Landmarke befindet sich auf der Halde Pattberg ein Gipfelkreuz, das an den ersten Gottesdienst auf dem Plateau im Jahr 1991 erinnert. Entstanden ist die Halde durch Aufschüttung des Abraums der Zeche Pattberg in Moers. Über 20 Jahre dauerte es, bis der Berg in den 1980er-Jahren seine heutige Höhe von 75 Metern erreichte.

SO WIE WIR HOCHGEKOMMEN SIND, gehen wir auch wieder hinunter und wenden uns am Wanderparkplatz nun scharf nach rechts. Auf der Pattbergstraße spazieren wir an der Südflanke der Halde entlang und überqueren wenig später die Kamper Straße, an der wir nach links abbiegen. Wir überqueren die Bahngleise und biegen gleich dahinter rechts in die Haarbeckstraße ein, die uns unter einer Autobahnbrücke zu einem Baggersee bringt. Im Blick haben wir dabei stets die Schachtanlage vom Bergwerk West. Hinter dem ersten ausgekiesten See begeben wir uns nach links, überqueren auf einer Brücke eine Bundesstraße und erreichen einen weiteren Baggersee. Diesen lassen wir ebenfalls

↓ Die Landmarke der Halde Norddeutschland ist das Hallenhaus.
↘ Wer hoch hinaus will, muss die vielen Stufen erklimmen.

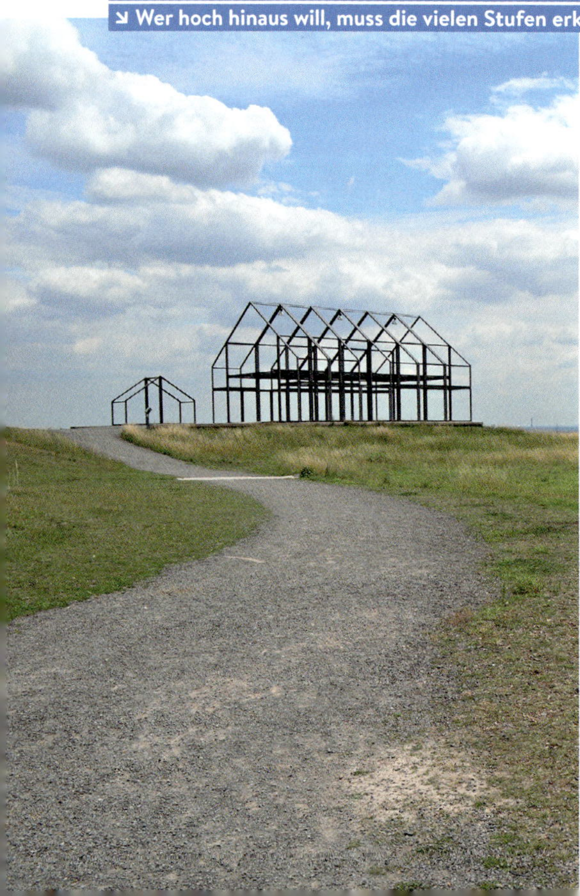

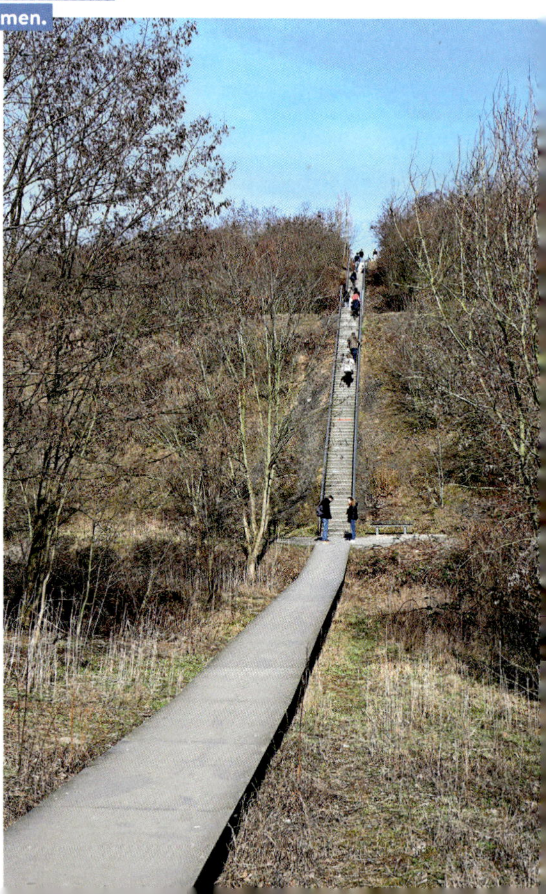

INFO

TOURENCHARAKTER
Überwiegend asphaltierte Strecken und landwirtschaftliche Nutzwege, die die beiden Halden miteinander verbinden, zu denen man auf Schotterwegen hinaufgelangt

AUSGANGS-/ ENDPUNKT
Wanderparkplatz Halde Norddeutschland

ANFAHRT
Keine Anbindung an den ÖPNV. Mit dem Auto auf der A57 bis zur Ausfahrt 9 (Moers-Hülsdonk) und auf der Geldernsche Straße Richtung Kamp-Lintfort. Die Halde und der davor liegende Parkplatz befinden sich rechter Hand

GEHZEITEN
Bis Halde Pattberg 2.00 Std. – Halde Norddeutschland 3.30 Std. – Wanderparkplatz 4.00 Std.

BESTE JAHRESZEIT
Ganzjährig

EINKEHR
Rucksackverpflegung

Mittel | 4.00 Std. | ca. 15 km | 138 Hm

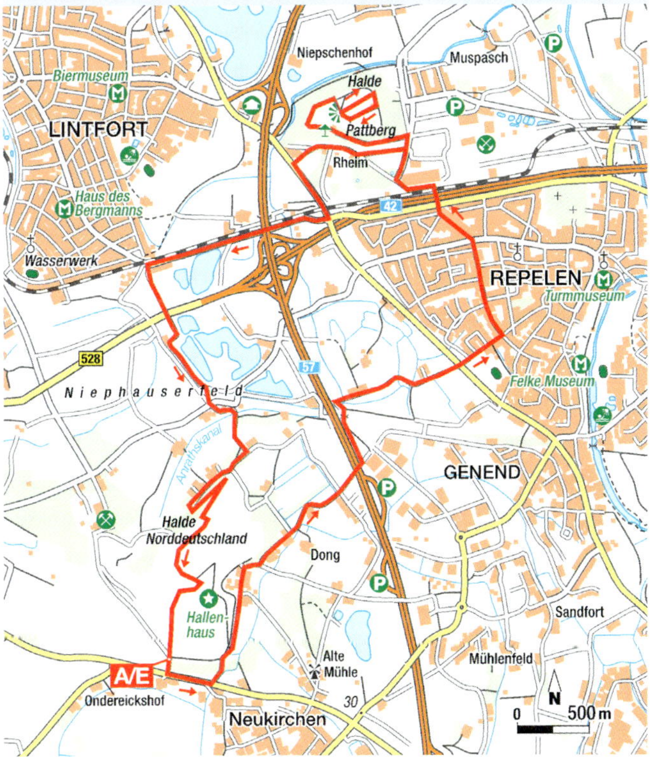

links liegen, genießen die Wanderung zwischen Feldern und Wasser und überqueren wenig später erneut den Anrathskanal. An einer T-Kreuzung wenden wir uns nach rechts und nehmen uns nun den Aufstieg auf die Halde Norddeutschland vor.

ÜBER WELCHEN DER VIELEN PFADE man auch zum Gipfel gelangt, klar ist, dass man oben den Ausblick auf die Umgebung sicher nicht allein genießt. Die weitläufige Halde Norddeutschland ist beliebt bei Mountainbikern, Spaziergängern und Ausflüglern, die hier Drachen steigen lassen. Auch Gleitschirmpiloten sind keine Seltenheit auf dieser Halde. Der Ausblick ist aber auch für Wanderer mit festem Boden unter den Füßen fantastisch. Natürlich sieht man die Halde Pattberg, deutlich zu erkennen sind auch die Halde Rheinpreußen mit dem Geleucht als Landmarke und weite Teile des westlichen Ruhrgebiets. In unmittelbarer Nähe der hiesigen Landmarke, dem Haldenhaus, beginnt die sogenannte Himmelstreppe, die wir zu Beginn der Wanderung bereits von unten gesehen hatten. Auf ihr steigen wir die über 300 Stufen hinab und erreichen unseren Ausgangspunkt.

PS:

Bei einer der Etappen habe ich es schon durchklingen lassen: Im Ruhrgebiet gibt es jede Menge ehemalige Bahntrassen, die zum Spazieren, Wandern und vor allem Radfahren einladen. Wer im Ruhrgebiet zu Besuch ist oder einfach mal zu lange geschlafen hat, sollte sich einfach ein Fahrrad leihen und die zahlreichen Verbindungen innerhalb der Städte vom Fahrradsattel aus kennenlernen.

Neben den üblichen Radwegen, wie dem Ruhrtalradweg oder den Strecken entlang des Rhein-Herne-Kanals und am Rhein, ist man zum Beispiel auch sehr flott auf der sehenswerten Erzbahntrasse, dem Zollvereinweg, dem Springorum-Radweg oder dem Rheinischen Esel unterwegs. Und ja, diese Strecken tragen wirklich solche Namen. Diese sind historisch bedingt und erinnern oftmals an die Zechen, von wo aus die Güterzüge starteten. Noch heute sieht man am Wegesrand ausgediente Signalanlagen oder Hinweise auf die Streckenkilometer in Form von sogenannten Hektometersteinen.

Auf der in Kettwig beginnenden Niederbergbahn kommt man zur Nordbahntrasse in Wuppertal, womit man auch wieder angenehm ins Bergische Land gelangt. Zu den jüngsten Trassen gehört der Radschnellweg RS1. Er ist zwar weniger touristisch, bietet aber eine tolle Möglichkeit, zwischen den Innenstädten von Mülheim und Essen zu pendeln. Und eines Tages soll er sogar komplett zwischen Duisburg und Hamm verlaufen. Im Ruhrgebiet kann man also auf mehrere Weisen aktiv unterwegs sein.

Viel Spaß!
Ihr Michael Moll

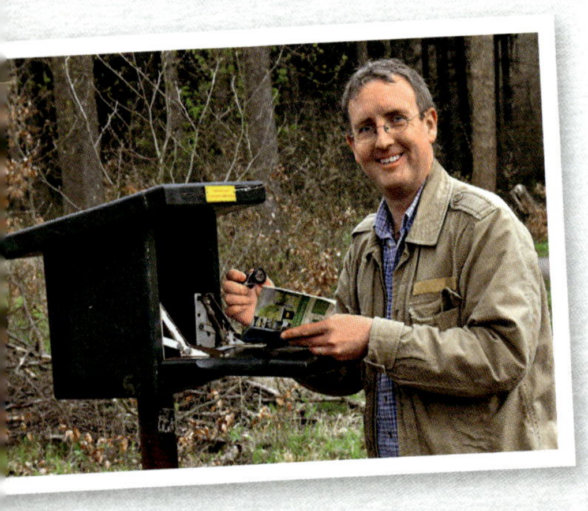

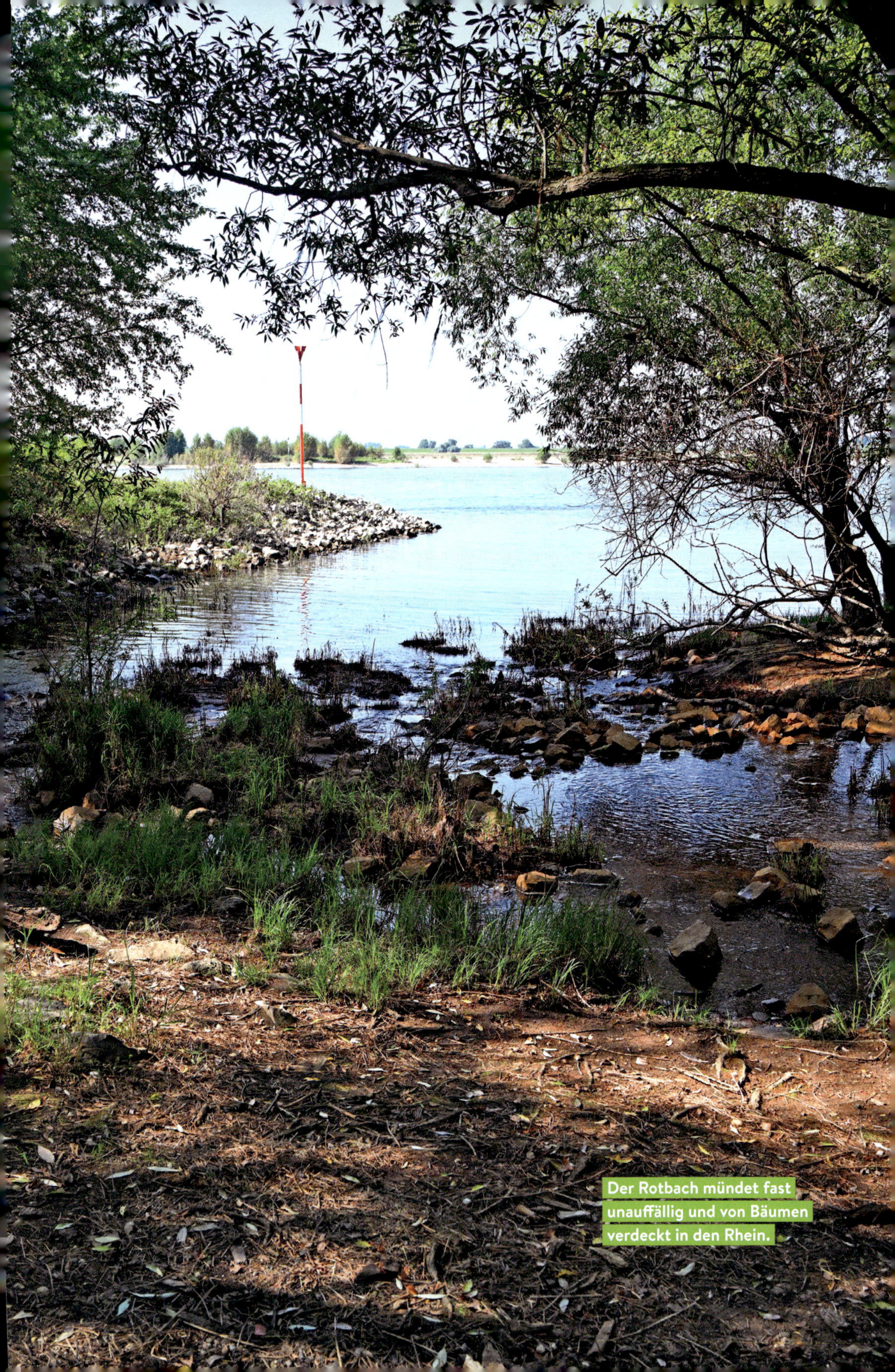

Der Rotbach mündet fast unauffällig und von Bäumen verdeckt in den Rhein.

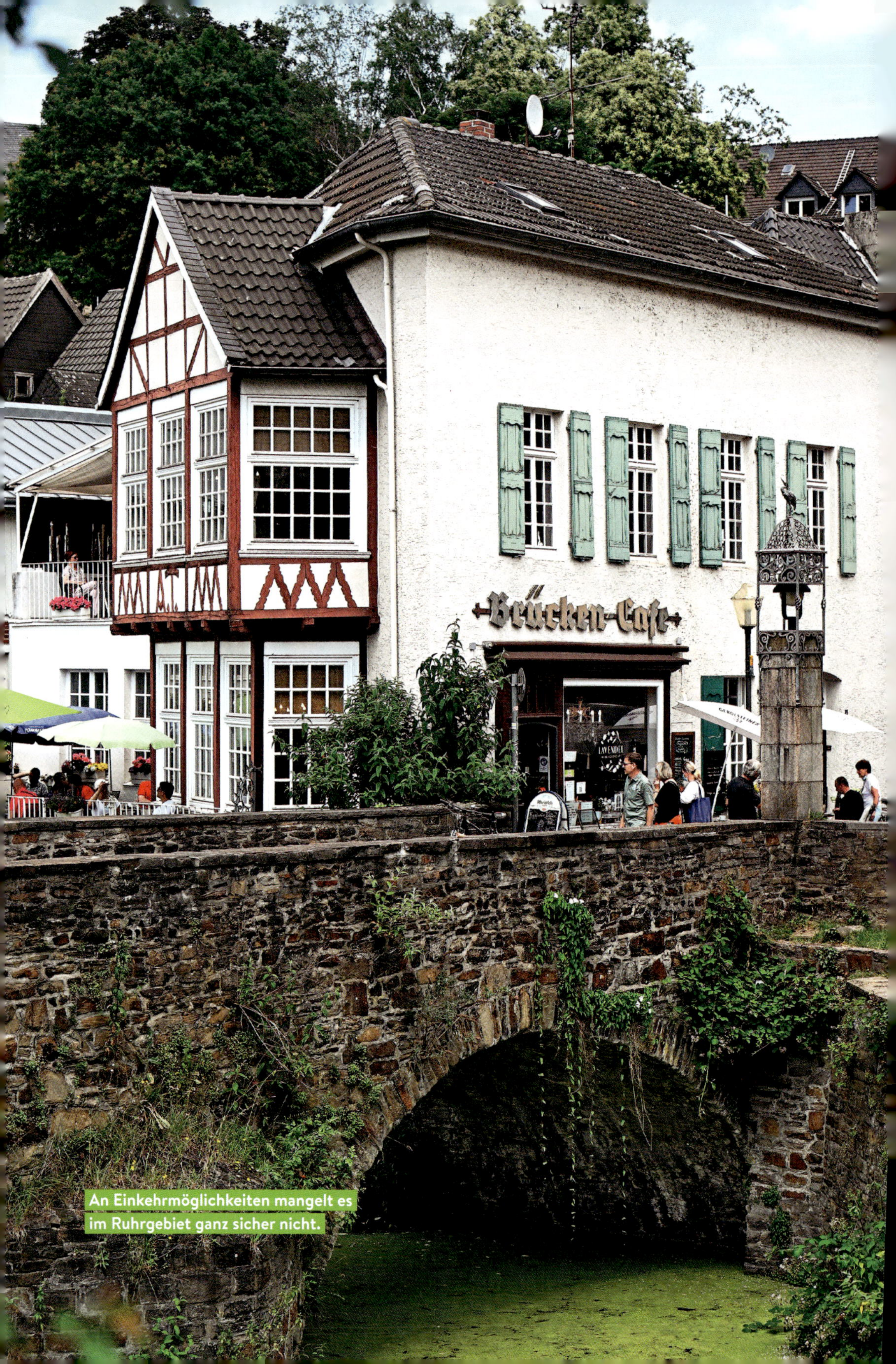

An Einkehrmöglichkeiten mangelt es im Ruhrgebiet ganz sicher nicht.

REGISTER

IMPRESSUM

Verantwortlich: Stefanie Krüger
Redaktion und Lektorat: Franka Virteburch
Korrektorat: Ralf J. Klumb | The Wordworms
Layout- und Reihengestaltung: Mathias Frisch
Covergestaltung: Rudi Stix
Satz: BUCHFLINK Rüdiger Wagner, Nördlingen
Repro: P.R.O. Medien Produktion GmbH
Kartografie: Bruckmann Verlag GmbH
Herstellung: Alexander Knoll
Printed in Slovenia by Flojancic

Exklusiv für Sie als Leser:

MIT GPS-DATEN ZUM DOWNLOAD

unter: gps.bruckmann.de

★★★★★

Sind Sie mit diesem Titel zufrieden? Dann würden wir uns über Ihre Weiterempfehlung freuen. Erzählen Sie es im Freundeskreis, berichten Sie Ihrem Buchhändler, oder bewerten Sie bei Onlinekauf. Und wenn Sie Kritik, Korrekturen, Aktualisierungen haben, freuen wir uns über Ihre Nachricht an Bruckmann Verlag, Postfach 40 02 09, D-80702 München oder per E-Mail an lektorat@verlagshaus.de.

Unser komplettes Programm finden Sie unter www.bruckmann.de

Alle Angaben dieses Werkes wurden vom Autor sorgfältig recherchiert und auf den neuesten Stand gebracht sowie vom Verlag geprüft. Für die Richtigkeit der Angaben kann jedoch keine Haftung übernommen werden, weshalb die Nutzung auf eigene Gefahr erfolgt. Insbesondere bei GPS-Daten können Abweichungen nicht ausgeschlossen werden. Sollte dieses Werk Links auf Webseiten Dritter enthalten, so machen wir uns die Inhalte nicht zu eigen und übernehmen für die Inhalte keine Haftung.
In diesem Buch wird aus Gründen der besseren Lesbarkeit das generische Maskulinum verwendet. Weibliche und anderweitige Geschlechteridentitäten werden dabei ausdrücklich mitgemeint, soweit es für die Aussage erforderlich ist.

Sie sind auf der Suche nach weiterführender Literatur? Dann empfehlen wir Ihnen den Titel »Panoramawege Ruhrgebiet« von Uli Auffermann. Oder Sie werfen einen Blick in die Zeitschrift BERGSTEIGER. Hier werden Sie bestimmt fündig.

Bildnachweis: Alle Bilder im Innenteil und auf dem Umschlag stammen vom Autor, mit Ausnahme von: S. 10 (Currywurst): stockcreations/shutterstock.com, S. 10/11 (Pokal/Fußball): kuroksta/shutterstock.com, S. 11 (Flüsse): ActiveLines/shutterstock.com, S. 11 (Radfahrer): Tithi Luadthong/shutterstock.com
Umschlagvorderseite: Wandern an der Ruhr bei Hattingen (Jacob Roschinski/shutterstock.com)
Umschlagrückseite: Waldwanderung am Mintarder Berg (Tour 25)

Die Deutsche Nationalbibliothek verzeichnet diese Publikation in der Deutschen Nationalbibliografie; detaillierte bibliografische Daten sind im Internet über http://dnb.d-nb.de abrufbar.

ISBN: 978-3-7343-2066-8